MANESSE BIBLIOTHEK DER WELTLITERATUR

INSELN

IN DER WELTLITERATUR

—

Herausgegeben von Anne Marie Fröhlich
Nachwort von Federico Hindermann
Mit 26 Illustrationen

MANESSE VERLAG
ZÜRICH

CIP-Titelaufnahme der Deutschen Bibliothek

Inseln in der Weltliteratur
hrsg. von Anne Marie Fröhlich
Nachw. von Federico Hindermann
Zürich: Manesse Verlag, 1988
(Manesse Bibliothek der Weltliteratur)
ISBN 3-7175-1762-7 Gewebe
ISBN 3-7175-1763-5 Ldr.

NE: Fröhlich, Anne Marie [Hrsg.]

Copyright © 1988 by Manesse Verlag, Zürich
Alle Rechte vorbehalten

INSELN IN DER WELTLITERATUR

Der Baum des Lebens steht (auf den Inseln der Seligen, im Paradies), in der Mitte und versinnbildlicht die Rückkehr zum uranfänglichen Zustand der Vollkommenheit. (Vignette zu «Chants royaux sur la conception couronnée du Puy de Rouen», 1519.)

STÉPHANE MALLARMÉ

Brise marine

La chair est triste, hélas! et j'ai lu tous les livres.
Fuir! là-bas fuir! Je sens que des oiseaux sont ivres
D'être parmi l'écume inconnue et les cieux!
Rien, ni les vieux jardins reflétés par les yeux
Ne retiendra ce cœur qui dans la mer se trempe
O nuits! ni la clarté déserte de ma lampe
Sur le vide papier que la blancheur défend
Et ni la jeune femme allaitant son enfant.
Je partirai! Steamer balançant ta mâture,
Lève l'ancre pour une exotique nature!

Un Ennui, désolé par les cruels espoirs,
Croit encore à l'adieu suprême des mouchoirs!
Et, peut-être, les mâts, invitant les orages
Sont-ils de ceux qu'un vent penche sur les naufrages
Perdus, sans mâts, sans mâts, ni fertiles îlots...
Mais, ô mon cœur, entends le chant des matelots!

STÉPHANE MALLARMÉ

Seebrise

Das Fleisch ist trostlos, ach! und ich hab' alle
                      Bücher gelesen.
Fliehn! dorthin fliehn! Ich fühl', daß Vögel
                      trunken sind,
Zwischen dem fremden Schaum und den
                      Himmeln zu sein!
Nichts, auch die alten Gärten nicht, in den Augen
                      gespiegelt,
Wird dieses Herz zurückhalten, das ins Meer sich
                      taucht
O Nächte, noch die Klarheit, die öde, meiner Lampe
Auf dem leeren Blatt, das die Weiße abschirmt,
Und nicht die junge Frau, die ihr Kindlein stillt.
Ich werde fortgehn! Dampfer, dein Takelwerk
                      wiegend,
Lichte den Anker zu einer wildüberseeischen Welt!

Ein Trübsinn, verhärmt von den grausamen
                      Hoffnungen,
Glaubt noch an den letzten Abschied im
                      Tücherwinken!
Und die Masten, vielleicht, die die Stürme locken,
Sind solche, die ein Wind über die Schiffbrüche
                      neigt,
Die verlorenen, mastlos, mastlos, und nicht
                      fruchtbare Eilande...
Doch vernimm, o mein Herz, den Gesang der
                      Matrosen!

JEAN GRENIER

Die Borromäischen Inseln

> Sehnsucht nach der Ferne...
> *Zarathustra*

Soll ich es laut sagen? Soll ich es eingestehen?
Nachdem ich in ein nördliches Land versetzt
wurde, fand ich das Leben hart und reizlos und
ohne Poesie; – ohne Poesie, will sagen: ein Leben
ohne Überraschung, die einen jeden Augenblick
dazu bringt, eine neue Seite an dem zu entdecken,
was völlig einförmig ist und einförmig verläuft.
Und ich entdeckte eine einförmige Seite selbst an
dem, was mir neu war...

Ich wandte mich dem zu, was mich am engsten
mit der Natur verbinden konnte, nämlich den
Tieren, denen ich zufällig auf der Straße begegnete
(den Pferden und den Hunden); den Bäumen –
davon gab es wenige –, schließlich den Pflanzen,
die hinter den Schaufenstern der Blumenläden
wuchsen. Wie wurde ich in Erstaunen versetzt, als
ich eines Tages auf einem Schild eines dieser Blumenläden las: «Zu den Borromäischen Inseln».

Man kann sich vorstellen, wie dieses Schild zu
dieser nördlichen Stadt mit ihrem dunklen Himmel, ihren schmutzigen, gepflasterten Straßen und
grauen Häusern paßte. Dieser Widerspruch forderte mich heraus; vor meinem geistigen Auge
erschienen die drei Inseln, Isola Madre, Isola dei
Pescatori, Isola Bella, deren Ufer die Wasser des
Lago Maggiore umspülten; – herrliche Bäume

wachsen auf ihnen: Palmen, Orangen- und Zitronenbäume. Damit verband ich eine Vorstellung vom Paradies auf Erden. Der Himmel öffnete mir ein Paradies, zu dem ich keinen Zugang hatte... Ich atmete jetzt den schweren Duft der Mimosen, der Glyzinien und der Rosen, diese viel zu schwere Luft ein, die die Tauben der Isola Bella mit ihrem

Die Borromäischen Inseln. Stich aus dem 19. Jahrhundert.

Flug belebten. Ich genoß das körperliche Glück, von dem alle Menschen heute sagen, daß sie sich seiner schämen, und gleichwohl versuchen, sich dieses Glückes zu bemächtigen; – dabei sind sie bereit, auf alle anderen Glücksformen zu verzichten. Für die, die kein anderes Glück kennen, stellt das physische Glück einen Ersatz für andere Glücksformen dar, wie Begabung, Genie und Gnade: für diese Leute ist das Glück etwas Natürliches und Unwiderstehliches...

Lange Zeit kümmerte ich mich nicht darum, den Grund für die Wahl des Namens auf dem Schild zu erfahren. Es genügte mir, von dem zu träumen, was das Schild in mir hervorrief. Dieses Schild war wie ein Ruf aus der Ferne, wie der Zauber einer Fata Morgana. Ich dachte, der Blumenhändler hätte gewiß einer übermächtigen Traumvorstellung nachgegeben. Eines Tages lernte ich ihn dann persönlich kennen. Diese prächtige Bezeichnung für seinen bescheidenen Laden, sagte er mir, sei von seiner Vorgängerin ausgewählt worden, einer Frau, die ein persönliches Verhältnis mit einem italienischen Diplomaten hatte. Folglich waren diese Inseln nicht das Ideal eines Don Quijote des Nordens, nicht das künstliche Paradies eines Bürgers des Nebellandes; vielmehr das dichte, unmittelbare Zeugnis einer alltäglichen Zuneigung. Das schien mir eine ernste Warnung zu sein. Ich mußte Abschied von der fernsten Ferne nehmen, und ich mußte meine Zuflucht in der allernächsten Nähe suchen...

Wozu also reisen? Auf Berge folgen immer nur Berge, auf Ebenen nur Ebenen, und eine Wüste folgt der anderen. Meine Reise wird nie zu einem Ende kommen, und ich werde niemals meine Dulcinea finden. Schließen wir also, wie man so sagt, eine große Sehnsucht in einem kleinen Gefäß ein. Da es mir nicht vergönnt ist, an den Ufern des Lago Maggiore mit seinen prächtigen Felsengärten zu leben, muß ich irgendwie einen glanzvollen Ersatz finden.

Was für einen Ersatz? Nun, er ist wohl überall zu finden; – die Sonne, das Meer und die Blumen werden für mich Borromäische Inseln sein; dann wird auch Menschenwerk wie eine kleine Steinmauer ausreichen, mich zu isolieren, – genau wie zwei Zypressen in Südfrankreich ausreichen, mich in ein Bauernhaus einzuladen... Ein Handschlag, ein Wink, ein gegenseitiger Blick... Das werden – so nahe, so unendlich nahe – meine Borromäischen Inseln sein.

D. H. LAWRENCE

Der Mann, der Inseln liebte

Die erste Insel

Einst lebte ein Mann, der Inseln liebte. Er war auf
einer Insel geboren, aber die war ihm nicht recht;
denn es gab noch zuviel andere Leute dort außer
ihm. Er wünschte sich eine Insel, die ihm ganz
allein gehören sollte: nicht um unbedingt allein
darauf zu leben, aber um sie ganz zu seiner eigenen
Welt zu machen.

Eine Insel ist nicht viel besser als ein Festland,
wenn sie groß ist. Sie muß im Grunde ganz klein
sein, damit sie sich als Insel empfinden läßt; und
unsere Geschichte wird erweisen, wie winzig klein
sie sein muß, bevor jemand sich einbilden kann, sie
mit seiner eigenen Persönlichkeit auszufüllen.

Die Umstände fügten es, daß dieser Freund von
Inseln, als er fünfunddreißig Jahre alt war, tatsächlich eine Insel als sein Eigentum erwarb. Sie gehörte ihm nicht als freier Grundbesitz, sondern er
hatte sie für neunundneunzig Jahre gepachtet, und
das heißt – für *einen* Mann und *eine* Insel – soviel
wie ewig. Denn wer wie Abraham seinen Samen
mehren will, wie den Sand am Meer, der erwählt
sich zur Stätte seiner Zeugung keine Insel. Da gäbe
es zu schnell Übervölkerung, Überfüllung und
Großstadtelend. Ein schrecklicher Gedanke für
einen Menschen, der eine Insel um ihrer Insel-
einsamkeit willen liebt. Nein, eine Insel ist ein

Nest, das nur für ein Ei Raum hat, für ein einziges. Und dieses Ei ist der Inselbewohner selbst.

Das Eiland, das unser zukünftiger Inselherr erworben hatte, lag nicht in fernen Ozeanen. Es lag ganz nahebei; da gab es keine Palmen, kein tiefes Brandungsdröhnen an der Klippe, nichts dergleichen; aber ein gutes, festes, ein wenig düsteres Wohnhaus oberhalb der Landestelle, und dahinter ein kleines Gutsgebäude mit Schuppen und ein paar abseits gelegenen Feldern. Unten an der kleinen Hafenbucht lagen drei Hütten in einer Reihe wie Zollwächterhäuschen, alle reinlich und weiß gekalkt. Gab es etwas Behaglicheres und Anheimelnderes? Vier Meilen waren es, wenn man die ganze Insel umwanderte, durch Stechginster und Schlehdorngesträuch, über den steilen Meeresfelsen und hinab in die kleinen Lichtungen, in denen Schlüsselblumen wuchsen. Ging man geradewegs über die beiden Hügelbuckel die Insel entlang, über die felsigen Weiden mit den ruhenden, wiederkäuenden Kühen und durch die recht spärlichen Haferfelder weiter, bis man wieder an den Stechginster und schließlich zur Spitze der niederen Klippe gelangte, so brauchte man dazu lediglich zwanzig Minuten. Und war man bis zum Ende der Insel gekommen, so konnte man weiter draußen eine zweite, größere sehen. Dazwischen aber lag das Meer. Und kehrte man zurück, über das Gras, darin die niederen Wiesenschlüsselblumen nickten, so sah man im Osten noch eine weitere Insel, diesmal eine ganz kleine, wie Kalb und Muttertier. Auch dieses Eiland gehörte dem Inselherrn.

So scheint es, daß selbst Inseln es lieben, einander Gesellschaft zu leisten.

Unser Inselbewohner liebte seine Insel sehr. Im Vorfrühling lag über Pfaden und Lichtungen ein Schnee von Schlehdornblüten, ein lebendiges Weiß in der keltischen Stille dichten Grüns und grauen Felsgesteins; und Amseln ließen in all dem Weiß ihr erstes langes, triumphierendes Lied erschallen. Nach dem Schlehdorn und den ins Gras geschmiegten Primeln kam die blaue Märchenerscheinung der Hyazinthen, wie Elfenseen und gleitende blaue Schleier zwischen den Büschen und unter den Bäumen am Rand ihres Schattens. Und wieviel Vögel gab's und Nester, in die man hineinschauen konnte. Wunderbar, welch eine große Welt!

Der Sommer kam und – als die Schlüsselblumen verwelkt waren – die Heckenrose, schwach duftend im Sommerdunst. Da war eine gemähte Wiese, auf die Fingerhut herniederblickte. In der kleinen Bucht lag Sonne auf dem bleichen Granit, dort, wo man badete, und Schatten in den Felsen. Bevor der Nebel sich heraufstahl, ging man durch reifenden Hafer heim, während das Glitzern des Meeres allmählich aus der hohen Luft schwand und das Nebelhorn auf der andern Insel zu muhen begann. Dann verlor sich der Nebel überm Meer; es war Herbst, die Hafergarben lagen hingebreitet, der große Mond, auch eine Insel, hob sich golden aus dem Meer, stieg höher, und weiß ruhte die Welt des Meeres.

Dann endete der Herbst regnerisch, und der Winter kam, dunkle Himmel, Nebeldunst und

Regen, aber kaum einmal Frost. Die Insel, die eigene Insel, hielt sich dunkel geduckt und entzog sich einem. Tief in den feuchten, dunklen Mulden spürte man den Lebensgeist, grollend, wie er sich in sich selbst verkroch, einem nassen Hunde gleich, der sich im Dunkeln zusammenrollt, oder einer Schlange, die weder schläft noch wacht. In der Nacht dann, wenn der Wind nicht mehr in heftigen Stößen und Böen dahinfuhr wie auf dem offenen Meer, da spürte man, daß die Insel ein Universum war, unendlich und alt wie die Finsternis; gar keine Insel mehr, sondern eine grenzenlose dunkle Welt, darin alle Geister der andern, vergangenen Nächte weiterlebten und die unendliche Ferne naherückte. Seltsam, von dieser kleinen Insel im Raume entglitt man plötzlich in die dunklen, gewaltigen Reiche der Zeit, darin alle unsterblichen Geister auf ihren weiten, seltsamen Irrwegen wirbeln und treiben. Das kleine Erdeneiland ist wie ein Sprungbrett zu nichts vergangen; denn abgesprungen ist man – und weiß nicht wie – in das dunkle, große Geheimnis der Zeit, da die Vergangenheit höchst lebendig und die Zukunft nicht von ihr geschieden ist.

Hier liegt die Gefahr für den, der ein Inselbewohner wird. Wenn man in der Stadt seine weißen Gamaschen trägt, dem Verkehr ausweicht und einen plötzlich Angst vor dem Tod überrieselt, ist man sehr sicher vor den Schrecken der unendlichen Zeit. Der Augenblick ist unser kleines Eiland in der Zeit, das Universum des Raumes umwirbelt uns.

Aber zieht man sich einmal auf ein Eiland im Meer des Raumes zurück, dann beginnt der Augenblick in großen Kreisen zu schwellen und zu wachsen, die feste Erde ist versunken, und die schwankende nackte dunkle Seele findet sich wieder in der zeitlosen Welt, die Wagen der Totgeheißenen jagen die alten Straßen der Jahrhunderte herab, und Geister drängen sich auf den Fußpfaden, die wir im jeweiligen Augenblick die vergangenen Jahre nennen. Die Seelen aller Toten sind wieder lebendig und regen sich tätig um einen her. Man ist draußen in jener andern Unendlichkeit.

Etwas dergleichen geschah unserm Inselbewohner. Rätselhafte «Empfindungen» überfielen ihn, die ihm ungewohnt waren; ein seltsames Wissen um alte, längst verstorbene Menschen und andere Mächte: Gallier mit großen Schnurrbärten, die einst auf seiner Insel gelebt hatten, verschwunden längst von ihrer Oberfläche, aber nicht aus der nächtlichen Luft. Sie waren noch da, ihre massigen, ungestümen, unsichtbaren Leiber jagten durch die Nacht. Und Priester kamen mit goldenen Messern und Mistelzweigen; andere Priester dann mit dem Kreuz, und Seeräuber schließlich, Mord auf offenem Meer.

Unser Inselbewohner fühlte sich unbehaglich. Bei Tage glaubte er nichts von all dem Spuk. Aber bei Nacht war es nun einmal so. Er hatte sich auf einen einzigen Punkt im Raume beschränkt, und da ein Punkt weder Länge noch Breite hat, mußte er seinen Fuß irgendwo anders hinsetzen. Wie man ins Meer treten muß, wenn einem die Wellen den Halt unter den Füßen fortspülen, so mußte er bei Nacht in jene andern Welten der unvergänglichen Zeit hinübertreten.

Während er im Dunkeln lag, nahm er erschau-

18

ernd wahr, wie das Schlehengestrüpp – ein wenig unheimlich selbst im Reich des Raumes und des Tages – bei Nacht widerhallte von den Rufen alter Männer einer entschwundenen Rasse, rund um den Opferstein. Wo bei Tag die Ruine unter den Hagebuchen stand, da klang Stöhnen kreuztragender, blutbespritzter Priester in der unaussprechlichen Nacht. Wo eine Höhlung, ein versteckter Uferplatz zwischen rauhen Felsen lag, da tönten in der unsichtigen Finsternis blutrünstige Flüche des Seeräubervolks.

Um solcher Hellsicht zu entrinnen, richtete unser Inselfreund sein Sinnen bei Tag auf seine Erdeninsel. Warum sollte sie nicht endlich die «Selige Insel» werden? Warum nicht die letzte kleine Insel der Hesperiden, ein Ort der Vollkommenheit, erfüllt von seinem eigenen freundlichen, hoffnungsfrohen Geist? Eine kleinste Welt reiner Vollkommenheit, vom Menschen selbst erschaffen.

Er fing an, wie wir alle unsere Versuche, das Paradies zurückzugewinnen, anfangen – indem er Geld ausgab. Das alte, halb herrschaftliche Gutshaus stellte er wieder her, ließ mehr Licht herein, bedachte den Boden mit hellen, schönen Teppichen, die trübseligen Fenster mit hellen, blumengemusterten Gardinen, versorgte den Felsenkeller mit Wein. Er brachte eine dralle Wirtschafterin mit herüber aus der Welt und einen leise sprechenden, vielerfahrenen Butler. Beide sollten Inselbewohner werden.

In das kleinere Gutsgebäude setzte er einen Verwalter mit zwei Knechten. Jersey-Kühe läuteten ihre trägen Glocken im Stechginster. Mittags wurde zum Mahl gerufen, und friedlicher Rauch stieg abends, wenn die Stille sich niedersenkte, aus den Schornsteinen auf. Ein schmuckes Motor-segelboot schaukelte sich im Schutz der Bucht, gerade unterhalb der drei aufgereihten weißen Häuschen. Auch eine kleine Segeljolle und zwei Ruderboote waren auf den Sand gezogen. Ein Fischernetz trocknete an Stangen, eine Boots-ladung frischer weißer Planken lag in ungeordne-tem Haufen aufgestapelt, eine Frau ging mit dem Eimer an den Brunnen.

Im letzten Häuschen wohnte der Steuermann der Jacht mit seiner Frau und seinem Sohn. Er stammte von der andern großen Insel und war hier auf dem Meer zu Hause. An jedem schönen Tag fuhr er mit seinem Sohn zum Fischen hinaus, an jedem guten Tag gab es frischen Fisch auf der Insel.

In der mittleren Hütte lebte ein alter Mann mit seiner Frau, ein sehr getreues Paar. Der Alte war Zimmermann und zu vielerlei Geschäften ge-schickt. Er arbeitete in einem fort, immer hörte man den Klang seines Hobels oder seiner Säge; ganz in seine Arbeit versunken, lebte auch er auf seine Weise als ein Inselmensch.

Die dritte Hütte bewohnte ein Maurer, ein Wit-wer mit einem Sohn und zwei Töchtern. Zusam-men mit seinem Jungen hob der Mann Gräben aus, zimmerte Zäune, errichtete Stützbalken, führte ein neues Nebengebäude auf und brach Blöcke aus dem kleinen Steinbruch. Eine Tochter half im Herrenhaus.

Es war eine stille, geschäftige kleine Welt. Wen der Inselbewohner als seinen Gast herüberbrachte, der begegnete zunächst dem dunkelbärtigen, mageren, lächelnden Schiffer, dann seinem Sohn Charles. Im Haus wurde er von dem glattmündigen Butler versorgt, der in der ganzen Welt herumgekommen war und jene eigentümliche, sahnige, entwaffnende Atmosphäre des Luxus um einen her schuf, die nur ein perfekter und ziemlich unzuverlässiger Bedienter schaffen kann. Er entwaffnete einen, und man war ihm ausgeliefert. Die dralle Wirtschafterin lächelte und behandelte einen mit der nicht ganz aufrichtigen achtungsvollen Vertraulichkeit, die man nur Leuten von Stand erweist. Und die rotbackige Magd warf einem einen Blick zu, als sei man etwas sehr Außerordentliches, nur weil man aus der großen Welt da draußen kam. Dann begegnete man dem wachsam lächelnden Verwalter aus Cornwall und dem scheuen Gutsknecht aus Berkshire mit seiner reinlichen Frau und zwei kleinen Kindern, dann dem etwas mürrischen Gutsknecht aus Suffolk. Der Maurer, ein Mann aus Kent, schwatzte drauflos, wenn man ihn reden ließ. Nur der alte Schreiner war grob und ganz von andern Dingen in Anspruch genommen.

Ja, es war eine kleine Welt für sich, und jedermann fühlte sich sehr sicher und gab sich sehr freundlich, als wäre der Gast wirklich etwas Besonderes. Aber es war die Welt des Inselherrn, nicht die des Gastes. Er war der Herr. Ein ganz besonderes Lächeln, die ganz besondere Aufmerksamkeit galten dem Herrn. Alle wußten sie, wie gut es ihnen ging. Darum war der Eigentümer der Insel nicht mehr Herr Soundso. Für jedermann auf der Insel, selbst für den Gast, war er «der Herr».

Oh, es ging alles vorzüglich. Der Herr war kein Tyrann. Ach nein! Er war ein feinfühliger, empfindsamer, großzügiger Gebieter; er wollte alles vollkommen und jedermann glücklich sehen. Er selbst wollte natürlich der Quell dieses Glücks und dieser Vollkommenheit sein.

Auf seine Weise aber war er ein Dichter. Er bewirtete seine Gäste königlich, behandelte seine Leute freigebig. Doch fing er es geschickt an und war sehr verständig. Nie kehrte er den Vorgesetzten heraus. Aber er hatte alles im Auge wie ein kluger, blauäugiger junger Hermes. Und es war erstaunlich, über wieviel Kenntnisse er verfügte; erstaunlich, was er alles über Jersey-Kühe, Käsebereitung, Grabenbau und Zäune, Blumen und Gärtnerei, Schiffe und Segeln wußte. Er war eine Fundgrube des Wissens in allen Belangen, und dies Wissen teilte er seinen Leuten auf eine halb ironische, halb nach Zauberei klingende Weise mit, als gehörte er wirklich zu der sonderbaren, halb unwirklichen Welt der Götter.

Sie hörten ihm zu mit dem Hut in der Hand. Er liebte weiße oder cremefarbene Kleidung und Capes und breitrandige Hüte. So sah der Verwalter bei schönem Wetter seine elegante, große Gestalt in cremeweißem Serge wie einen Vogel über das Brachfeld daherkommen, um dem Rübenjäten zuzuschauen. Dann flogen die Hüte zum Gruß herunter, und einige Minuten lang gab es wunderliche, erfahrene, überlegene Reden zu hören, auf die der Verwalter staunenswert Rede und Antwort stand und denen die Knechte, auf ihre Hacken gelehnt, in stiller Verwunderung zuhörten. Der

Verwalter sprach fast zärtlich besorgt mit seinem Herrn.

Oder er stand etwa an einem windigen Morgen, den Mantel vom feuchten Seewind gebauscht, am Rand eines Grabens, der gerade zur Trockenlegung eines kleinen Sumpfes angelegt wurde, und sprach gegen den Wind mit dem Mann unten im Graben, der mit ruhigen und undurchdringlichen Augen zu ihm aufsah.

Oder man sah ihn abends im Regen über den Hof eilen, den breiten Hut gegen den Regen haltend. Dann rief die Verwaltersfrau hastig: «Der Herr! Steh auf, John, und mach ihm Platz auf dem Sofa!» Gleich darauf ging die Tür auf, und es gab ein Gelärm: «Nein, du meine Güte, wenn das nicht der Herr ist! Wahrhaftig, daß Sie in so einer Nacht ausgehen und zu unsereinem herüberkommen!» Und der Verwalter nahm ihm den Umhang ab und die Verwaltersfrau den Hut, die beiden Knechte rückten mit ihren Stühlen ein wenig zurück, er setzte sich aufs Sofa und zog ein Kind zu sich her. Er konnte wunderbar mit Kindern umgehen, konnte einfach wundervoll mit ihnen reden; man mußte förmlich an unsern Heiland denken, sagte die Frau.

Immer wurde er mit Lächeln und der gleichen sonderbaren Ehrerbietung begrüßt, als wäre er ein höheres, aber auch gebrechlicheres Wesen. Sie behandelten ihn sehr behutsam und fast kriecherisch. Aber wenn er gegangen war oder wenn sie von ihm sprachen, hatten sie oft ein verstecktes spöttisches Lächeln im Gesicht. Man brauchte vor dem «Herrn» keine Angst zu haben. Man mußte ihm nur seinen Willen lassen. Bloß der alte Zimmermann war manchmal ehrlich grob gegen ihn; darum lag ihm auch nichts an dem Alten.

Es bleibt zweifelhaft, ob irgend jemand ihn wirklich gern hatte, von Mann zu Mann oder auch von der Frau zum Mann. Aber ebenso zweifelhaft bleibt, ob er selbst irgend jemand wirklich gern hatte, von Mann zu Mann oder vom Mann zur Frau. Er wünschte sie glücklich und die kleine Welt vollkommen zu sehen. Aber wer die Welt vollkommen haben will, muß sich in acht nehmen vor wirklicher Liebe und wirklichem Haß. Ein allgemeines Wohlwollen ist alles, was er sich leisten kann.

Nun ist es leider eine traurige Tatsache, daß allgemeines Wohlwollen schon als solches immer ein wenig wie eine Beleidigung empfunden wird, und darum züchtet es eine ganz eigene Art Bosheit heran. Gewiß ist dies allgemeine Wohlwollen eine Form des Egoismus, wenn es solche Folgen hat!

Unser Inselbewohner wußte sich jedoch selbst Unterhaltung zu schaffen. Er verbrachte lange Stunden in seiner Bibliothek; denn er sammelte Material zu einem Nachschlagewerk über alle bei den griechischen und lateinischen Autoren erwähnten Blumen. Er hatte keine allzu großen Kenntnisse in den klassischen Sprachen; hatte nur die übliche höhere Schulbildung. Aber es gibt heutzutage ja so ausgezeichnete Übersetzungen. Und es war so hübsch, eine Blume nach der andern aufzuspüren, die in der Alten Welt geblüht.

So ging das erste Inseljahr dahin. Viel war geschehen. Nun fluteten die Rechnungen herein, und der Gutsherr, gewissenhaft in allen Dingen, begann sie zu studieren. Als er die Durchsicht beendet hatte, war er bleich und rang nach Atem. Er war kein reicher Mann. Er wußte, daß er eine Lücke in sein Kapital gerissen hatte, um die Wirtschaft auf der Insel in einen geordneten Gang zu bringen. Doch ehe er sich's versah, war fast nichts als die Lücke mehr übriggeblieben. Tausende und Abertausende von Pfunden hatte die Insel spurlos verschluckt.

Aber die Hauptausgaben lagen nun gewiß hinter ihm. Gewiß würde die Insel jetzt anfangen, sich selbst zu tragen, auch wenn sie keinen Gewinn abwerfen sollte! Gewiß war er gesichert. Er zahlte einen großen Teil der Rechnungen und faßte wieder etwas Mut. Aber es hatte ihm einen Schreck versetzt, und im neuen Jahr, im kommenden Jahr mußte man wirtschaftlich, mußte man sparsam sein. Das sagte er seinen Leuten in einfachen und bewegenden Worten. Und sie antworteten: «Aber gewiß doch. Gewiß!»

Da saß er also, während der Wind stürmte und der Regen prasselte, mit dem Verwalter in seiner Bibliothek bei seiner Pfeife und einem Krug Bier und besprach Bewirtschaftungspläne. Er hob sein schmales, hübsches Gesicht, und seine blauen Augen wurden träumerisch. «Was für ein Wind!» Er fuhr heran wie Kanonenschüsse. Er dachte an seine schaumgepeitschte, unzugängliche Insel, und Freude schoß in ihm auf... Nein, er durfte sie nicht verlieren. Mit dem Eifer der Eingebung wandte er sich den Bewirtschaftungsplänen wieder zu, und seine Hände fuchtelten weiß und nachdrücklich seine Wünsche, während der Verwalter leierte: «Ja, Herr. Ja, Herr. Sie haben recht, Herr.»

Aber der Mann hörte kaum zu. Er betrachtete das blaue Sporthemd des Herrn und die sonderbare rosa Krawatte mit dem feuerroten Stein, die emaillierten Manschettenknöpfe und den Ring mit dem merkwürdigen Siegelstein. Die forschenden braunen Augen des Mannes vom Lande glitten wiederholt über die feine, untadelige Gestalt des «Herrn», in einer Art schwerfälliger, nachrechnender Verwunderung. Begegnete er aber zufällig dem glänzenden, eifererfüllten Blick des Herrn, so glomm in seinen eigenen Augen eine wohlabgewogene Herzlichkeit und Ehrerbietung auf, während er leicht den Kopf neigte.

So machten sie untereinander aus, was zu säen, welcher Dünger an den verschiedenen Stellen zu gebrauchen sei, von welcher Zucht die Ferkel und welcher Art die Truthühner sein sollten, die auf die Insel zu holen wären. Das heißt, der Verwalter ließ die Finger von der Sache, stimmte nur stets vorsichtig dem Gutsherrn zu und ließ den jungen Mann alles nach seinem Kopfe machen.

Der «Herr» kannte sich in seiner Sache aus. Er verstand es glänzend, den Kern eines Buches zu erfassen und sein Wissen anzuwenden. Im großen ganzen hatte er vernünftige Ansichten. Das wußte sogar der Verwalter. Aber in dem Mann vom Lande fand seine Begeisterung keinen Widerhall. Die braunen Augen lächelten wie immer herzliche Ehrerbietung; aber die schmalen Lippen blieben unbeweglich. Der Gutsherr spitzte seinen eigenen

beweglichen Mund in etwas knabenhafter Beredsamkeit, indes er dem andern klug seine Ideen
skizzierte, und der Verwalter machte bewun-
dernde Augen, aber sein Herz war nicht bei der
Sache; er beobachtete den Herrn nur, wie man ein
sonderbares gefangenes Tier betrachtet, ganz ohne
Mitgefühl und unbeteiligt.

So wurde alles geregelt, und der Gutsherr läu-
tete Elvery, dem Butler, damit er einen Imbiß
bringe. Er, der Gutsherr, war befriedigt. Der Butler sah es und kam mit Anschovis- und Schinken-
broten und mit einer eben geöffneten Flasche Wermut zurück. Es war immer irgendeine eben geöff-
nete Flasche zur Hand.

Genauso ging es mit dem Maurer. Der Herr der
Insel und er besprachen die Dränierung eines
Stückchen Landes, und es wurden wieder neue
Röhren bestellt, neue Spezialziegel bestellt, und
dieses noch und jenes noch.

Endlich kam schönes Wetter; es gab eine kleine
Ruhepause in der angespannten Arbeit auf der
Insel. Der Herr machte einen kurzen Ausflug mit
seiner Jacht. Eigentlich war es gar keine Jacht, nur
ein bescheidenes Ding von einem Segelschiff. An
der Küste des Festlands segelten sie entlang und
legten in den Häfen an. In jedem Hafen erschien ein
Freund an Bord, und der Butler richtete stets ein
elegantes kleines Mahl in der Kabine. Dann wurde
der Inselherr in Villen und Hotels eingeladen; seine
Leute halfen ihm an Land, als sei er ein Fürst.

Und oh! wie teuer kam ihn das Vergnügen zu
stehen! Er mußte telegraphisch Geld von der Bank
anfordern. Und er fuhr wieder heim, um zu sparen.

Die Sumpfdotterblumen leuchteten in dem kleinen Sumpf, zu dessen Trockenlegung Gräben gezogen wurden. Fast tat ihm das begonnene Werk jetzt leid. Die gelben Schönen würden nie mehr hier erglänzen.

Der Herbst kam und eine reiche Ernte. Mit einem Festessen mußte gefeiert werden. Die große Tenne war jetzt ganz renoviert und noch erweitert. Der Schreiner hatte lange Tische gezimmert. Laternen hingen von den Balken des hochgiebligen Daches hernieder. Das ganze Inselvolk war versammelt. Der Verwalter hatte den Vorsitz. Es ging fröhlich zu.

Gegen Ende des Abendessens erschien der Gutsherr in einer Samtjacke mit seinen Gästen. Da erhob sich der Verwalter und brachte den Trinkspruch aus: «Auf den Herrn! Langes Leben und Gesundheit dem Herrn!» Die Leute tranken alle mit großer Begeisterung und lautem Zuruf auf seine Gesundheit. Der «Herr» erwiderte mit einer kleinen Ansprache: Sie lebten auf einer Insel in einer eigenen kleinen Welt für sich. Es liege bei ihnen allen, diese Welt zu einer Welt wahren Glücks und wahrer Zufriedenheit zu machen. Jeder müsse das Seine beitragen. Er selbst hoffe zu tun, was in seiner Macht liege; denn sein Herz gehöre seiner Insel und den Bewohnern seiner Insel.

Der Butler erwiderte: Solange die Insel einen solchen Herrn habe, müsse sie einfach ein kleines Paradies für alle ihre Bewohner sein. Der Verwalter und der Maurer sekundierten mit männlichem Eifer, und der Bootsmann geriet ganz außer sich. Dann spielte der alte Zimmermann zum Tanz.

Aber bei alledem standen die Dinge nicht gut. Schon am folgenden Morgen kam der Hütejunge, um zu melden, daß eine Kuh über die Klippe abgestürzt sei. Der Herr der Insel ging hinaus, um nachzuschauen. Er blickte über den nicht sehr hohen Steilhang hinab und sah sie tot auf einem grünen Felsenvorsprung unter einem spätblühenden kleinen Ginsterbusch liegen. Ein schönes, teures Tier, das bereits aufgetrieben aussah. – Wie töricht von ihr, einen so unnötigen Sturz zu tun!

Es galt nun, mehrere Männer zusammenzubringen, um sie auf die Felsbank heraufzuziehen, sie zu häuten und dann zu begraben. Niemand wollte das Fleisch essen. Wie abstoßend war das alles!

Das war bezeichnend für die Insel. Jedesmal, wenn sich die Brust des Menschen in einer freudigen Bewegung hob, schlug boshaft eine unsichtbare Hand aus heiterm Himmel zu. Es sollte keine Freude, nicht einmal friedliche Stille geben. Einer brach das Bein, ein anderer wurde durch einen heftigen Rheumaanfall arbeitsunfähig. Die Schweine wurden von einer merkwürdigen Krankheit befallen. Ein Sturm trieb die Jacht auf ein Riff. Der Maurer haßte den Butler und weigerte sich, seine Tochter im Gutshaus Dienst tun zu lassen.

Die Luft selbst schien mit starrer, lastender Bosheit geladen. Die Insel schien bösartig. Wochen und Wochen konnte sie verderblich, tückisch und böse sein. Dann plötzlich wieder war sie eines Morgens heiter, lieblich wie ein Morgen im Paradies, alles war schön und voll drängenden Lebens. Und alle atmeten auf in beginnender Glückshoffnung.

Kaum aber war der Eigentümer innerlich aufge-
blüht wie eine Blume, so folgte gewiß irgendein
häßlicher Rückschlag. Jemand schickte einen an-
onymen Brief mit Beschuldigungen gegen einen
andern Inselbewohner. Jemand anders hatte allerlei
gegen einen seiner Leute vorzubringen. «Was sich
gewisse Leute hier ein faules Leben machen mit all
ihren Gaunereien!» schrie die Maurerstochter den
liebenswürdigen Butler an – in Hörweite ihres
Herrn. Er stellte sich taub. «Mein Mann meint,
diese Insel wäre wie das magere Vieh in Ägypten,
sie schluckt einen Haufen Geld und bringt nie was
ein», gestand die Verwaltersfrau einem der Gäste
ihres Herrn.

Die Leute waren nicht zufrieden. Sie waren
keine Inselmenschen. «Es kommt uns so vor, als
täten wir unrecht an den Kindern», sagten diejeni-
gen, die Kinder hatten. «Es kommt uns so vor, als
täten wir unrecht an uns selbst», sagten die, welche
keine Kinder hatten. Und die einzelnen Familien
kamen allen Ernstes so weit, sich gegenseitig zu
hassen.

Und doch war die Insel so schön. Wenn das
Geißblatt duftete und der Mond hell auf das Meer
herabglitzerte, dann erfüllte selbst die Unzufriede-
nen ein seltsames Weh. Sie rief eine Sehnsucht
wach, ein wildes Verlangen vielleicht nach der Vergangenheit, so daß man sich weit fortwünschte, in
die geheimnisvolle Frühzeit der Insel, da das Blut
noch anders pulste. Fremde Leidenschaften über-
fluteten die Seele, fremde wilde Gelüste und grausame Phantasien. Jenes Blut, jene Leidenschaft und
Lust, die die Insel einst erlebt hatte. Unheimliche

Träume, Wachträume und halb heraufbeschwo-
rene Sehnsüchte.

Der Inselherr selbst begann seine Insel ein wenig
zu fürchten. Er empfand hier seltsame heftige Bewegungen, die er nie zuvor gefühlt hatte, und
wollüstige Wünsche, von denen er ganz frei gewesen war. Er wußte nun schon recht gut, daß seine
Leute ihn überhaupt nicht liebten. Er wußte, daß
ihre Stimmung im geheimen gegen ihn war, bösartig, höhnisch, mißgünstig und versteckt auf seine
Niederlage bedacht. Da wurde er genauso argwöhnisch und verschlossen gegen sie.

Aber es war zuviel. Am Ende des zweiten Jahres
verließen mehrere Bewohner die Insel. Die Wirtschafterin ging. Der Hausherr hatte an überheb-
lichen Frauen stets am meisten auszusetzen. Der
Maurer sagte, er habe das Dreinreden satt, so nahm
er seinen Abschied mitsamt seiner Familie. Der
rheumakranke Gutsknecht ging. Und dann kamen
die Jahresrechnungen, der Besitzer machte seine
Bilanz. Trotz guter Ernten waren die Posten auf
der Aktivseite lächerlich gering gegenüber den Aus-
gaben. Die Insel hatte wieder Verluste gemacht,
nicht Hunderte, sondern Tausende von Pfunden.
Es war unglaublich. Man konnte es sich einfach
nicht vorstellen! Wo war das Geld hingekommen?

Der Herr der Insel verbrachte düstere Tage und
Nächte über seinen Rechnungen in der Bibliothek.
Er war gründlich. Es kam nun, da die Wirtschafterin gegangen war, zutage, daß sie ihn begaunert
hatte. Wahrscheinlich begaunerten ihn alle. Nur
war es ihm verhaßt, dergleichen zu denken, so
schob er den Gedanken beiseite.

Aber er kam nach diesem Ausgleichen niemals auszugleichender Schulden und Guthaben bleich und hohläugig wieder zum Vorschein und sah aus, als hätte er einen Stoß gegen den Magen bekommen. Es war zum Erbarmen. Aber das Geld war dahin, und Punktum! Ein neues großes Loch in seinem Kapital. Wie konnten die Leute nur so herzlos sein?

So konnte es nicht weitergehen, das lag auf der Hand. Bald würde er bankrott sein. Er mußte seinem Butler mit Bedauern kündigen. Er fürchtete sich vor der Entdeckung, um wieviel sein Butler ihn begaunert haben mochte. Denn trotz allem war der Mann ein so hervorragender Butler. Auch der Verwalter mußte gehen. Der Gutsherr empfand in dieser Hinsicht kein Bedauern. Die Verluste auf dem Gut hatten ihn fast verbittert.

Das dritte Jahr verging mit strengen Sparmaßnahmen. Die Insel war noch immer geheimnisvoll und voller Zauber. Aber sie war auch verräterisch und grausam, insgeheim abgründig boshaft. Trotz all ihrem prächtigen Aufgebot von weißen Blüten und Hyazinthen und der lieblichen Würde des Fingerhuts mit seinen niederhängenden rosenroten Glocken war sie der unerbittliche Feind.

Mit verringertem Gesinde, verringerten Löhnen, verringerter Pracht ging das dritte Jahr dahin. Aber es war ein hoffnungsloser Kampf. Das Gut machte immer noch erhebliche Verluste. Und noch einmal gab es ein Loch im Überbleibsel des Kapitals. Wieder ein Loch in dem, was doch nur noch als Überbleibsel um die alten Löcher herum stehengeblieben war. Auch in dieser Hinsicht war die Insel rätselhaft: sie schien einem förmlich das Geld aus der Tasche zu stehlen, als ob sie ein Tintenfisch mit unsichtbaren Armen wäre, der einen von allen Seiten bestiehlt.

Dennoch liebte der Inselherr sie immer noch. Jetzt aber mit einem Anflug von Groll.

Die zweite Hälfte des vierten Jahres verbrachte er in intensiver Arbeit auf dem Festland, um sie loszuwerden. Und es stellte sich als erstaunlich schwierig heraus, eine Insel zu verkaufen. Er hatte geglaubt, alle Welt sehne sich nach einer Insel wie der seinigen; aber weit gefehlt. Niemand wollte überhaupt etwas dafür zahlen. Und er wollte sie jetzt loswerden, wie ein Mann, der um jeden Preis eine Scheidung will.

Erst in der Mitte des fünften Jahres verkaufte er sie mit beträchtlichem eigenem Verlust an eine Hotelgesellschaft, die bereit war, mit der Insel ein Geschäft zu machen. Sie wollten sie in ein bequem gelegenes Flitterwochen- und Golfparadies verwandeln. Das geschieht dir recht, Insel, die du's nicht wußtest, solange du es gut hattest. Nun sei meinetwegen ein Flitterwochen- und Golfparadies!

Die zweite Insel

Der Herr der Insel mußte ausziehen. Aber er ging nicht aufs Festland. O nein! Er zog auf die kleinere Insel, die ihm noch gehörte. Und er nahm den getreuen alten Zimmermann und seine Frau mit, das Paar, an dem ihm nie wirklich etwas gelegen hatte; außerdem eine Witwe und ihre Tochter, die

ihm im letzten Jahr den Haushalt geführt hatten,
und noch einen Waisenjungen, der dem alten
Mann helfen sollte.

Die kleine Insel war sehr klein; aber da sie
aus einem Felsenklotz im Meer bestand, war sie
größer, als sie aussah. Es gab einen kleinen Pfad
zwischen den Felsen und Gebüschen, der sich hin-
auf- und hinabschlängelte und um die Insel herum-
kletterte, so daß man zwanzig Minuten für den
Rundgang brauchte. Das war mehr, als man erwartet hätte.

Immerhin war es eine Insel. Der Inselherr selbst
zog mit all seinen Büchern in das langweilige Haus
mit seinen sechs Zimmern, zu dem man vom
felsigen Landeplatz aus hinaufklettern mußte.
Außerdem standen noch zwei zusammengebaute
Hütten da. Der alte Zimmermann lebte mit seiner
Frau und dem Burschen in der einen, die Witwe
und ihre Tochter in der andern.

Endlich war alles in Ordnung. Die Bücher des
Hausherrn füllten zwei Räume. Es war schon
Herbst, Orion entstieg dem Meer. Und in den
dunklen Nächten konnte er die Lichter seiner ein-
stigen Insel sehen, auf der die Hotelgesellschaft
Gäste mit Unterhaltung versorgte, die den neuen
Vergnügungsort für Flitterwochen-Golfspieler
bekanntmachen sollten.

Aber auf seinem Felsenbrocken war der «Herr»
immer noch Herr. Er erkundete die Spalten, die
wenigen Handbreit Gras, die steilen, kleinen Klippen, an denen die letzten Hasenglöckchen hingen,
und die Flugsamen des Sommers lagen braun über
dem Meer, einsam und unberührt. Er blickte in den

alten Brunnen hinab. Er untersuchte die Stein-
hürde, in der man ein Schwein gehalten hatte. Er
selbst hatte eine Ziege.

Ja, es war eine Insel. Ohne Unterlaß strudelte
und spülte und brandete die keltische See dort
unten gegen die Felsen an mit ihrem weichen
Grau. Wieviel verschiedene Laute hatte das Meer!
Dumpfes Krachen und Poltern, seltsam langgezo-
gene Seufzer und Zischtöne; dann Stimmen, richtige Menschenstimmen unter Wasser, lärmend wie
auf einem Markt; dann wieder das sehr entfernte
Läuten einer Glocke, gewiß einer wirklichen
Glocke! Dann ein ungeheurer Triller, sehr langge-
zogen und erregend, und ein heiseres, gedämpftes
Keuchen.

Auf dieser Insel gab es keine Menschengeister,
keine Geister einer vergangenen Rasse. Meer und
Gischt und Wind und Wetter hatten sie alle fortgespült, so fortgespült, daß nur der Ton des Meeres
selbst noch blieb, sein eigener Geist, myriaden-
stimmig, schwatzend, voll heimlichen Treibens
und Lärmens den ganzen Winter lang. Und nur der
Seegeruch, ein paar stachlige Stechginster und
derbe Heidekrautbüschel zwischen den grauen,
schimmernden Felsen, in der grauen, noch heller
schimmernden Luft. Die Kälte, das Grau in Grau,
der weiche, schleichende Seenebel; und mitten
darin das Felseneiland, ein kleiner steinerner Buk-
kel – wie der letzte Punkt im Raum. Der grüne
Stern Sirius stand über dem Rande des Meeres. Die
Insel war nur ein Schatten. Draußen auf See zeigte
ein Schiff kleine Lichter. Unten in der engen Fel-
senbucht lagen das Ruderboot und das Motorboot

sicher. Ein Licht schimmerte in des Zimmermanns Küche. Das war alles.

Nur, natürlich, die Lampe noch, die im Hause angezündet wurde, wo die Witwe das Abendbrot bereitete und ihre Tochter dabei half. Der Inselbewohner ging hinein zum Mahl. Hier war er nicht mehr der Herr, er war wieder ein Inselbewohner, und er hatte Ruhe. Der alte Zimmermann, die Witwe und ihre Tochter, sie alle waren die Treue selbst. Der Alte arbeitete, solange das Tageslicht reichte, weil er mit Leidenschaft beim Werk war. Die Witwe und ihre stille, ziemlich zarte Tochter von dreiunddreißig Jahren arbeiteten für den Inselherrn, weil es sie freute, für ihn zu sorgen, und sie waren unendlich dankbar für den Hafen, den er ihnen gewährte. Aber sie nannten ihn nicht «den Herrn». Sie nannten ihn, leise und ergeben, bei seinem Namen: «Herr Cathcart, Sir!» Und er antwortete ihnen ebenfalls leise, freundlich, wie Menschen, die fern von der Welt sich fürchten, Lärm zu machen.

Die Insel war nicht mehr eine «Welt». Sie war eine Art Zufluchtsort. Der Inselbesitzer kämpfte um nichts mehr. Er bedurfte nichts. Es war, als seien er und seine wenigen Leute ein kleiner Zug Seevögel, die sich auf ihrer Reise durch den Weltraum auf diesem Felsen niedergelassen hätten und sich wortlos beieinanderhielten. Das schweigende Geheimnis ziehender Vögel.

Er verbrachte den größten Teil des Tages im Studierzimmer. Sein Buch machte Fortschritte. Die Tochter der Witwe konnte ihm sein Manuskript mit der Maschine abschreiben, sie war nicht ungebildet. Die Schreibmaschine gab den einzigen fremden Ton auf der Insel. Aber bald fügte sich selbst ihr Geklapper ein in die Laute der See und des Windes.

Die Monate vergingen. Der Inselbewohner arbeitete in der Studierstube, die Inselleute gingen ruhig ihren Beschäftigungen nach. Die Ziege bekam ein kleines schwarzes Zicklein mit gelben Augen. Es gab Makrelen im Meer. Der Alte fuhr mit dem Jungen auf Fischfang, wenn das Wetter ruhig genug war; sie fuhren im Motorboot hinüber zur größten Insel und holten die Post. Und sie brachten Zufuhr, kein Pfennig ward verschwendet. Und die Tage gingen dahin und die Nächte, ohne Wunsch, ohne Langeweile.

Das seltsame Schweigen jeden Verlangens erfüllte den Inselfreund fast mit Verwunderung. Er entbehrte nichts. Seine Seele war endlich ruhig in ihm, sein Geist war wie eine matt erhellte Höhle unter Wasser, wo seltsames Seegerank sich auf der Wasserfläche ausbreitet und sich kaum bewegt, und ein stummer Fisch gleitet schattenhaft herein und gleitet wieder fort. Alles still und sanft und geräuschlos, und doch lebendig, wie Seetang mit Wurzeln lebendig ist.

Der Inselbewohner fragte sich: «Ist das Glück?» Er sagte zu sich: «Ich bin in einem Traum verfangen. Ich fühle nichts, oder ich weiß nicht, was ich fühle. Aber es scheint mir, daß ich glücklich bin.»

Nur mußte er etwas haben, woran seine geistige Regsamkeit sich halten konnte. So verbrachte er lange, stille Stunden in seinem Studierzimmer, arbeitete nicht sehr schnell, auch nichts sehr Bedeutendes, ließ das Schreibwerk sich gemächlich abspinnen wie träger Marienfaden. Er machte sich keine Sorgen mehr, ob gut oder schlecht sei, was er da schreibe. Langsam, sachte spann er es ab wie Sommerfäden, und wenn es verginge, wie Sommerfäden im Herbst zergehn, so sollte es ihn nicht grämen. Nur das leise Schwinden solcher Sommergespinste schien ihm noch von Dauer. Der Nebel der Ewigkeit selbst lag in ihnen. Steinbauten aber, Kathedralen zum Beispiel, schienen ihm vom Klageschrei vorläufigen Widerstandes zu dröhnen, da sie wußten, daß sie am Ende fallen müßten; die Spannung ihres langen Aushaltens schien ohne Unterlaß aus ihnen hervorzuschreien.

Manchmal fuhr er aufs Festland nach London. Dann begab er sich elegant, nach der letzten Mode gekleidet, in seinen Klub. Er saß im Theater in einer Loge, er machte Einkäufe in der Bond Street. Er besprach Termine zur Veröffentlichung seines Buches. Aber über seinem Gesicht lag jener versponnene Ausdruck, als habe er die Jagd des Fortschritts aufgegeben, und das gab dem gewöhnlichen Stadtvolk das Gefühl der Überlegenheit ihm gegenüber, und er war froh, wenn er auf seine Insel zurückkehren konnte.

Es würde ihm nichts ausmachen, wenn er sein Buch nie zur Veröffentlichung brächte. Die Jahre verschmolzen in einem weichen Nebel, aus dem nichts hervordrang. Der Frühling kam. Keine einzige Schlüsselblume gab es auf seiner Insel; aber er fand einen Winterling, zwei kleine, struppige Schlehensträuche und ein paar Buschwindröschen. Er legte eine Liste der Pflanzen seines Eilands an, und das füllte ihn aus. Er notierte einen wilden Johannisbeerstrauch und schaute nach den Blütendolden an einem verkrüppelten Holunderstämmchen aus, dann nach den ersten gelben Fahnen des Ginsters und den Heckenrosen. Taubenkropf, Orchideen, Jungferngras, Schellkraut – er war stolzer auf sie, als wenn sie menschliche Bewohner seiner Insel gewesen wären. Als er den Goldsteinbrech der Moorwiesen entdeckte, der so unauffällig in einem feuchten Winkel wuchs, beugte er sich ver-

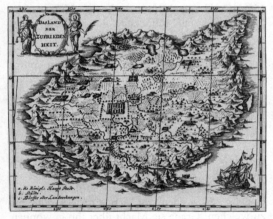

«Die glückseeligste Insul auf der gantzen Welt oder das Land der Zufriedenheit», von Constantino von Wahrenberg, Königsberg 1723. Ein Neudruck aus dem Jahre 1728 trägt das Pseudonym Ludwig Ernst von Faramund, nach dem diese Utopie später meist zitiert wird: «Faramunds glückseeligste Insel.» Der Verfasser ist Philipp Balthasar Sinold, genannt v. Schütz.

zückt über ihn und schaute ihn an, er wußte selbst
nicht wie lange. Und doch war er des Anschauens
nicht wert, fand wenigstens die Tochter der Witwe,
als er ihn ihr zeigte.

Er hatte in ehrlichem Triumph zu ihr gesagt:
«Heute morgen habe ich den Goldsteinbrech gefunden.»

Der Name klang prächtig. Sie schaute ihn
mit gebannten braunen Augen an; ein dumpfer
Schmerz darin erschreckte ihn ein wenig. «Wirklich? Ist es eine hübsche Blume?» Er kräuselte die
Lippen und zog die Brauen hoch. «Nun – nicht
gerade eine sehr auffallende. Ich will sie Ihnen
zeigen, wenn Sie wollen.»

«Ich möchte sie gern sehen.»

Sie war so still, so sehnsüchtig. Aber er spürte
eine Hartnäckigkeit in ihr, die ihm unbehaglich
war. Sie sagte, sie sei so glücklich, wirklich glücklich. Sie folgte ihm still wie ein Schatten auf dem
Felsenpfad, wo es nirgends Raum für zwei zum
Nebeneinandergehen gab. Er ging voran und
konnte sie dort, dicht hinter sich, spüren, wie sie so
unterwürfig folgte und ihn hinter seinem Rücken
anstarrte.

Etwas wie Mitleid mit ihr veranlaßte ihn, ihr
Geliebter zu werden, obgleich er nie erkannte, bis
zu welchem Grade sie Macht über ihn gewonnen
hatte und wie sehr es ihr Wille war. Aber kaum war
er ihrer Verlockung erlegen, da überfiel ihn ein
häßliches Gefühl, daß alles falsch sei. Er empfand
einen nervösen Widerwillen gegen sie. Er hatte es
nicht gewollt. Und es schien ihm, daß auch sie,
was ihr physisches Ich anbetraf, es nicht gewollt

hatte. Nur ihr Wille war es gewesen. Er ging weg und kletterte unter Lebensgefahr hinab auf ein Felsenriff nahe der Küste. Da saß er stundenlang und starrte aufs Meer, schrillen Mißklang im Herzen, und sagte kläglich zu sich selbst: «Wir haben es nicht gewollt. Wir haben es im Grunde nicht gewollt.»

Geschlechtliche Begierde hatte ihn als etwas Mechanisches von neuem gepackt. Nicht daß er das Geschlechtliche haßte. Er hielt es wie die Chinesen für eines der großen Lebensmysterien. Aber es war mechanisch, automatisch geworden, und dem wünschte er zu entfliehen. Als etwas Mechanisches vernichtete es ihn und war wie eine Art Tod in ihm. Er glaubte, er hätte sich zu einer neuen Stille der Wunschlosigkeit durchgerungen. Vielleicht – hätte man es überwunden – gab es jenseits eine neue, frische Zartheit des Begehrens, eine noch unerprobte zarte Gemeinschaft zweier Menschen, die sich auf unbetretenem Grund begegneten.

Sei dem, wie ihm wolle, dies war nicht das Rechte. Dies war nichts Junges und Frisches. Es war automatisch und ging vom Willen aus. Selbst sie hatte es mit ihrem wahren Selbst nicht gewünscht. Es war etwas Automatisches in ihr gewesen.

Als er sehr spät heimkam und ihr Gesicht sah, weiß vor Angst und vorahnender Furcht vor seinen Gefühlen gegen sie, tat sie ihm leid, und er sprach zart und beruhigend zu ihr. Aber er hielt sich ihr fern.

Sie äußerte nichts. Sie diente ihm in dem gleichen Schweigen, mit dem gleichen versteckten

41

Hunger, ihm zu Diensten zu sein, ihm nahe zu sein. Er fühlte, wie ihn ihre Liebe mit seltsamer, schrecklicher Hartnäckigkeit verfolgte. Sie forderte nichts. Aber wenn er jetzt ihren hellen, braunen, merkwürdig leeren Augen begegnete, las er die stumme Frage in ihnen. Die Frage traf ihn unmittelbar, mit einer Macht und einer Kraft des Willens, die ihm nie klar wurden. So unterlag er und bat sie nochmals.

«Nicht», sagte sie, «wenn Sie mich dann hassen.»

«Warum denn?» erwiderte er, wie von Nesseln gebrannt. «Natürlich nicht.»

«Sie wissen, ich würde alles in der Welt für Sie tun.»

Erst später in seiner Erregung erinnerte er sich, was sie gesagt hatte, und wurde noch erregter. Warum stellte sie sich, als täte sie es um seinetwillen? Warum nicht um ihrer selbst willen?

Aber in seiner Erregung verstrickte er sich nur tiefer. Um irgendeine Befriedigung zu erreichen, die er doch nie erreichte, überließ er sich ihr. Alle wußten davon auf der Insel. Aber das kümmerte ihn nicht.

Dann verließ ihn auch der letzte Rest von Verlangen, und er fühlte sich vernichtet. Er empfand, daß sie ihn allein mit ihrem Willen begehrt hatte. Jetzt war er zerbrochen und voller Selbstverachtung. Seine Insel war beschmutzt und verdorben. Er hatte seinen Platz in dem wunderbaren, wunschlosen Stillstand der Zeit, den er endlich errungen hatte, verloren und einen schweren Rückschlag erlitten. Wenn nur ein wahrhaftiges, zartes Verlangen zwischen ihnen gewaltet hätte, und ein zartes Begegnen in jenem dritten seltenen Raum, wo ein Mann einer Frau begegnen darf, wenn sie beide der verletzlichen, empfindlichen, krokusfarbenen Flamme des Begehrens in ihrem Innern treu blieben. Aber es war nichts dergleichen gewesen: automatisch, ein Akt des Willens, nicht des echten Verlangens – es hinterließ ein Gefühl der Demütigung in ihm.

Trotz ihres stummen Vorwurfs verließ er die Insel. Und er durchwanderte das Festland und suchte vergebens einen Platz, wo er verweilen konnte. Er hatte seinen inneren Einklang verloren; er paßte nicht mehr in die Welt.

Da kam ein Brief von Flora – Flora war ihr Name –, um zu melden, sie fürchte, sie werde ein Kind bekommen. Er fiel auf einen Stuhl, wie vom Blitz getroffen, und saß lange so. Aber er schrieb ihr: «Warum sich fürchten? Wenn es so ist, ist es so, und wir sollten lieber erfreut sein, statt zu fürchten.»

Gerade in diesem Augenblick wurden zufällig Inseln versteigert. Er nahm sich die Karten vor und studierte sie. Und auf der Auktion kaufte er für sehr wenig Geld noch eine Insel. Es waren nur wenige Morgen Felsen, oben im Norden, am äußeren Saum der Inselgruppe. Sie war niedrig, sie erhob sich nur wenig aus dem großen Ozean. Kein Gebäude, nicht einmal ein Baum stand darauf. Nur Seegras des Nordens, ein Regenwasserteich, etwas Schilf, Felsen und Seevögel. Sonst nichts. Unter dem weinenden, nassen, westlichen Himmel.

Er machte einen Ausflug, um seinen neuen Besitz aufzusuchen. Mehrere Tage konnte er wegen des Seegangs nicht herankommen. Schließlich landete er bei leichtem Nebel, der über dem Meer lag, und sah die Insel dunstig, niedrig, anscheinend sehr langgestreckt daliegen. Aber das war Täuschung. Er wanderte über nassen, federnden Rasen, und dunkelgraue Schafe stoben geisterhaft vor ihm davon mit heiserem Blöken. Und er gelangte zu dem dunklen Teich mit dem Schilf. Und weiter in dem feuchten Dunst bis an das graue Meer, das zornig zwischen den Felsen gurgelte.

Dies war wirklich eine Insel.

Dann kehrte er zu Flora heim. Sie blickte ihn an mit schuldbewußter Furcht, doch auch mit einem triumphierenden Glänzen in ihren ihm unheimlichen Augen. Und wieder war er freundlich, beruhigte sie; er verlangte sogar wieder nach ihr mit jenem sonderbaren Begehren, das fast wie Zahnschmerz war. So nahm er sie aufs Festland mit, und sie wurden vermählt, da sie ja sein Kind gebären würde.

Sie kehrten auf die Insel zurück. Sie trug ihm immer noch seine Mahlzeiten hinein und zugleich ihre eigenen. Sie setzte sich und aß mit ihm. Er wollte es so haben. Die verwitwete Mutter blieb lieber in der Küche. Und Flora schlief im Gastzimmer seines Hauses, als Herrin seines Hauses. Sein Verlangen, welcher Art immer es gewesen sein möchte, erstarb in ihm mit häßlicher Endgültigkeit. Es würden noch Monate vergehen, bis das Kind geboren würde. Seine Insel war ihm verhaßt, gemein, eine Kleinstadt. Er selbst hatte all seine feinere Vornehmheit verloren. Die Wochen ver-

gingen wie in einer Art Gefängnis, voller Demütigung. Aber er hielt durch, bis das Kind geboren
sein würde. Doch sann er auf Flucht. Flora wußte
nichts davon.

Eine Pflegerin erschien und aß mit ihnen am
Tisch. Der Arzt kam bisweilen, und wenn die See
stürmisch war, mußte auch er bleiben und war sehr
aufgeräumt bei seinem Whisky.

Sie hätten ein junges Paar in Golders Green sein
können.

Schließlich wurde die Tochter geboren. Der
Vater schaute das Kind an und fühlte sich niederge-
drückt, es ging fast über seine Kräfte. Der Mühl-
stein hing an seinem Hals. Aber er versuchte, seine
Gefühle zu verbergen. Und Flora wußte nichts. Sie
lächelte immer noch mit einer Art einfältigen
Triumphes in ihrer Freude, als sie sich wieder
wohlzufühlen begann. Dann fing sie von neuem
an, ihn mit ihren schmerzhaften, auffordernden,
irgendwie schamlosen Augen anzusehen. Sie be-
tete ihn an.

Das hielt er nicht aus. Er sagte ihr, daß er eine
Zeitlang fort müsse. Sie weinte, aber sie glaubte,
sie sei seiner sicher. Er sagte ihr, daß er den größten
Teil seines Eigentums auf sie übertragen habe, und
schrieb ihr auf, welche Einkünfte es ihr bringen
würde. Sie hörte kaum zu, schaute ihn nur an mit
ihren schweren, anbetenden, schamlosen Augen.
Er gab ihr ein Scheckbuch, in das der Betrag ihres
Guthabens ordnungsgemäß eingetragen war. Dies
erregte ihr Interesse. Und er sagte ihr, wenn sie der
Insel überdrüssig würde, könne sie ihr Heim auf-
schlagen, wo immer sie wolle.

Sie folgte ihm mit ihren schmerzhaften, hart-
näckigen braunen Augen, als er fortging, und er
sah sie nicht einmal weinen.

Er ging geradewegs nach Norden, um sich auf
seiner dritten Insel einzurichten.

Die dritte Insel

Die dritte Insel war bald bewohnbar. Aus Zement
und den großen Kieselsteinen des steinigen Stran-
des bauten ihm zwei Männer eine Hütte und deck-
ten sie mit Wellblech. Ein Boot brachte ein Bett
und einen Tisch herüber und drei Stühle nebst
einem guten Schrank und einigen Büchern. Er
legte einen kleinen Vorrat an Kohlen, Petroleum
und Lebensmitteln an – er benötigte ja so wenig.

Das Haus stand nahe der Bucht mit Kiesel-
strand, wo er landete und sein leichtes Boot ans
Land zog. An einem sonnigen Tag im August
segelten die Männer ab und ließen ihn zurück. Das
Meer war ruhig und blaßblau. Am Horizont sah er
den kleinen Postdampfer langsam nordwärts ziehen, als wandelte er dahin. Er versorgte die ent-
fernteren Inseln zweimal wöchentlich. Bei ruhiger
See konnte er zu ihm hinausrudern, wenn es nötig
war, und er konnte ihm von einer Fahnenstange
hinter seiner Hütte Signale geben.

Ein halbes Dutzend Schafe blieb zur Gesellschaft
auf der Insel zurück, und er hatte eine Katze, die
ihm um die Beine strich. Solange die köstlichen,
sonnigen Tage des nördlichen Herbstes währten,
wanderte er zwischen den Felsen umher und über
den federnden Rasen seines kleinen Reichs und

gelangte immer wieder zum endlosen, ruhelosen
Meer. Er schaute nach jedem Blatt, das etwa sich
vom andern unterscheiden mochte, und sah dem
unaufhörlichen Sichentfalten und Zusammenrol-
len des wasserverwühlten Seetangs zu. Er hatte
keinen Baum, nicht einmal ein Stückchen Heide zu
beobachten. Nur das Gras und winzige Rasen-
pflanzen und das Schilf am Teich und das Seegras
im Ozean. Er war froh. Er brauchte Bäume und
Büsche nicht. Sie standen aufrecht wie Menschen,
allzu selbstbewußt. Sein kahles, niedriges Eiland in
der blaßblauen See war alles, was er brauchte.

Er arbeitete nicht mehr an seinem Buch. Es
interessierte ihn nicht mehr. Er liebte es, auf der
niedrigen Anhöhe seiner Insel zu sitzen und das
Meer anzuschauen, nichts als das bleiche, stille
Meer, und seinen Geist sanft und nebelhaft verflie-
ßen zu fühlen wie den nebelverschleierten Ozean.
Bisweilen sah er wie eine Luftspiegelung den
Schatten von Land schwebend im Norden aufsteigen. Es war eine große Insel, dort draußen. Aber
ohne alle Wirklichkeit.

Bald war er fast erschrocken, wenn er den
Dampfer am nahen Horizont erblickte, und sein
Herz zog sich zusammen vor Angst, er würde
halten und ihn stören. Ängstlich sah er ihn entschwinden, und erst wenn er außer Sichtweite
war, fühlte er sich wahrhaft erleichtert und wieder
er selbst. Die Spannung des Wartens auf menschliche Annäherung war grausam. Er wollte nicht,
daß man ihm nahekam. Er wollte keine Stimmen
hören. Er war über den Klang seiner eigenen
Stimme erschrocken, wenn er versehentlich mit

seiner Katze sprach. Er tadelte sich selbst, daß er
das große Schweigen gebrochen hatte. Und er war
gereizt, wenn seine Katze zu ihm aufsah und leise
klagend mauzte. Er runzelte die Stirn über sie. Und
sie merkte es. Sie fing an zu verwildern, in den
Felsen auf der Lauer zu liegen, wohl um Fische zu
fangen.

Am meisten aber mißfiel ihm, wenn eines der
plumpen Schafe sein Maul auftat und sein heiseres,
rauhes «Bäh» hinausblökte. Er betrachtete es, und
es erschien ihm häßlich und ungeschlacht. Er fing
an, großen Widerwillen gegen die Schafe zu empfinden.

Er wollte nur das Flüstern des Meeres und die
scharfen Schreie der Möwen hören, Schreie, die
aus einer andern Welt zu ihm kamen. Und am
besten war das große Schweigen.

Er entschloß sich, sich von den Schafen zu befreien, sobald das Schiff käme. Sie waren jetzt an
ihn gewöhnt und standen da und starrten ihn an
mit den gelben oder farblosen Augen, mit einer
Unverfrorenheit, die fast kalter Spott war. Es ging
etwas kalt Anstößiges von ihnen aus. Sie mißfielen
ihm sehr. Und wenn sie mit Stakkatosprüngen von
den Felsen setzten und ihre Hufe trockneten und
scharf auftraten und die Wolle auf ihren breiten
Rücken wippte, fand er sie abstoßend und den
Anblick erniedrigend.

Das schöne Wetter ging vorüber, und es regnete
den ganzen Tag. Er lag viel auf seinem Bett, hörte
zu, wie das Wasser von seinem Dach in das Wasser-
faß aus Zink tröpfelte, schaute durch die offene Tür
nach dem Regen, den dunklen Felsen, dem un-

sichtbaren Meer. Viele Möwen gab es jetzt auf der Insel, viele Seevögel aller Art. Es war wieder eine andere Welt des Lebens. Viele von den Vögeln hatte er nie zuvor gesehen. Wieder überkam ihn die alte Regung, ein Buch kommen zu lassen, um ihre Namen zu erfahren. In einem Aufflackern der alten Leidenschaft, alles, was er erblickte, beim Namen zu kennen, entschloß er sich sogar, zum Dampfer hinauszurudern. Die Namen dieser Vögel! Er mußte ihre Namen wissen, sonst gehörten sie ihm nicht, waren für ihn nicht wirklich lebendig.

Aber dieser Wunsch verging wieder, und er betrachtete die Vögel nur, wie sie um ihn her kreisten oder hüpften – sah ihnen zerstreut zu, ohne zu unterscheiden. Jegliches Interesse war ihm entschwunden. Nur war da eine Möwe, ein großes, hübsches Tier, die vor der offenen Hüttentür auf und ab, auf und ab hüpfte, als hätte sie dort einen Auftrag auszurichten. Sie war groß und perlgrau, und die Rundungen ihres Körpers waren so glatt und fein wie eine Perle. Nur die gefalteten Schwingen hatten schwarze Spitzen, und auf den dichten schwarzen Federn zeichneten sich drei sehr deutliche weiße Punkte wie ein Muster ab. Den Inselbewohner wunderte es sehr, warum dieser Vogel der fernen, kalten Meere wohl diese kleine Zierde trüge. Und wie die Möwe vor seiner Kabine auf und ab, auf und ab lief, auf blaß dunkelgoldenen Beinen stolzierte, den blaßgelben, vorn gekrümmten Schnabel mit seltsamer, fremdartiger Bedeutsamkeit erhoben, wunderte sich der Mann über sie. Sie kündete etwas an, sie hatte eine Vorbedeutung.

Dann erschien der Vogel nicht mehr. Die Insel – bisher voller Seevögel, erfüllt vom Blitzen der Schwingen, vom Sausen und Schlagen der Schwingen und scharfen, unheimlichen Schreien in der Luft – wurde wieder leer. Sie saßen nicht mehr wie lebendige Eier auf den Felsen und im Gras, die Köpfe in Bewegung, aber kaum zur Flucht sich lüpfend vor seinen Füßen. Sie liefen nicht mehr zwischen den Schafen über den Rasen, hoben sich nicht mehr mit flachem Flügelschlag. Der große Schwarm war fort. Aber einige blieben immerhin.

Die Tage wurden kürzer und die Welt unheimlich. Eines Tages kam das Boot: wie ein plötzlicher Überfall. Der Inselherr empfand es als gewaltsamen Einbruch. Es war eine Plage, mit diesen beiden Männern in ihren häßlichen, plumpen Kleidern zu reden. Die Atmosphäre der Vertraulichkeit, die von ihnen ausging, schien ihm sehr abstoßend. Er selbst war fein gekleidet, seine Hütte war sauber und schmuck. Er haßte alle Zudringlichkeit; die unbeholfene Gemütlichkeit, die Plumpfüßigkeit der Fischer stieß ihn geradezu ab.

Die Briefe, die sie ihm gebracht hatten, ließ er ungeöffnet in einem Kästchen liegen. Einer enthielt sein Geld. Aber selbst diesen zu öffnen war ihm unerträglich. Jegliche Berührung mit der Welt war ihm zuwider, schon wenn er einen Namen auf einem Briefumschlag las. Er legte die Briefe beiseite.

Und das abscheuliche Getriebe, bis man die Schafe gefangen, angebunden und ins Boot gebracht hatte, entlockte ihm in tiefem Widerwillen Verwünschungen gegen die ganze Tierwelt.

Welch häßlicher Gott hatte die Tiere und übelriechenden Menschen erfunden? Für seine Nase rochen die Fischer und die Schafe gleich schlecht; eine
Unsauberkeit auf der frischen Erde.

Er war immer noch nervös und gereizt, als das
Schiff endlich die Segel setzte und über die stille See
davonzog. Und noch Tage danach fuhr er manchmal voll Ekel auf, wenn er das Käuen der Schafe zu
hören glaubte.

Die dunklen Wintertage gingen hin. Manchmal
wurde es überhaupt nicht recht Tag. Er fühlte sich
krank, als löse er sich auf, als hätte die Auflösung in
ihm selbst schon begonnen. Alles war Dämmerung, draußen und in seinem Geist und Herzen.
Eines Tages, als er an die Tür ging, sah er dunkle
Köpfe von Menschen, die in seine Bucht hereinschwammen. Einige Augenblicke schwand ihm
die Besinnung. Es war der Schrecken, das Grauen
vor unerwarteter menschlicher Annäherung. Das
Grauen in der Dämmerung! Und erst nachdem
der Schrecken ihn geschwächt und entkörperlicht
hatte, wurde er gewahr, daß die schwarzen Köpfe
heranschwimmenden Seehunden gehörten. Eine
krankhafte Erleichterung kam über ihn. Aber er
empfand es kaum nach dem Schrecken. Später
setzte er sich nieder und brach in Dankestränen aus
darüber, daß es nicht Menschen waren. Aber er
wurde es gar nicht gewahr, daß er weinte. Er war
zu ermattet. Wie ein fremdes ätherisches Wesen
nahm er nicht mehr wahr, was er tat. Die einzige
Befriedigung, die er empfand, erwuchs ihm noch
immer daraus, daß er allein war, vollkommen
allein, und der Raum langsam in ihn eindrang. Nur

das graue Meer und der Halt seines meerumspülten Eilands. Keine Berührung sonst. Nichts Menschliches, das ihn mit seinem Grauen berühren konnte. Nur Raum, dunstiger, zwielichtiger, meerumspülter Raum! Das war seiner Seele tägliches Brot.

Darum war er am glücklichsten bei Sturm oder hohem Seegang. Dann konnte ihn nichts erreichen. Nichts konnte von der Außenwelt zu ihm durchdringen. Zwar litt er schwer unter der furchtbaren Gewalt des Sturmes. Aber gleichzeitig fegte er die Welt für ihn gänzlich aus dem Dasein. Ihm war es immer lieb, wenn das Meer aufgewühlt war und heftig stürmte. Dann konnte ihn kein Boot erreichen. Seine Insel war wie von Wällen der Ewigkeit umschanzt.

Er verlor die Zeit aus dem Auge und dachte nicht mehr daran, ein Buch aufzuschlagen. Der Druck, die gedruckten Buchstaben sahen obszön aus – verderbt wie die Sprache. Er entfernte das Messingschild von seinem Petroleumöfchen. Er vertilgte alles Gedruckte, was in seiner Hütte etwa vorhanden war.

Seine Katze war verschwunden. Er war eigentlich froh darüber. Er zitterte bei ihrem dummen, zudringlichen Mauzen. Sie hatte im Kohlenschuppen gewohnt. Und jeden Morgen hatte er ihr eine Schüssel mit Porridge hingestellt, denselben, den auch er aß. Er wusch ihre Schüssel mit Widerwillen ab. Er mochte ihr Katzbuckeln nicht. Aber er fütterte sie gewissenhaft. Dann erschien sie eines Tages nicht zum Fressen; sie hatte sonst immer nach dem Futter gemauzt. Sie kam nicht wieder.

Er schlenderte in einer großen Ölhaut im Regen

auf seiner Insel umher und wußte nicht, was er sah, noch was er eigentlich hatte anschauen wollen. Die Zeit bewegte sich nicht mehr. Er konnte oft lange dastehen mit seinem weißen, scharfgeschnittenen Gesicht und mit einem wilden und beinahe grausamen Ausdruck seiner scharfen, abwesenden blauen Augen auf das dunkle Meer unter dem dunklen Himmel starren. Und wenn er das kämpfende Segel eines Fischerboots draußen auf den kalten Wassern erblickte, glitt ein seltsamer, boshafter Zorn über seine Züge.

Manchmal war er krank. Er wußte, daß er krank war, denn er taumelte beim Gehen und kam leicht zu Fall. Dann hielt er inne und dachte nach, was es sein könnte. Und er ging an seinen Vorratsschrank, holte Trockenmilch und Malz heraus und nahm es zu sich. Dann vergaß er alles wieder. Er gab sich über sein eigenes Befinden keine Rechenschaft mehr.

Die Tage begannen schon länger zu werden. Den ganzen Winter über war verhältnismäßig mildes Wetter gewesen, aber mit viel Regen, viel Regen. Er hatte die Sonne vergessen. Doch plötzlich war die Luft sehr kalt, und er begann zu frösteln. Furcht überkam ihn. Der Himmel war niedrig und grau, und kein Stern erschien zur Nacht. Es war sehr kalt. Allmählich kamen mehr Vögel. Es fror auf der Insel. Mit zitternden Händen entfachte er ein Feuer auf seinem Rost. Die Kälte machte ihm Angst.

Und nun hielt sie an, Tag um Tag, eine trübe, tödliche Kälte. Gelegentlich waren Schneegraupeln in der Luft. Die Tage verharrten länger grau in grau, aber sie blieben unverändert kalt. Gefrorenes, graues Tageslicht. Die Vögel verschwanden, flogen fort. Einige sah er erfroren daliegen. Es war, als schwände alles Leben, entzöge sich dem Norden, zöge südwärts. «Bald», sagte er zu sich selbst, «wird es ganz dahin sein, und in der ganzen Gegend wird nichts Lebendiges mehr sein.» Er fühlte eine grausame Befriedigung bei dem Gedanken.

Dann schien eines Nachts Erleichterung zu kommen; er schlief besser, zitterte nicht im Halbschlaf und wälzte sich nicht so viel im halben Wachen hin und her. Er war das Zittern und Herumwälzen seines Körpers schon so gewohnt, daß er es kaum mehr wahrnahm. Aber wenn er einmal tief schlief, fühlte er es sofort.

Morgens wachte er auf und fand alles in einem seltsamen Weiß. Sein Fenster war eingehüllt. Es hatte geschneit. Er stand auf, öffnete seine Tür und schauderte. Wie kalt! Alles weiß, nur das Meer bleiern dunkel und die Felsen schwarz und seltsam weiß gesprenkelt. Der Gischt war nicht mehr rein. Er sah schmutzig aus. Und das Meer fraß an der Weiße des leichenhaften Landes. Schneeflocken sickerten nieder aus der toten Luft.

Auf dem Boden lag der Schnee fußhoch, weiß und eben und weich, in Windstille. Er nahm eine Schaufel, um Bahn zu machen um Haus und Schuppen. Die bleiche Helligkeit des Morgens verdüsterte sich. Ein sonderbares, weit entferntes Donnergrollen drang durch die Frostluft her, und durch den frisch fallenden Schnee ein schwacher Blitz. Nun schneite es unablässig in der regungslosen Dämmerung.

54

Er ging einige Minuten hinaus. Aber das war schwierig. Er stolperte und fiel in den Schnee, der in seinem Gesicht brannte. Matt und schwach arbeitete er sich bis zu seinem Haus zurück. Als er sich erholt hatte, nahm er sich die Mühe, Milch zu wärmen.

Es schneite unaufhörlich. Am Nachmittag hörte man wieder gedämpftes Donnern und sah Blitze rötlich durch den fallenden Schnee blinken. Er fühlte sich unbehaglich, ging zu Bett, lag und blickte starren Auges ins Nichts.

Es schien, als wollte der Morgen nicht kommen. Eine Ewigkeit lag er und wartete auf einen Schimmer lindernder Helligkeit inmitten der Nacht. Und endlich schien die Luft bleicher zu werden. Sein Haus war eine schwach von weißem Licht erhellte Zelle. Er erkannte, daß sich der Schnee draußen vor seinem Fenster aufgetürmt hatte. Er stand auf in der tödlichen Kälte. Als er seine Tür öffnete, hielt der unbewegliche Schnee ihn mit einem brusthohen Wall fest. Als er über den Rand hinwegschaute, fühlte er, wie der matte Wind zögernd vorbeistrich, sah den Schneestaub aufsteigen und dahintreiben wie einen Leichenzug. Die schwärzliche See schäumte und knirschte und schien ohnmächtig in den Schnee zu beißen. Der Himmel war grau, aber voll Licht.

Er begann wie rasend zu arbeiten, um zu seinem Boot zu gelangen. Sollte er eingeschlossen werden, so müßte es aus eignem freien Willen geschehen, nicht durch die blinde Macht der Elemente. Er mußte ans Meer. Es mußte ihm gelingen, zu seinem Boot zu kommen.

Aber er war schwach, und bisweilen überwältigte ihn der Schnee. Er stürzte auf ihn herab, und da lag er begraben und wie leblos. Aber jedesmal kämpfte er sich ins Leben zurück, bevor es zu spät war, und warf sich mit fieberhafter Energie auf den Schnee. Erschöpft, wie er war, wollte er doch nicht nachgeben. Er schleppte sich ins Haus und bereitete Kaffee und Speck. Es war lange her, daß er so viel gekocht hatte. Dann ging er wieder gegen den Schnee los. Er mußte ihn besiegen, den Schnee, diese neue weiße, blinde Gewalt, die sich gegen ihn aufgetürmt hatte.

Er arbeitete in dem furchtbaren eisigen Wind, stieß den Schnee beiseite, rückte ihm mit seiner Schaufel zu Leibe. Es war kalt und harter Frost bei dem Wind, selbst wenn die Sonne eine Weile hervorkam und ihm seine weiße, leblose Umgebung zeigte und das schwarze, düster stürmende, mit Flecken toten Schaums bedeckte Meer bis an den fernen Horizont. Aber er spürte die Kraft der Sonne in seinem Gesicht. Es war März.

Er erreichte das Boot. Er fegte den Schnee fort und setzte sich dann im Windschutz des Bootes nieder und blickte aufs Meer, das bei der hohen Flut fast zu seinen Füßen strudelte. Seltsam natürlich sahen die Kieselsteine aus in einer Welt, die ganz ins Unheimliche verwandelt war. Die Sonne schien nicht mehr. Schnee fiel in harten Körnern, die geheimnisvoll verschwanden, sobald sie die unerbittliche Schwärze des Meeres berührten. Heisere Wogen rauschten laut auf im Strandkies, wenn sie sich auf den Schnee stürzten. Die nassen Felsen waren widerwärtig schwarz. Und ohne Unterlaß

berührten die Myriaden niederwirbelnder Schneeflocken geisterhaft die dunkle See und zergingen.

In der Nacht stürmte es heftig. Es war ihm, als
könne er hören, wie mit unablässigem dumpfem
Pochen die gewaltige Schneelast niederfiel auf die
ganze Welt; und über all dem tobte der Sturm
in absonderlich hohltönenden Stößen, dazwischen
das Zucken abgeblendeter Blitze, dann das leise
Donnerrollen, das den Wind übertönte. Als endlich der dämmernde Morgen die Finsternis leise
bleichte, hatte sich der Sturm einigermaßen gelegt,
aber es wehte weiter ein steifer Wind. Der Schnee
lag türhoch.

Verdrossen rackerte er, um sich auszugraben.
Und durch reine Hartnäckigkeit gelang es ihm,
hinauszukommen. Er fand sich im Ausläufer einer
großen, viele Fuß hohen Schneewehe. Als er sich
durchgearbeitet hatte, lag der gefrorene Schnee nur
zwei Fuß hoch. Aber seine Insel war verschwunden. Ihre Gestalt war ganz und gar verwandelt,
große, hochgetürmte weiße Hügel stiegen unzu-
gänglich auf dort, wo es nie Hügel gegeben hatte,
und sie rauchten wie Vulkane, aber vom Schneestaub. Er fühlte sich krank und besiegt.

Sein Boot lag in einer etwas kleineren Schneewehe. Aber er hatte nicht die Kraft, es freizuschau-
feln. Hilflos sah er es an. Die Schaufel entglitt
seinen Händen, und er sank in den Schnee, Vergessen suchend. Noch im Schnee war der Widerhall
des Meeres.

Irgend etwas brachte ihn wieder zu sich. Er
schleppte sich in sein Haus. Er hatte fast kein Gefühl mehr. Doch gelang es ihm, sich zu wärmen,

den Teil seiner selbst wenigstens, der sich im Schneeschlaf über das Kohlenfeuer lehnte. Dann machte er nochmals Milch heiß. Danach schichtete er sorgsam ein Feuer auf.

Der Wind erstarb. War es wieder Nacht? In der Stille glaubte er das pantherhafte Fallen unendlichen Schnees vernehmen zu können. Donner polterte in größerer Nähe, krachte rasch nach dem rötlich getrübten Blitz. Er lag im Bett in angstvoller Betäubung. Die Elemente! Die Elemente! Stumm wiederholte er in Gedanken das Wort. Man kann die Elemente nicht besiegen.

Wie lange es währte, wußte er nicht. Einmal erhob er sich wie ein Gespenst seiner selbst und erstieg einen weißen Hügel seiner unkenntlichen Insel. Die Sonne schien heiß. «Es ist Sommer», sagte er zu sich, «und die Zeit des Laubes.» Stumpfsinnig blickte er über die Weiße seiner fremd gewordenen Insel, über die Öde des leblosen Meeres. Er täuschte sich vor, er sehe in seiner Einbildung den Schimmer eines Segels. Weil er nur zu wohl wußte, daß nie wieder ein Segel auf dieser kahlen See auftauchen würde.

Während er noch hinaussah, wurde der Himmel geheimnisvoll dunkel und kalt. Von fern kam das Murren des unersättlichen Donners, und er wußte, dies war das Zeichen für den Schnee, der über das Meer heranstürmte. Er wandte sich und spürte seinen Atem schon im Rücken.

JEAN-JACQUES ROUSSEAU

Fünfter Spaziergang

Aus: «Die Träumereien eines einsamen Spaziergängers»

Von allen Wohnsitzen, die ich schon innehatte –
und es waren darunter ganz reizende –, hat keiner
mich so wahrhaftig beglückt und so viel zärtliche
Sehnsucht in mir nachklingen lassen wie jener auf
der St.-Peters-Insel inmitten des Bielersees. Diese
kleine Insel, die man in Neuenburg die La Motte-
Insel nennt, ist selbst in der Schweiz recht wenig
bekannt. Meines Wissens wird sie von keinem
Reisenden erwähnt. Sie ist aber voll Anmut und
besonders dazu geschaffen, Menschen glücklich zu
machen, die sich gern absondern; denn wenn ich
auch auf der Welt vielleicht der einzige bin, dem
sein Schicksal dies als Gesetz auferlegt hat, so kann
ich doch nicht glauben, daß ich als einziger so
natürlichen Gefallen daran finde, mag mir auch
dieser Hang bisher bei niemandem begegnet sein.

Die Ufer des Bielersees sind wilder und roman-
tischer als die des Genfersees, weil Felsen und
Wälder hier näher ans Wasser heranrücken; trotzdem sind sie nicht weniger lieblich. Wenn hier
Weinberge, bebaute Felder und städtische Ansied-
lungen spärlicher sind, so gibt es dagegen mehr
grüne Flächen, mehr Wiesen, zufluchtbietende
schattige Gehölze, zahlreichere Gegensätze, mehr
Abwechslung auf engstem Raum. Da entlang diesen glücklichen Ufern keine Fahrstraßen führen,
wird die Gegend von Reisenden wenig besucht;

doch wie anziehend ist sie für einsame Betrachter, die sich gern an den Reizen der Natur in Muße berauschen und einer Stille überlassen, in die kein anderer Laut dringt als der Schrei des Adlers, das oft unterbrochene Gezwitscher der Vögel und das Rauschen der Wildbäche, die sich von den Berghängen ergießen. In dem schönen, beinahe runden

St.-Peters-Insel. Franz Hegis Titelvignette zu
«Scizze einer mahlerischen Reise durch die Schweiz»
von R. J. Wyss, Bern 1816.

Seebecken liegen zwei kleine Inseln, die größere besiedelt und angebaut, ungefähr eine halbe Meile im Umfang, die andere unbewohnt, brachliegend und der schließlichen Zerstörung anheimgegeben, da man ständig Erdgrund von ihr wegführt, um damit auf der größeren Insel die Schäden auszubessern, die Gewitterstürme und Wellenschlag ihr zugefügt haben. So wird die Substanz des Schwachen stets zum Nutzen des Starken aufgezehrt.

Es gibt auf der Insel ein einziges, aber großes, gefälliges und behagliches Haus, das, wie die Insel selbst, Eigentum des Berner Spittels ist und das ein Steuereinzieher mit Familie und Dienstboten bewohnt. Er unterhält einen reichen Viehbestand, einen Geflügelhof und Fischbassins. Bei all ihrer Kleinheit ist die Insel in Bodenbeschaffenheit und Erscheinung so vielgestaltig, daß sie sich, je nach Standort, immer wieder anders darbietet und für die verschiedensten Kulturen eignet. Da gibt es Felder, Weinberge, Gehölze, Obstgärten, fette Weiden, von Buschwerk beschattet und von Bäumchen aller Art umgrenzt, denen der nahe Wassersaum Kühle spendet; in der Längsrichtung der Insel zieht sich eine hohe, mit zwei Baumreihen bepflanzte Uferterrasse hin, mit einem hübschen Pavillon, in dem die Bewohner der benachbarten Ufergegenden oft zusammenkommen und sich in der Zeit der Weinernte zum Tanz einfinden.

Auf diese Insel flüchtete ich nach der Steinigung von Môtiers. Ich fand den Aufenthalt auf ihr so bezaubernd und führte da ein Leben, das meiner Gemütsstimmung so sehr zusagte, daß mich, entschlossen wie ich war, bis ans Ende meiner Tage nicht mehr fortzugehen, nur der Gedanke beunruhigte, man könnte mich hindern, diesen Plan auszuführen; denn mit diesem ließ sich der andere Plan, mich nach England fortzuschleppen, dessen Auswirkungen ich schon spürte, nicht vereinbaren. In den mich quälenden Vorahnungen hätte ich gewünscht, man würde aus diesem Zufluchtsort ein ständiges Gefängnis für mich machen, mich darin für mein ganzes Leben einsperren und mir jede Art von Verbindung mit dem festen Land verbieten, ohne Möglichkeit und Hoffnung, je hinauszukommen; so würde ich ohne Kenntnis von dem, was in der Welt geschähe, ihr Vorhandensein vergessen, wie auch mein eigenes Dasein in Vergessenheit geriete.

Man hat mich kaum zwei Monate auf dieser Insel gelassen, doch hätte ich auf ihr zwei Jahre, zwei Jahrhunderte und eine ganze Ewigkeit zugebracht, ohne mich einen Augenblick zu langweilen, obwohl ich auf ihr einzig die Gesellschaft des Steuereinnehmers, seiner Frau und seiner Dienstboten hatte, in Wahrheit alles recht brave Leute, doch nicht mehr. Aber dies war gerade, was ich brauchte. Ich halte diese zwei Monate für die glücklichste Zeit, die ich je erlebte; derart war mein Glück, daß es mir bis ans Lebensende genügt hätte, ohne daß in meiner Seele auch nur für einen Augenblick der Wunsch nach einem andern Zustand erwacht wäre.

Welcher Art war denn dieses Glück, und worin bestand der Genuß, den es mir gewährte? Ich möchte, daß es die Menschen unseres Jahrhunderts aus der Beschreibung des Lebens, das ich führte, erraten. Ein köstliches *far niente* war der erste und hauptsächlichste dieser Genüsse, den ich in seiner ganzen Süßigkeit auskosten wollte; alles, was ich während meines Aufenthalts tat, war in Wirklichkeit nur die wonnige und mir notwendige Beschäftigung des Müßigseins.

Die Hoffnung, daß man sich nichts Besseres wünschen würde, als mich an diesem abgelegenen Ort zu lassen, in den ich mich ganz verfangen hatte, den ich nicht unbemerkt und ohne Beihilfe verlassen konnte und wo ich nur unter Mitwirkung meiner Umgebung eine briefliche oder sonstige Verbindung mit der Außenwelt zu pflegen imstande war, diese eine Hoffnung rief die andere in mir wach, daß mir vergönnt sein würde, mein Leben ruhiger, als es bisher gewesen war, zu enden. Dabei hatte der Gedanke, daß ich Zeit hätte, mich in völliger Muße einzurichten, zur Folge, daß ich damit anfing, überhaupt keine Vorkehrungen zu treffen. Nachdem ich ganz plötzlich, allein und bloß, hieher gebracht worden war, ließ ich nach und nach meine Haushälterin, meine Bücher und meine kleine Ausrüstung kommen, wobei es mir aber Vergnügen machte, gar nichts davon auszupacken; Kisten und Koffer ließ ich stehen, wie sie angekommen waren, und ich lebte in der Behausung, in der ich meine Tage zu beschließen gedachte, wie in einer Herberge, von der ich morgen wieder aufzubrechen hätte. Die Sachen standen, so wie sie waren, aufs beste, so daß man sie durch den Versuch, sie besser in Ordnung zu bringen, nur verdorben hätte. Eine meiner größten Freuden war, meine Bücher stets in ihren Kisten verpackt zu lassen und kein Schreibzeug zu haben. Wenn ich gezwungen war, zur Beantwortung unglückseliger Briefe, die Feder in die Hand zu nehmen, entlieh ich murrend das Schreibzeug des Steuereinnehmers und beeilte mich, es ihm zurückzugeben, in der trügerischen Hoffnung, daß ich es nicht wieder zu entleihen haben würde. Anstelle der armseligen Papier- und Bücherhaufen füllte ich mein Zimmer mit Blumen und Gräsern, befand ich mich doch im

Zustand meiner ersten inbrünstigen Begeisterung für die Botanik, für die mir Doktor d'Ivernois eine Neigung eingeflößt hatte, die bald zur Leidenschaft wurde. Da ich mich nicht mehr mit Arbeit befassen wollte, brauchte ich eine andere unterhaltende und mir zusagende Beschäftigung, die mir nur so viel Mühe verursachte, wie ein Faulenzer sie sich zu nehmen beliebt. Ich hatte vor, eine *Flora Petrinsularis* zu verfassen und alle Pflanzen der Insel, ohne eine einzige auszulassen, so genau zu beschreiben, daß es mich für den Rest meines Lebens beschäftigt hätte. Es heißt, ein Deutscher habe über eine Zitronenschale ein Buch geschrieben. Ich hätte eines schreiben mögen über jedes Wiesengras, jede Moospflanze in den Wäldern, jede Flechte, die die Felsen überzog; ich wollte schließlich keinen Grashalm, kein pflanzliches Atom übriglassen, das nicht weitläufig beschrieben worden wäre.

Diesem schönen Plan zufolge ging ich jeden Morgen nach dem gemeinsamen Frühstück, eine Lupe in der Hand, mein *Systema natura* unter dem Arm, ein bestimmtes Gebiet der Insel zu erforschen, das ich zu diesem Zweck in kleine Vierecke eingeteilt hatte, von denen ich eines nach dem andern in jeder Jahreszeit untersuchen würde. Nichts ist merkwürdiger als die Entzückungen und Ekstasen, die ich empfand, während ich Struktur und Bildung der Pflanzen und bei der Befruchtung das Verhalten ihrer Geschlechtsorgane beobachtete, das mir in seinem Zusammenspiel damals ganz neu war. Die Unterscheidung der Gattungsmerkmale, von denen ich vorher nicht die gering-

64

ste Vorstellung gehabt hatte, bezauberte mich, wenn ich sie auch vorläufig nur an den gewöhnlichen Pflanzenarten vornehmen konnte; später würden mir dann auch seltenere begegnen. Die Gabelung der beiden langen Staubfäden der Prunelle, ihre federnde Schnellkraft bei der Brennessel und beim Mauerkraut, die Explosion der Frucht des Springkrauts und der Kapsel des Buchses, tausend kleine Spiele der Befruchtung, die ich zum erstenmal beobachtete, machten mich überglücklich, und ich ging herum und fragte die Leute, ob sie die Hörner der Prunelle gesehen hätten, wie La Fontaine jeden darauf ansprach, ob er den Propheten Habakuk gelesen habe. Nach zwei oder drei Stunden kam ich mit Ernte reich beladen zurück, an der ich im Falle von Regenwetter den ganzen Nachmittag zu Hause unterhaltende Beschäftigung finden konnte. Den Rest des Vormittags verbrachte ich, indem ich mit dem Steuereinnehmer, seiner Frau und Therese die Arbeit der Knechte oder den Stand der Ernte besichtigen ging, wobei ich oft mit Hand anlegte; Leute aus Bern, die mich besuchten, fanden mich oft auf hohen Bäumen eingenistet, mit einem Sack umgürtet, den ich mit Früchten füllte und hierauf an einem Seil auf den Boden niederließ. Diese körperliche Betätigung am Vormittag und die gute Laune, die mit ihr einherging, machten mir die Mittagspause sehr angenehm; doch wenn sich diese zu sehr in die Länge zog und das schöne Wetter draußen lockte, litt es mich nicht lang im Haus; während die andern noch bei Tisch saßen, stahl ich mich fort, um mich allein in ein Boot zu werfen, das ich, wenn der See ruhig war, bis in seine Mitte hinausruderte. Dort ließ ich mich, der Länge nach im Boot ausgestreckt, die Augen zum Himmel erhoben, langsam im Wellengang dahintreiben, manchmal stundenlang in undeutliche, aber zauberische Träumereien versunken, die, ohne daß sie einen bestimmten oder zusammenhängenden Inhalt gehabt hätten, doch hundertmal mehr nach meinem Sinn waren als alles, was mir unter den Freuden des Lebens am süßesten erschienen war. Oft war ich, wenn die sinkende Sonne mir das Zeichen zur Rückkehr gab, so weit von der Insel entfernt, daß ich aus aller Kraft zu rudern hatte, um sie noch vor Einbruch der Dunkelheit zu erreichen. An andern Tagen fand ich Vergnügen daran, statt auf den weiten See hinauszufahren, im Boot den grünen Ufern der Insel entlangzugleiten, wo das durchsichtige Wasser und die kühlen Schattenplätze mich oft zum Baden verlockten. Doch ging eine meiner häufigsten Fahrten von der großen zur kleinen Insel hinüber, wo ich das Boot verließ und zuweilen, auf sehr beschränktem Raum flanierend, den Nachmittag unter den Weiden, den Faulbäumen, dem Flohkraut, den Bäumchen aller Art zubrachte. Oder ich ließ mich zuhöchst auf einem grasbewachsenen, sandigen Hügel nieder, auf dem neben Thymian und Blumen aller Art auch Klee und Esparsetten gediehen, die man wohl früher einmal hier angesät hatte. Dies schien mir ein Ort, wo sich Kaninchen ansiedeln ließen, auf daß sie sich, unbehelligt und ohne zu schaden, friedlich vermehren könnten. Als ich diesen Einfall dem Steuereinnehmer erzählte, ließ er aus Neuenburg eine Anzahl männlicher und weiblicher Kaninchen kommen, und wir alle, seine Frau, eine seiner Schwestern, Therese und ich, gingen feierlich, um sie auf der kleinen Insel auszusetzen, wo sie vor meiner Abreise schon begonnen hatten, sich zu vermehren, und wo sie wohl weiter gediehen sind, wenn sie den Unbilden des Winters gewachsen waren. Die Gründung dieser kleinen Kolonie war ein richtiges Fest. Der Führer der Argonauten kann nicht stolzer gewesen sein als ich, während ich die Gesellschaft und die Tiere im Triumph von der großen Insel zur kleinen hinübergeleitete, und ich bildete mir etwas darauf ein, daß die Steuereinzieherin, die vor dem Wasser die größte Angst hatte und der es darauf stets übel wurde, unter meiner Führung vertrauensvoll ins Boot stieg und diesmal während der Überfahrt keine Spur von Ängstlichkeit zeigte.

Wenn der See unruhig war und keine Bootfahrten erlaubte, verbrachte ich den Nachmittag auf Streifzügen durch die Insel, links und rechts botanisierend, mich zuweilen an den lieblichsten und einsamsten Plätzchen hinsetzend, um meinen Träumen nachzuhängen, zuweilen die Terrassen und Anhöhen zur Rast wählend, von wo aus ich die Augen auf dem prächtigen, hinreißenden Ausblick auf den See und die Ufergelände ruhen ließ. Darüber erhoben sich auf der einen Seite die nahen Berge, während auf der andern Seite reiche und fruchtbare Ebenen sich dehnten, die den Blick bis zu den weiter entfernten, den Horizont begrenzenden bläulichen Bergen freigaben.

Wenn der Abend nahte, stieg ich von den Höhen

der Insel herab und setzte mich gern an einem
verborgenen Uferplätzchen an den Strand; das Geräusch der Wellen und die Bewegung des Wassers
nahmen da meine Sinne gefangen und verscheuch-
ten jede andere Unruhe aus meiner Seele, sie in eine
köstliche Träumerei versenkend, in der mich oft-
mals die Nacht unversehens überraschte. Das At-
men der Flut, ihr fortwährendes, aber zeitweilig
anschwellendes Rauschen, das mir unablässig Ohr
und Augen füllte, trat an die Stelle der in diesem
traumhaften Zustand ausgelöschten inneren Bewegung und war genug, mich mein Dasein mit
Genuß empfinden zu lassen, ohne daß ich mir die
Mühe genommen hätte, zu denken. Von Zeit zu
Zeit stieg ein schwacher und flüchtiger Gedanke
über die Unbeständigkeit der Dinge dieser Welt in
mir auf, von der die Wasserfläche mir ein Bild bot;
bald aber verwischten sich diese leisen Eindrücke
in dem mich wiegenden gleichmäßigen Rhyth-
mus, der ohne irgendeine tätige Mitwirkung meiner Seele nicht abließ, mich in solchem Maß gefan-
genzuhalten, daß ich mich stets nur mit Anstren-
gung losriß, wenn die vorgerückte Stunde und das
vereinbarte Zeichen mich zurückriefen.

War es nach dem Nachtessen draußen schön, so
machten wir alle gemeinsam noch einen Rundgang, um uns in der Abendkühle und im Seewind
zu erfrischen; im Pavillon auf der Terrasse ruhten
wir eine Weile aus, lachend, plaudernd, ein altes
Lied singend, das gewiß so wertvoll war wie all die
heute in Mode gekommenen Geschraubtheiten.
Und dann gingen wir endlich schlafen, mit dem
verlebten Tag zufrieden und nur mit dem einen

Wunsch, daß ihm morgen ein ähnlicher nachfolge.

In dieser Weise verlief, wenn nicht unerwartete Besucher mich störten, mein Leben, während ich auf dieser Insel wohnte. Und nun sage man mir, was daran so besonders Anziehendes war, daß ein stets waches, zärtliches Verlangen mich noch nach fünfzehn Jahren nie an den geliebten Ort zurückdenken läßt, ohne daß ich mich in sehnsüchtigem Drang von neuem dorthin versetzt fühle.

In den Wechselfällen eines langen Lebens habe ich bemerkt, daß mich in der Erinnerung nicht die Tage der süßesten Freuden und lebhaftesten Genüsse am stärksten anziehen und bewegen. Diese kurzen Augenblicke der Leidenschaft und Entrückung, so intensiv sie sein mochten, sind gerade in ihrer Lebensfülle nur ganz vereinzelte Punkte in der Gesamtheit des Daseins. Sie sind zu selten und zu flüchtig, um einen Zustand zu bilden; das Glück aber, nach dem sich mein Herz zurücksehnt, besteht nicht aus vergänglichen Augenblicken, sondern ist ein einfacher und dauernder Zustand, dem an sich nichts Erregendes anhaftet, dessen Zauber jedoch durch seine Dauer erhöht wird, so daß man darin endlich die höchste Glückseligkeit erreicht.

Alles ist auf Erden in ständigem Wechsel begriffen. Nichts bewahrt eine stete und endgültige Form, und unsere Liebesgefühle, die sich an äußere Dinge heften, gehen unausweichlich vorbei und wechseln mit diesen Dingen. Uns immer vorauseilend oder hinter uns zurückbleibend, rufen sie die Vergangenheit wieder herbei, die nicht mehr ist, oder kommen der Zukunft zuvor, der es oft nicht bestimmt ist, sich zu verwirklichen: es gibt da nichts Festes, an das sich das Herz halten könnte. Darum wird uns auf Erden kaum ein Vergnügen zuteil, das nicht vorüberginge; daß es aber für einen Menschen hier ein dauerhaftes Glück geben könne, bezweifle ich durchaus. In unseren lebhaftesten Genüssen ist kaum je ein Augenblick, wo unser Herz wahrhaft sagen kann: ich wollte, daß dieser Augenblick ewig dauerte. Geht es denn aber an, einen flüchtigen Zustand, der unser Herz noch unruhig und leer läßt und in dem wir zuvor noch etwas vermissen und hernach noch etwas begehren, als Glück zu bezeichnen?

Wenn es jedoch einen Zustand gibt, in dem die Seele so festen Grund gefunden hat, daß sie auf ihm völlig ruht und ihr ganzes Wesen sammelt, ohne die Vergangenheit wachrufen oder in die Zukunft hinübergreifen zu wollen, da bedeutet der Seele die Zeit nichts mehr, für sie ist nur noch Gegenwart, die sich in ihrem Verweilen nicht fühlbar macht und in der keine Aufeinanderfolge sich abzeichnet; da ist sie auch frei von jedem Gefühl der Entbehrung oder des Genusses, der Freude oder des Schmerzes, des Wunsches oder der Furcht, außer jenem einzigen Gefühl des Daseins, das sie vollkommen erfüllt; solange dieser Zustand währt, kann sich jener, der darin weilt, glücklich nennen, doch nicht im Besitz eines unvollkommenen, armseligen und bedingten Glücks, wie man es in den Zerstreuungen des Lebens findet, sondern eines hinreichenden, vollständigen, vollkommenen Glücks, das in der Seele nicht die geringste Leere mehr läßt, die sie noch auszufüllen begehrte. In

Rousseaus Haus auf der St.-Peters-Insel, Stich ca. 1830.
Aus: «Wanderer in der Schweiz», Basel.

einem solchen Zustand befand ich mich oft in meinen einsamen Träumereien auf der St.-Peters-Insel, manchmal in meinem Boot ausgestreckt, das ich dem Wellengang überließ, manchmal am Ufer des stürmisch bewegten Sees, am Rand eines schönen Flüßchens oder eines über den Kieselgrund murmelnd einherfließenden Baches hingelagert.

Was ist es, das man in einer derartigen Lage genießt? Nichts, was außer einem liegt, nichts, wenn nicht sein Ich und sein eigenes Dasein; solange dieser Zustand währt, ist man sich selbst genug wie Gott. Das Daseinsgefühl ist, entblößt von jeder andern Bindung, an sich ein kostbares Gefühl der Erfüllung und des Friedens, das allein schon genügte, diesem Dasein Wert und Süße zu verleihen, wenn wir es verstünden, alle sinnlichen und irdischen Eindrücke, die uns unaufhörlich abzulenken und in unserm Frieden zu stören suchen, von uns fernzuhalten. Aber den meisten Menschen, von ihren Leidenschaften unablässig umhergetrieben, wie sie sind, ist dieser Zustand wenig vertraut, und da sie ihn nur in seltenen Augenblicken unvollkommen gekostet haben, besitzen sie von ihm eine allzu trübe und verworrene Vorstellung, als daß sie seinen Zauber zu empfinden vermöchten. Wie die Dinge in der Welt heute stehen, wäre es auch nicht einmal von gutem, wenn die Menschen, nach diesen süßen Ekstasen begierig, den Geschmack am tätigen Leben verlören, das ihnen durch ihre sich stets erneuernden Bedürfnisse als Pflicht auferlegt wird. Einen Unglücklichen jedoch, den man aus der menschlichen Gesellschaft ausgestoßen hat und der hier nichts Nützliches und für sich und die andern Wertvolles mehr zu vollbringen fähig ist, vermag dieser Zustand, den weder das Schicksal noch die Menschen ihm rauben können, für alle irdischen Glückseligkeiten schadlos zu halten.

Wohl läßt sich eine solche Entschädigung nicht von allen Seelen noch in allen Situationen erleben. Es ist dazu erforderlich, daß das Herz zur Ruhe gekommen sei und daß sein Friede von keinerlei Leidenschaft gestört werde. Auch ist eine Bereitschaft der Seele notwendig, wie die Dinge der Umgebung gleicherweise zur Mitwirkung bereit sein müssen. Nötig ist weder vollkommene Ruhe noch zuviel Unruhe, aber eine gleichförmige und mäßige Bewegung, frei von Erschütterungen und Unterbrechungen. Ohne jede Bewegung ist das Leben ein schlafähnlicher Zustand. Wenn aber die

72

Bewegung ungleich oder zu heftig ist, weckt sie auf; indem sie uns zu den uns umgebenden Dingen zurückruft, zerstört sie den Zauber der Träumerei und reißt uns aus uns selbst heraus; im gleichen Augenblick schon werden wir von neuem unter das Joch des Schicksals und der Menschen gezwungen und dem Gefühl unseres Unglücks zurückgegeben. Völlige Stille erzeugt Traurigkeit; sie ist ein Bild des Todes. Da muß eine heitere Einbildungskraft Hilfe bringen, wie sie sich auf natürliche Weise einstellt, wenn sie einem der Himmel verliehen hat. Die Bewegung, die nicht von außen kommt, spielt sich dann in unserm Innern ab. Wohl kommt dabei unsere Ruhe zu kurz, gleichzeitig aber ist sie angenehmer, da leichte und sanfte Vorstellungen, ohne den Grund der Seele aufzuwühlen, sozusagen bloß ihre Oberfläche streifen. Nur soviel Bewegung ist vonnöten, daß wir an unser eigenes Sein erinnert werden und gleichzeitig unsere Leiden vergessen. Dieser Art von Träumerei kann man sich an jedem Ort überlassen, wo man ungestört ist, und oft habe ich gedacht, daß ich in der Bastille oder selbst im finstersten Kerker, in dem ich nicht den kleinsten Gegenstand vor Augen gehabt hätte, noch angenehm hätte träumen können.

Aber ich muß gestehen, daß dies auf einer fruchtbaren und einsamen, von Natur aus begrenzten und von der übrigen Welt abgetrennten Insel viel leichter möglich war; denn da war ich nur von heiteren Bildern umgeben, nichts rief bedrückende Erinnerungen in mir wach; das Zusammenleben mit den wenigen Bewohnern, ohne interessant genug zu sein, um mich fortwährend zu fesseln, bot Gelegenheit zu wohltuender Geselligkeit, und endlich konnte ich mich den ganzen Tag, ohne Hemmung und Sorge, den mir zusagenden Beschäftigungen oder auch dem lässigsten Müßiggang hingeben. Für einen Träumer, der sich inmitten der mißliebigsten Dinge von angenehmen Phantasiebildern zu nähren versteht, war die Gelegenheit, sich daran Genüge zu tun, zweifellos günstig, indem er auch alles mit einbezog, was auf seine Sinne unmittelbar einwirkte. Wenn ich, aus einer langen, süßen Träumerei erwachend, mich von Gras und Gebüschen, Blumen und Vögeln umgeben sah und meine Blicke auf den romantischen Ufern ruhen ließ, die eine weite, kristallklare Wasserfläche einschlossen, verschmolzen diese lieblichen Dinge mit den Erfindungen meiner eigenen Phantasie, und während ich ganz allmählich wieder zu mir selbst und in meine Umgebung zurückfand, vermochte ich doch den Punkt nicht zu erkennen, der Dichtung und Wirklichkeit voneinander trennte, so sehr trug alles gleichmäßig dazu bei, mir das versunkene und einsame Leben, das ich an diesem schönen Ort führte, liebenswert zu machen. Daß es mir doch wieder geschenkt würde! Daß ich doch meine Tage auf der geliebten Insel enden könnte, ohne sie je wieder zu verlassen oder je noch einem einzigen Bewohner des Festlandes zu begegnen, der die Erinnerung an all die Drangsal in mir wachriefe, die man seit so vielen Jahren über mich verhängt hat. Ich würde diese Menschen bald für immer vergessen; zweifellos würde ich bei ihnen nicht gleicherweise in Vergessenheit geraten, aber was könnten sie mir anhaben,

wenn sie nur keinen Zugang auf die Insel hätten,
um hier meine Ruhe zu stören? Von allen irdischen
Leidenschaften befreit, die sich aus dem Getümmel des gesellschaftlichen Lebens ergeben, würde
meine Seele schon jetzt zuweilen über unsere
Sphäre emporsteigen und mit den himmlischen
Geistern, zu denen sie bald zu zählen hofft, Verbindung pflegen. Ich weiß, daß die Menschen sich
hüten werden, mir einen so wohltuenden Zufluchtsort zurückzugeben, an dem sie mich nicht
verbleiben ließen. Aber sie sollen mich wenigstens
nicht hindern, jeden Tag von meiner Phantasie getragen dorthin zurückzukehren und ein paar Stunden lang den gleichen Genuß zu kosten, wie wenn
ich dort noch weilte. Das Süßeste, was ich auf jener Insel tun könnte, wäre, meinen Träumen nach
Herzenslust nachzuhängen. Indem ich träume, daß
ich dort sei, tue ich denn nicht das gleiche? Ich tue
sogar mehr: den Reiz einer abstrakten und einförmigen Träumerei vermische ich mit den zauberhaften, belebenden Bildern, die meinen Sinnen in
den damaligen Entzückungen oft entgingen, während sie mir meine Phantasie, je tiefer ich in sie
versinke, jetzt um so lebhafter vor Augen führt.
Oft nehmen mich diese Bilder stärker und angenehmer gefangen, als während ich mich in Wirklichkeit dort befand. Das einzig Betrübliche ist,
daß mir dieser Zustand, in dem Maß als meine
Einbildungskraft ermattet, weniger leicht und nur
noch für kürzere Zeit erreichbar ist. Ach! Eben
dann, wenn man sich anschickt, diese irdische
Hülle abzustreifen, wird sie einem zum größten
Ärgernis!

ROBERT WALSER

—

Die Insel

Ein Hochzeitspaar aus Berlin ging auf die Reise.
Die Fahrt war lang. Endlich kamen die beiden
jungen Vermählten in einer Stadt an, die war ganz
aus roten ernsten Steinen gebaut, und ein breiter
blauer Strom floß daran vorüber. Ein hoher majestätischer Dom spiegelte sich im Spiegel des Wassers. Doch die Stadt schien ihnen nicht geschaffen,
längeren Aufenthalt zu nehmen, und sie zogen
weiter, und da es regnete, spannten sie einen großen Regenschirm auf und versteckten sich unter
demselben. Sie kamen vor ein altes, in einem weit-
läufigen Garten verborgenes Schloß und gingen
schüchtern hinein. Eine schöne steinerne Wendeltreppe, geschaffen wie für einen regierenden Fürsten, führte hinauf ins erste Stockwerk. Alte
dunkle Gemälde hingen an den hohen, schneewei-
ßen Wänden. Sie klopften an einer schweren alten
Türe. «Herein.» Und da saß, in eine gelehrte geheimnisvolle Arbeit vertieft, ein uraltes Männchen
am Schreibtisch. Die Leute aus Berlin fragten, ob
sie im Schloß wohnen könnten, es gefiel ihnen.
Doch es war nichts anzufangen mit dem alten
Mann, der nur schwerfällig den Kopf schüttelte.
So zogen sie weiter. Sie kamen in ein Schneegestöber hinein, arbeiteten sich aber wieder heraus, und
so ging es fort durch Wälder, Dörfer und Städte.
Nirgends wollte sich ein passendes Lustplätzchen
ausfindig machen lassen, und in den Hotels waren

obendrein noch die Kellner frech, die Spitzbuben. Sie übernachteten einmal in einem Hotel, wo es freilich die weichsten und schönsten Roßhaarbetten gab und liebliche Gardinen vor den Fenstern, aber die Preise, unverschämt teuer, drückten ihnen beinahe das Herz ab. Bis nach Venedig kamen sie, zu den höhnischen Italienern. Die Schurken, sie singen Serenaden, pressen aber dafür den Fremden das Geld mit Hebeln und mit Schrauben ab. Schließlich hatten sie Glück. Sie erblickten aus der Ferne, mitten in einen anmutigen See gelegt, eine liebliche, hellgrün schimmernde Insel, auf diese steuerten sie zu, und dort fanden sie es so schön, daß sie nicht mehr fort konnten. Sie blieben auf der Insel wohnen. Die Insel glich an landschaftlicher Schönheit einem holden süßen Mädchenlächeln. Dort logierten sie und waren glücklich.

JOSEF VON EICHENDORFF

Die Brautfahrt

Durch des Meeresschlosses Hallen
Auf bespültem Felsenhang
Weht der Hörner festlich Schallen;
Froher Hochzeitsgäste Drang,
Bei der Kerzen Zauberglanze,
Wogt im buntverschlungnen Tanze.

Aber an des Fensters Bogen,
Ferne von der lauten Pracht,
Schaut der Bräut'gam in die Wogen
Draußen in der finstern Nacht,
Und die trunknen Blicke schreiten
Furchtlos durch die öden Weiten.

«Lieblich», sprach der wilde Ritter
Zu der zarten, schönen Braut,
«Lieblich girrt die sanfte Zither –
Sturm ist meiner Seele Laut,
Und der Wogen dumpfes Brausen
Hebt das Herz in kühnem Grausen.

Ich kann hier nicht müßig lauern,
Treiben auf dem flachen Sand,
Dieser Kreis von Felsenmauern
Hält mein Leben nicht umspannt;
Schönre Länder blühen ferne,
Das verkünden mir die Sterne.

Du mußt glauben, du mußt wagen,
Und, den Argonauten gleich,
Wird die Woge fromm dich tragen
In das wunderbare Reich;
Mutig streitend mit den Winden,
Muß ich meine Heimat finden!

Siehst du, heißer Sehnsucht Flügel,
Weiße Segel dort gespannt?
Hörst du tief die feuchten Hügel
Schlagen an die Felsenwand?
Das ist Sang zum Hochzeitsreigen –
Willst du mit mir niedersteigen?

Kannst du rechte Liebe fassen,
Nun so frage, zaudre nicht!
Schloß und Garten mußt du lassen
Und der Eltern Angesicht –
Auf der Flut mit mir alleine,
Da erst, Liebchen, bist du meine!»

Schweigend sieht ihn an die milde
Braut mit schauerlicher Lust,
Sinkt dem kühnen Ritterbilde
Trunken an die stolze Brust:
«Dir hab' ich mein Los ergeben,
Schalte nun mit meinem Leben.»

Und er trägt die süße Beute
Jubelnd aus dem Schloß aufs Schiff,
Drunten harren seine Leute,
Stoßen froh vom Felsenriff;
Und die Hörner leis verhallen,
Einsam rings die Wogen schallen.

Wie die Sterne matter blinken
In die morgenrote Flut,
Sieht sie fern die Berge sinken,
Flammend steigt die hehre Glut,
Überm Spiegel trunkner Wellen
Rauschender die Segel schwellen.

Monde steigen und sich neigen,
Lieblich weht schon fremde Luft,
Da sehen sie ein Eiland steigen
Feenhaft aus blauem Duft,
Wie ein farb'ger Blumenstreifen –
Meerwärts fremde Vögel schweifen.

Alle faßt ein freud'ges Beben –
Aber dunkler rauscht das Meer,
Schwarze Wetter schwer sich heben,
Stille wird es rings umher,
Und nur freudiger und treuer
Steht der Ritter an dem Steuer.

Und nun flattern wilde Blitze,
Sturm rast um den Felsenriff,
Und von grimmer Wogen Spitze
Stürzt geborsten sich das Schiff.
Schwankend auf des Mastes Splitter,
Schlingt die Braut sich um den Ritter.

Und die Müde in den Armen,
Springt er abwärts, sinkt und ringt,
Hält den Leib, den blühend warmen,
Bis er alle Wogen zwingt,
Und am Blumenstrand gerettet,
Auf das Gras sein Liebstes bettet.

«Wache auf, wach auf, du Schöne!
Liebesheimat ringsum lacht,
Zaubrisch ringen Duft und Töne,
Wunderbarer Blumen Pracht
Funkelt rings im Morgengolde –
Schau um dich! wach auf, du Holde!»

Aber frei von Lust und Kummer
Ruht die liebliche Gestalt,
Lächelnd noch im längsten Schlummer,
Und das Herz ist still und kalt,
Still der Himmel, still im Meere,
Schimmernd rings des Taues Zähre.

Und er sinkt zu ihr vor Schmerzen,
Einsam in dem fremden Tal,
Tränen aus dem wilden Herzen
Brechen da zum ersten Mal,
Und vor diesem Todesbilde
Wird die ganze Seele milde.

Von der langen Täuschung trennt er
Schauernd sich – der Stolz entweicht,
Andre Heimat nun erkennt er,
Die kein Segel hier erreicht,
Und an echten Schmerzen ranken
Himmelwärts sich die Gedanken.

Scharrt die Tote ein in Stille,
Pflanzt ein Kreuz hoch auf ihr Grab,
Wirft von sich die seidne Hülle,
Leget Schwert und Mantel ab,
Kleidet sich in rauhe Felle,
Haut in Fels sich die Kapelle.

Überm Rauschen dunkler Wogen
In der wilden Einsamkeit,
Hausend auf dem Felsenbogen,
Ringt er fromm mit seinem Leid,
Hat, da manches Jahr entschwunden,
Heimat, Braut und Ruh gefunden. –

Viele Schiffe drunten gehen
An dem schönen Inselland,
Sehen hoch das Kreuz noch stehen,
Warnend vor der Felsenwand;
Und des strengen Büßers Kunde
Gehet fromm von Mund zu Munde.

EDGAR ALLAN POE

Die Feeninsel

Nullus enim locus sine genio est.[1]
Servius, zu Aen. v, 95

... Ich liebe es, auf diese dunklen Täler zu schauen
und die grauen Felsen und die schweigend lächelnden Wasser und auf die im unruhigen Schlummer
seufzenden Wälder und die stolz wachenden, auf
alles niederblickenden Berge. Ich liebe es, auf all
dies zu schauen als das, was es ist: die ungeheuren
Teile eines weiten, belebten und fühlenden Ganzen, dessen Form – es ist die des Kreises – die
vollendetste und einschließendste aller Formen ist,
dessen Pfad zwischen andern ihm verbundenen
Planeten geht, dessen gütige Dienerin der Mond,
dessen Herrscherin die Sonne ist, dessen Leben die
Ewigkeit, dessen Gedanke der eines Gottes ist und
dessen Genuß Erkenntnis, dessen Bestimmung
sich in Unendlichkeit verliert, und das uns Menschen genau so erkennt, wie wir die kleinsten
Tiere, die unser Gehirn beunruhigen – dieses
Ganze, das ein Wesen ist, von uns für leblos, für
bloßen Stoff gehalten, so, wie uns diese kleinsten
Tiere für leblos halten werden.

Teleskope und Berechnungen bestätigen uns –
nicht die Heuchler unter den Ignoranten der Prie-
sterschaften –, daß der Raum und darum die Masse
in den Augen des Allmächtigen von wichtiger

---

[1] Jeder Ort hat sein Geheimnis.

83

Bedeutung ist. Die Kreise, in denen sich die Sterne bewegen, sind für die Bewegung größtmöglicher Körper im Raume am besten geeignet. Die Form dieser Körper ist genau eine solche, daß sie auf einer gegebenen Oberfläche die größtmögliche Materie enthalten, während diese Oberfläche so beschaffen ist, daß sie unter diesen Umständen eine größere Bevölkerungszahl aufnehmen kann, als wenn sie irgendwie anders gestaltet wäre ... Auch ist es kein Argument gegen die Masse als Objekt Gottes, daß der Raum selber unendlich ist, denn es kann ja eine Unendlichkeit von Materie geben, diesen Raum zu füllen. Und da wir klar erkennen, daß die Belebung der Masse, wenigstens soweit wir urteilen können, das leitende Prinzip im Wirken Gottes ist, so wäre anzunehmen unlogisch, daß dieses Prinzip sich auf den Bereich des uns täglich geoffenbarten Kleinen beschränke und nicht auch das Erhabene durchdringe. Wie wir ohn' Ende Kreise in Kreisen finden, die sich alle um einen unendlich fernen Mittelpunkt, welcher die Gottheit ist, drehen, können wir solchem entsprechend nicht Leben in Leben vermuten, das Geringere im höheren und das Ganze im göttlichen Geiste? So irren wir, wenn wir in Selbstüberschätzung glauben, daß der Mensch in seiner zeitlichen oder künftigen Bestimmung eine größere Bedeutung im Universum habe als die Erdkrume, die er bebaut und der er verächtlich die Seele aus dem wenig tiefen Grunde abspricht, weil er deren Wirkung nicht wahrnimmt. Von den Gezeiten sprechend, sagt Pomponius Mela in seinem Traktat *De Situ Orbi*: «Entweder ist die Welt ein großes Tier, oder aber...»

Solche und so ähnliche Gedanken gaben immer meinen Meditationen in den Bergen und Wäldern, am Ufer der Flüsse und am Strand des Meeres eine Richtung, welche die alltägliche Welt phantastisch zu nennen nicht verfehlen wird. Wie oft habe ich weite und einsame Wanderungen durch solche Gegenden gemacht, und die Neugier, mit der ich manches dunkle Tal durchstreifte oder meinen Blick in den widergespiegelten Himmel eines weiten Sees versenkte, wurde noch von diesem Gedanken vertieft, daß ich allein wanderte, allein schaute. Zu dem bekannten Buche Zimmermanns[1], sagt geschwätzig Balzac etwa: *La solitude est une belle chose, mais il faut quelqu'un pour vous dire que la solitude est une belle chose.* Einem Epigramm läßt sich nicht widersprechen. Aber die Notwendigkeit dieses *il faut* gibt es nicht.

Auf einer meiner Streifereien durch eine ferne bergumschlossene und bergdurchquerte Landschaft, an traurigen Flüssen, an schlafenden Bergseen vorbei kam ich an einen kleinen Fluß und eine Insel. Es war im blattreichen Juni, daß sie plötzlich vor mir lagen. Ich warf mich auf den Boden unter die Zweige eines unbekannten wohlriechenden Strauches, daß ich ausruhend schauen konnte.

An allen Seiten, nur nicht im Westen, wo die Sonne nah dem Untergang war, standen die grünen Mauern des Waldes. Der kleine Fluß, der da eine scharfe Biegung machte und damit ganz plötzlich dem Blick entschwand, schien aus seinem

---

[1] Johann Georg Zimmermann, «Betrachtungen über die Einsamkeit» (1756).

Gefängnis keinen Ausweg zu haben, sondern im Osten von grünem dichten Laub der Bäume aufgesogen zu werden, während an der entgegengesetzten Seite – so wenigstens schien es mir, als ich den Blick hinwandte – lautlos ein reicher purpurgoldner Wasserfall aus den Sonnenuntergangsströmen des Himmels in das Tal stürzte.

Mitten in der kleinen Landschaft, die mein Blick umschloß, ruhte im Schoß des Flüßchens ein kleines rundes, üppiggrünes Eiland; – so getönt in Licht und Schatten, daß es in der Luft zu schweben schien. Und so spiegelklar war das Wasser, daß man kaum erkennen mochte, an welchem Punkte des smaragdnen Inselufers sein kristallnes Reich begann.

Ich lag so, daß ich mit meinem Blicke das östliche wie das westliche Ende der Insel überschauen konnte, und da bemerkte ich seltsame Gegensätze. Der Westen war ein strahlender Harem von Gartenschönheiten. Er glühte und errötete unter dem Blick der schrägen Sonne und lachte zauberisch mit Blumen. Das kurze Gras war leicht bewegt, von Asphodelen übersät. Die Bäume waren geschmeidig, glänzend schlank und voll Anmut, mit Laubwerk und Gestalt des Orients, weicher, leuchtender, farbiger Rinde. Ein tiefes Gefühl von Leben und Freude schien hier alles zu durchdringen, und wenn auch der Himmel kein Lüftchen entsandte, war alles doch von unzähligen sich wiegenden Schmetterlingen, die man für beschwingte Tulpen halten konnte, still bewegt.

Die östliche Seite der Insel lag im tiefsten Schattendunkel. Eine düstere, doch schöne Melancholie lag über ihr. Die Bäume waren von dunkler Farbe, trauervoll in Gestalt und Haltung; sie verflochten sich zu ernst-feierlichen und geisterhaften Gebilden, die an tödlichen Kummer und frühzeitigen Tod denken machten. Der Rasen hatte die tiefe Farbe der Zypressen, und die Spitzen seiner Halme hingen schmachtend. Kleine Hügel erhoben sich da und dort, niedrig, schmal, nicht lang, die aussahen wie Gräber, aber doch keine waren, wenn auch Rosmarin und Raute darauf wucherten. Der Schatten der Bäume fiel schwer auf das Wasser, schien in ihm zu versinken und den flachen Grund mit seiner Dunkelheit zu füllen. Mir kam es vor, als ob jeder Schatten mit sinkender Sonne sich traurig von seinem Stamme losriß, der ihn geboren, und vom Flusse verschlungen wurde, während im gleichen Augenblick andere Schatten aus den Bäumen stiegen und die Stelle ihrer begrabnen Vorgänger einnahmen. Kaum war dieser Gedanke in meine Vorstellung getreten, als ich mich schon weiter im Traum verlor. «Gab es», so sagte ich mir, «jemals eine verzauberte Insel, so ist es diese hier. Sie ist das Reich der wenigen holden Feen, die noch von ihrem Geschlechte übriggeblieben. Sind diese grünen Gräber die ihren? Geben auch sie ihr süßes Leben auf wie die Menschenkinder? Oder ist ihr Sterben ein trauriges Hinwelken, Stück um Stück ihr Leben Gott übergebend, wie diese Bäume Schatten um Schatten entsenden? Was jene schwindenden Bäume für das Wasser sind, das ihre Schatten trinkt und davon schwärzer wird, könnte nicht so das Leben der Feen zum Tode hin sein, der sie verschlingt?»

So träumte ich halbgeschloßnen Auges, und die Sonne eilte zur Ruhe, indes ein Wirbelwind um die Insel schoß und leuchtende weiße Flocken der Sykomorenrinde entriß und auf das Wasser streute, wo ihre mannigfachen Formen an alles denken ließen – während ich so träumte, schien es mir, als ob die Gestalt einer jener Feen, an die ich eben gedacht hatte, leise aus dem Licht des westlichen Endes der Insel in das Dunkel des östlichen schwebte. Sie stand ganz aufrecht in einem seltsamen zerbrechlichen Nachen, den sie mit dem Scheinbild eines Ruders bewegte. Unter der Wirkung der letzten Sonnenstrahlen schien ihre Haltung Freude auszudrücken, die alsobald in tiefe Bekümmernis sich wandte, da sie in den Schatten kam. Langsam glitt sie dahin, umkreiste die Insel und stand nun wieder im Lichte. Der Kreislauf, den die Fee jetzt beschrieben hat, so dachte ich, wird der Ring eines kurzen Jahres ihres Lebens sein. Sie hat ihren Winter und ihren Sommer durchfahren. Sie ist um ein Jahr ihrem Tode näher, denn ich hab' es gesehen, daß ihr Schatten, da sie in das Dunkel kam, von ihr abfiel und von dem schwarzen Wasser aufgesogen wurde, dessen Schwärze noch mehr schwärzend.

Und wieder erschien der Nachen mit der Fee, aber in ihrer Haltung lag weniger lebendige Fröhlichkeit und mehr Sorge und Ungewißheit. Wieder glitt sie aus dem Licht und in das Dunkle, das tiefer wurde von Sekunde zu Sekunde, und wieder fiel ihr Schatten von ihr ab in das ebenholzfarbene Wasser und wurde von seiner Schwärze verschlungen. Und immer wieder umkreiste sie die Insel, während die Sonne sich zum Schlummer niederlegte, und jedesmal erschien die Fee im Lichte schwächer, zerbrechlicher, undeutlicher und wie überdeckt von Kummer. Und immer wieder löste sich, steuerte sie ins Dunkel, ein dunkler Schatten von ihr, den noch tieferes Dunkel verschlang. Nun war die Sonne ganz versunken, und nun verschwand auch die Fee, nur mehr ein schwacher Schein ihrer selbst, mit dem Kahn in den Weiten des dunklen Flusses. Ob sie daraus wieder hervortauchte, das kann ich nicht sagen, denn Finsternis fiel über alle Dinge, und ich sah ihre magische Gestalt nicht mehr.

JULES SUPERVIELLE

Das Kind vom hohen Meer

Wie war diese schwimmende Straße entstanden?
Welche Seeleute hatten sie, mit Hilfe welcher Ar-
chitekten, auf der Oberfläche des offenen Atlantiks
erbaut, über einer Tiefe von sechstausend Metern?
Diese lange Straße mit ihren Häusern aus rotem
Backstein, der so verblichen war, daß ein grauer
Schimmer darauf lag, diese mit Schiefer und Zie-
geln gedeckten Dächer, diese unveränderlichen bescheidenen Läden? Und dieser Glockenturm mit
seinem durchbrochenen Zierwerk? Und das da,
das nichts als Meerwasser enthielt und doch wohl
ein Garten sein wollte, von Mauern umschlossen,
mit Flaschenscherben darauf, über die bisweilen
ein Fisch sprang?

Und wie nur hielt sich das alles aufrecht, ohne
daß es in den Wellen hin und her schwankte?

Und dieses zwölfjährige Mädchen, das da so
ganz alleine in Holzschuhen sicheren Schrittes die
flüssige Straße entlangging, als ob es festen Boden
unter den Füßen hätte? Wie war das nur möglich . . . ?

Wir wollen die Dinge eines um das andre sagen:
wie wir sie sehen und erfahren. Und wenn manches dunkel bleiben muß, so ist das nicht unsere
Schuld.

Wenn sich ein Schiff näherte, ja noch ehe es am
Horizont sichtbar war, wurde das Mädchen von
einem tiefen Schlaf befallen, und das Dorf ver-

schwand vollständig in den Fluten. Und so kam es, daß kein Seemann jemals, auch nicht mit Hilfe eines Fernrohrs, das Dorf gesichtet oder sein Vorhandensein auch nur vermutet hatte.

Das Kind glaubte, es wäre das einzige kleine Mädchen auf der ganzen Welt. Aber wußte es überhaupt, daß es ein kleines Mädchen war?

Es war nicht besonders hübsch, seiner etwas auseinanderstehenden Zähne wegen, und weil es eine Stupsnase hatte; aber seine Haut war sehr weiß, hie und da mit ein paar Sommersprossen getupft. Und das ganze kleine Persönchen mit seinen bescheidenen, jedoch sehr leuchtenden grauen Augen, die es beherrschten, weckte ein

Paul und Virginie, das unglückliche Liebespaar aus dem Roman von Bernardin de Saint-Pierre (1737–1814), dessen Handlung auf der Insel Mauritius spielt. Zeichnung von T. Johannot, gestochen von W. H. Powis.

großes Erstaunen, das vom Grunde der Zeiten kam und einem in den Leib fuhr, bis in die Seele.

Auf der Straße, der einzigen dieses Städtchens, blickte das Mädchen manchmal nach rechts und nach links, als erwartete es, daß jemand ihm winke oder freundlich zunicke. Aber das sah nur so aus; es wußte nichts davon, denn es war ja ganz ausgeschlossen, daß irgendwas oder irgendwer in dieses verlorene Dorf kam, das immer zu entschwinden drohte.

Wovon lebte es? Vom Fischfang? Sicher nicht. Es fand Lebensmittel im Küchenschrank und in der Speisekammer, und sogar etwas Fleisch alle zwei bis drei Tage. Auch Kartoffeln waren da, Gemüse, und Eier von Zeit zu Zeit.

Die Vorräte entstanden von selbst in den Schränken. Und wenn das Mädchen Eingemachtes aus einem Topf nahm, so wurde sein Inhalt doch nicht weniger, als ob die Dinge eines Tages so gewesen wären und für alle Ewigkeit so bleiben müßten.

Morgens erwartete ein halbes Pfund frisches Brot, in Papier eingewickelt, das Kind auf dem marmornen Ladentisch der Bäckerei, hinter dem es niemals jemanden gesehen hatte, nicht einmal eine Hand oder einen Finger, die ihm das Brot zugeschoben hätten.

Das Kind stand früh auf, schob den metallenen Rollvorhang der Läden hoch (hier las man: «Schankwirtschaft», und dort: «Schmiede» oder «Moderne Bäckerei», «Kurzwaren»), schlug an allen Häusern die Fensterläden zurück, hakte sie sorgsam fest, des Seewindes wegen, und je nach-

dem, wie das Wetter war, ließ es die Fenster geschlossen oder öffnete sie. In ein paar Küchen
machte es Feuer, damit aus drei oder vier Dächern
Rauch aufstieg.

Eine Stunde vor Sonnenuntergang begann es in
aller Einfalt die Fensterläden zu schließen. Und es
zog die Wellblechvorhänge herunter.

Das Mädchen verrichtete diese Arbeiten wie
unter einer tagtäglichen Eingebung, die sie antrieb,
überall nach dem Rechten zu sehen. In der schönen
Jahreszeit ließ es einen Teppich oder etwas Wäsche zum Trocknen aus einem Fenster hängen, als
dürfte es nichts versäumen, damit das Dorf einer
wirklich bewohnten Ortschaft so ähnlich wie
möglich sähe.

Und das ganze Jahr hindurch mußte es sich um
die Fahne kümmern, die auf dem Rathaus so sehr
den Winden ausgesetzt war.

Nachts zündete es Kerzen an oder nähte beim
Schein einer Lampe. In manchen Häusern gab es
auch elektrisches Licht, und mit anmutiger Selbst-
verständlichkeit machte das Kind die Schalter an
und aus.

Eines Tages brachte es eine schwarze Krepp-
schleife an einem Türklopfer an. Es fand, das
mache sich gut so.

Zwei Tage blieb die Schleife dort, dann versteckte es sie.

Ein andermal fällt es ihm ein, die Trommel zu
schlagen, die Dorftrommel, als hätte es eine Neu-
igkeit zu verkünden. Und es verspürte ein heftiges
Verlangen, etwas laut herauszuschreien, so daß
man es von einem Ende des Meeres zum andern

hätte hören können: aber seine Kehle verschloß
sich, kein Laut kam heraus. Es machte so verzwei-
felte Anstrengungen, daß Hals und Gesicht fast
schwarz davon wurden, wie bei den Ertrunkenen.
Dann mußte die Trommel wieder weggeräumt
werden, an ihren alten Platz in der linken Ecke,
ganz hinten im großen Saale des Rathauses.

Den Glockenturm stieg das Kind über eine
Wendeltreppe hinauf, deren Stufen Tausende von
nie erblickten Füßen abgenutzt hatten.

Der Glockenturm, der gewiß fünfhundert Stufen hatte (dachte das Kind; es waren aber nur
zweiundneunzig), ließ, soviel er nur konnte, den
Himmel zwischen seinen gelben Ziegelsteinen her-
einschauen. Und die Turmuhr wollte zufriedenge-
stellt sein, indem man sie mit einer Kurbel aufzog,
damit sie wirklich die Stunden schlüge, Tag und
Nacht.

Die Krypta, die Altäre, die steinernen Heiligen,
die einem schweigend ihre Anweisungen erteilten,
all die unhörbar tuschelnden Stühle, die säuberlich
in Reihen auf Kirchgänger jeglichen Alters warte-
ten, diese Altäre, deren Gold alt geworden war und
gerne noch älter würde, dies alles lockte das Kind
an und hielt es zugleich in Entfernung. Niemals
betrat das Mädchen das hohe Kirchenschiff; es
begnügte sich damit, manchmal, wenn es gerade
nichts zu tun hatte, die gepolsterte Tür halb zu
öffnen, um mit verhaltenem Atem einen raschen
Blick in das Innere zu werfen.

In ihrer Stube stand ein Koffer, und in diesem
Koffer befanden sich Familienpapiere, einige Post-
karten aus Dakar, Rio de Janeiro, Hongkong; sie

waren von einem Charles oder C. Lievens unter-
schrieben und nach Steenvoorde (Nord) adressiert.
Das Kind vom hohen Meer kannte diese fernen
Länder nicht, es wußte nichts von diesem Charles
und diesem Steenvoorde.

In einem Schrank bewahrte es auch noch ein
Photographiealbum auf. Eines der Bilder darin
zeigte ein Kind, das große Ähnlichkeit hatte mit
dem kleinen Mädchen vom Ozean, und es betrachtete es oft mit demütigen Blicken: immer schien
ihm, das Bild habe recht, es zeige die Wahrheit; die
Kleine dort hielt einen Reifen. Das Mädchen hatte
in allen Häusern des Dorfes nach einem solchen
Reifen gesucht. Und eines Tages glaubte es, ihn
gefunden zu haben: es war der Eisenreifen von
einem Faß; kaum aber hatte es versucht, ihn auf der
Meerstraße vor sich herzutreiben, als der Reifen
das Weite suchte.

Eine andere Photographie zeigte das kleine
Mädchen zwischen einem Mann im Matrosenan-
zug und einer knochigen Frau im Sonntagsstaat.
Da das Kind vom hohen Meer noch nie einen
Mann oder eine Frau gesehen hatte, hatte es sich
lange Gedanken darüber gemacht, was diese Leute
wollten, und dies sogar mitten in der Nacht, wenn
das Begreifen einen plötzlich überkommt, mit der
Gewalt des Blitzes.

Jeden Morgen ging das Kind zur Gemeinde-
schule, mit einer großen Mappe unterm Arm; darin waren Hefte, eine Grammatik, ein Rechenbuch,
eine Geschichte Frankreichs, ein Erdkundebuch.

Es hatte auch, von Gaston Bonnier, Mitglied des
Institut de France, Professor an der Sorbonne, und

Georges de Layens, Preisträger der Akademie der Wissenschaften, eine «Kleine Flora, enthaltend die gewöhnlichen Pflanzen sowie die Nutzpflanzen und die schädlichen Gewächse, mit 189 Abbildungen».

In der Vorrede stand zu lesen: «Nichts ist während der ganzen schönen Jahreszeit leichter, als in Wald und Feld sich die Gewächse in großer Menge zu verschaffen.»

Und die Geschichte, die Geographie, die Länder, die großen Männer, die Gebirge, die Flüsse und die Grenzen – wie soll sich jemand das alles erklären, der nichts kennt als die leere Straße eines Städtchens auf dem Ozean, wo er am allereinsamsten ist! Doch von dem Ozean selber, dem, den es auf den Karten sah, wußte es nicht, daß es sich auf ihm befand, obwohl es dies einmal eine Sekunde lang geglaubt hatte. Aber es hatte diesen Gedanken als närrisch und gefährlich sogleich wieder verscheucht.

Zuweilen lauschte es mit ganzer Ergebenheit, schrieb ein paar Worte, lauschte wieder, begann abermals zu schreiben, als ob eine unsichtbare Lehrerin ihm diktierte. Dann schlug das Kind eine Grammatik auf und blieb lange mit verhaltenem Atem über Lektion CLXVIII auf Seite 60 gebeugt, die ihm die liebste war. Die Grammatik selber, schien es, ergriff dort das Wort, um das kleine Mädchen vom hohen Meer persönlich anzureden:

«– bist du? – denkst du? – sprichst du? – willst du? – muß man sich wenden? – geht vor? – beschuldigt man? – bist du fähig? – ist die Rede? – hast du dieses Geschenk? – beklagst du dich?

(Setze anstelle der Gedankenstriche das passende Interrogativpronomen, mit oder ohne Präposition.)»

Manchmal fühlte das Kind sich unwiderstehlich getrieben, gewisse Sätze niederzuschreiben. Und es gab sich große Mühe dabei.

Unter vielen anderen schrieb es die folgenden Sätze: «Laßt uns dies teilen, wollt ihr?»

«Hört gut zu! Setzt euch, zappelt nicht, ich bitte euch!»

«Wenn ich nur etwas Schnee von den hohen Bergen hätte, dann ginge der Tag schneller vorüber.»

«Schaum, Schaum ringsum, willst du nicht endlich etwas Hartes werden?»

«Um einen Ringelreihen zu tanzen, muß man mindestens zu dreien sein.»

«Zwei Schatten ohne Kopf gingen über die staubige Straße davon.»

«Die Nacht, der Tag, der Tag, die Nacht, die Wolken und die fliegenden Fische.»

«Ich glaubte, ein Geräusch zu hören, aber es war das Rauschen des Meeres.»

Oder das Mädchen schrieb einen Brief, in dem es von seiner kleinen Stadt und von sich selbst berichtete. Der Brief war an niemanden gerichtet, er schloß nicht mit Grüßen und Küssen, und auf dem Umschlag stand kein Name.

War der Brief geschrieben, warf es ihn ins Meer – nicht, um ihn loszuwerden, sondern weil es sich so gehörte; vielleicht auch nach Art der schiffbrüchigen Seeleute, die den Fluten eine letzte Botschaft in einer verzweifelten Flasche anvertrauen.

Und keine Zeit verstrich über der schwimmenden Stadt: das Mädchen war immer zwölf Jahre alt. Vergeblich wölbte es den kleinen Oberkörper vor dem Spiegelschrank in ihrem Zimmer. Eines Tages war das Kind es leid, mit seinen Zöpfen und seiner freien Stirn immer nur der Photographie in seinem Album zu gleichen; verärgert über sich selbst und sein Bildnis, löste es eilig sein Haar auf, daß es ihm über die Schultern fiel, in der Hoffnung, sein Alter dadurch aus der Fassung zu bringen. Vielleicht würde sogar das Meer ringsum dadurch verändert, und es sähe große Ziegen mit weißen Schaumbärten aufsteigen, die neugierig näher kämen.

Aber der Ozean blieb leer, und niemand außer den Sternschnuppen kam zu Besuch.

Ein andermal war es, als hätte das Schicksal in einer plötzlichen Zerstreutheit einen Sprung bekommen und wüßte nicht mehr, was es wollte. Ein richtiges kleines Frachtschiff, unbeirrbar wie eine Bulldogge, das gut auf dem Wasser lag, obgleich es nicht sehr viel geladen hatte (unter der Wasserlinie leuchtete ein schöner roter Streifen in der Sonne), ein Frachtdampfer mit einer mächtigen Rauchfahne fuhr durch die Straße des Meerdorfes, ohne daß die Häuser in den Fluten verschwanden und das Mädchen in Schlaf sank.

Es war gerade zwölf Uhr mittags. Das Frachtschiff ließ eben seine Sirene ertönen, aber diese Stimme vermischte sich nicht mit der des Glokkenturms. Jede blieb für sich.

Das Kind, das zum erstenmal einen Laut vernahm, der von den Menschen zu ihm kam, stürzte ans Fenster und schrie aus Leibeskräften: «Zu Hilfe!»

Und es schwenkte dabei seine Schulmädchenschürze zu dem Schiff hinüber.

Der Mann am Steuer drehte nicht einmal den Kopf. Und ein Matrose, der Rauch aus seinem Mund aufsteigen ließ, ging über Deck, als ob nichts geschehen wäre. Die übrigen fuhren fort, ihre Wäsche zu waschen, während zu beiden Seiten des Vorderstevens die Delphine davonschwammen, um dem eiligen Frachtschiff Platz zu machen.

Die Kleine ging rasch auf die Straße hinab, bettete sich in die Kielspur des Schiffes und küßte sie so lange, bis da, als sie sich wieder erhob, nur noch etwas Meer übrig war, ohne Erinnerung und wie unberührt. Als es sein Haus wieder betrat, überkam das Kind ein großes Staunen, daß es «Zu Hilfe!» geschrien hatte. Jetzt erst begriff es den tiefen Sinn dieser Worte. Und dieser Sinn erschreckte es. Hörten die Menschen seine Stimme nicht? Oder waren diese Seeleute blind und taub? Oder grausamer als die Tiefen des Meeres?

Da hob eine Welle sich und kam auf das Mädchen zu: eine Welle, die sich, offensichtlich auf Abstand bedacht, immer in einer gewissen Entfernung von dem Dorf gehalten hatte. Es war eine mächtige Welle, die sich zu beiden Seiten ihrer selbst sehr viel weiter ergoß als die anderen. Oben trug sie zwei Augen aus Schaum, die wie echte Augen aussahen. Man hatte den Eindruck, daß sie gewisse Dinge verstand, doch nicht alles billigte. Obwohl sie sich hundertmal am Tag bildete und wieder zerfloß, vergaß sie doch niemals, sich immer wieder an der gleichen Stelle mit diesen beiden vortrefflich gelungenen Augen zu versehen. Wenn etwas sie interessierte, konnte man sie dabei überraschen, wie sie fast eine Minute lang mit aufgerecktem Kamm stand, uneingedenk ihrer Beschaffenheit als Welle und des Umstandes, daß sie sich alle sieben Sekunden erneuern mußte.

Seit langem schon hatte diese Welle für das Kind etwas tun wollen, aber sie wußte nicht was. Sie sah das Frachtschiff sich entfernen und begriff die Angst des Kindes, das zurückblieb. Da hielt es sie nicht länger, sie nahm das Kind und zog es wortlos beiseite, als führte sie es an der Hand.

Nachdem sie, wie die Wellen tun, sehr ehrerbietig vor dem Kind niedergekniet war, rollte sie es tief in sich ein, behielt es einen langen Augenblick und versuchte, es unter dem Beistand des Todes in sich aufzunehmen. Und das kleine Mädchen hielt den Atem an, um der Welle bei ihrem ernsten Vorhaben behilflich zu sein.

Da sie ihren Zweck nicht erreichte, schleuderte die Welle das Kind hoch in die Luft, bis es nicht viel größer als eine Seeschwalbe war, fing es wie einen Ball auf, warf es wieder empor, daß es mitten unter die Schaumflocken fiel, die so groß wie Straußeneier waren.

Als sie schließlich einsehen mußte, daß alles nichts half, daß es ihr nicht gelingen würde, dem Kind den Tod zu geben, brachte die Welle es nach Hause zurück, unter einem ungeheuren Gemurmel von Tränen und Entschuldigungen.

Und das kleine Mädchen, das nicht einmal eine Schramme abbekommen hatte, mußte sich damit abfinden, weiterhin die Fensterläden zu öffnen und zu schließen, ohne jede Hoffnung, und für eine Weile im Meer zu verschwinden, sobald der Mast eines Schiffes am Horizont auftauchte.

Seeleute, die ihr auf hohem Meere träumt, die Ellbogen auf die Reling gestützt, hütet euch, in dunkler Nacht lange an ein geliebtes Antlitz zu denken. Wie leicht geschieht es sonst, daß ihr an ganz und gar öden Stätten einem Wesen zum Leben verhelft, das, mit aller menschlichen Empfindung ausgestattet, weder leben noch sterben, noch lieben kann, und das doch leidet, als lebte, als liebte es, als stünde es immer im Begriff zu sterben – einem in den Meereseinsamkeiten unendlich verlassenen Wesen, wie dieses Kind des Ozeans, das eines Tages entstand aus den Gedanken von Charles Lievens, aus Steenvoorde, einem Deckmatrosen des Viermasters «Le Hardi», der auf einer seiner Reisen seine zwölfjährige Tochter verloren hatte, und eines Nachts, auf 55 Grad nördlicher Breite und 35 Grad westlicher Länge, hatte er sehr lange an sie gedacht, mit einer schrecklichen Gewalt, zum großen Unglück des Kindes.

ALBIN ZOLLINGER

Die Zimmetinseln

Ich bin mit den Zimmetinseln erwacht,
Sie umgaukelten mich die ganze Nacht,
Braune Falter flatterten, büschelten sich,
Schaumig Laub, auf der Dünung wonniglich.

Hast du Zimmetinseln, veilchenes Meer?
Dämmergebinse, farrenes Heer?
Zederngeäste fächert den Strauß
Treibenden Eilands, staubig hinaus

Auf die Spiegelung schwimmt schokoladener
Tiefe geistert, Korallenstrauch.   [Hauch
Girlanden Klematis wallen im Haar
Über den Bernstein najadischer Schar.

Mittag im Rauche steigt mit Gesang,
Lachende Arbeit hallt am Hang.
Waldung von Wohlgeruch, zimtener Schein
Hüllt die Gestade der Seligen ein.

Hast du Zimmetinseln, zaubrische Welt,
Samtene Falter, golden erhellt?
Zimmetinseln singen am Rand,
Duftgewölke, elysischer Strand.

VALERY LARBAUD

Die große Zeit

Für Gaston Gallimard

I

Die drei Helden

Im vergangenen Jahrhundert – genauer: im vergangenen Jahr – haben die drei Helden: Marcel, Arthur und Françoise große und herrliche Taten vollbracht. Man kann sagen, daß, dank ihrer Arbeit, das vergangene Jahrhundert das der Eisenbahnen wurde.

Zu Beginn dieser längst vergangenen Zeit hatte jeder aus dem Unterricht, dem Gymnasium oder von irgendeinem anderen Schmerzensort, wo man, geduckt und von ihnen eingeschlossen, unter den Blicken der Erwachsenen lebt, das mitgebracht, was er für sich erobert hatte: Arthur und Françoise je ein Lied. Das Arthurs lautete:

Tanze Bambula
Tanze Kanada
Tuzu!
Hopp-Hopp!

Wenn Arthur dieses Lied sang und dabei die Augen verdrehte, die Arme rundete und mit den Absätzen aufstampfte, wurde er wirklich ein Bambula: ein pechschwarzer und fast nackter Mensch, auf einem Dorfplatz in Kanada, der von Hütten aus Palmblättern umgeben ist. Man fühlte, daß er ein echter

Wilder war, wie die Caraïben, die Marcel im botanischen Garten unter dem Glashimmel des Palmenhauses gesehen hatte. Hätte man in diesem Augenblick Arthur etwas gefragt, er hätte seine Muttersprache vergessen und ein paar wilde Schreie ausgestoßen. Das Lied verstummte, der Tanz war zu Ende, und Bambula wurde wieder Arthur, der Sohn des Verwalters.

Françoises Lied war lang, verwickelt und doch so süß. Weder Marcel noch Arthur, Françoises Bruder, verstanden es ganz. Es enthielt so viele Worte, die sie undeutlich aussprach, und andere, die sie halb verschluckte. Sie ärgerte die Jungen, indem sie sich weigerte, sie zu wiederholen, und sagte zu ihnen: «Ich verstehe sie, und das genügt. Und dann singe ich auch chinesisch. Und mein Lied habe ich selbst gemacht.»

Arthur erwiderte: «Das ist nicht wahr.»

Aber Marcel hielt Françoise für so klug, daß sie das Lied ganz gut gemacht haben könnte. Er liebte den Kehrreim:

> Unter dem Bambus
> Unter dem Bambus – us ... us ...

«Bambula» erzählte vom hellen Licht des Mittags in einem Land, das dem Palmenhaus glich. Aber die «Bambus» schilderten minuziös eine Gegend mit lauen Nächten, in der das Glück wohnt; große Ferien, die täglich neu beginnen und so lang und neu aussehen, daß man nicht weiß, was man mit ihnen anfangen soll; Quellen, in denen man baden kann, ohne sich je zu erkälten, und Abende, an denen niemand sagt: «Kinder, jetzt müßt ihr zu Bett.»

Marcel hatte die Erinnerung an eine Vision mitgebracht. Es war im Lande der Hundert Berge, wo in großen, schwarzen Städten große, blonde Menschen wohnen, in der Auvergne. Als der Zug in eine Kurve fuhr, hatte er sich gegen das Verbot von Vater und Mutter aus dem Fenster gelehnt und gesehen, wie der Zug seine Ringe zusammenschob und sich plötzlich so bog, daß der Lokomotivführer mit dem Bremser im letzten Wagen ein Zeichen hätte austauschen können. Und aus dem Wald, in den man hineinfuhr, stiegen Rauchwolken auf. Schon wollte er rufen: «Papa, der Wald brennt», als er in einer Kurve dieses sah: auf der langen Schienenpaarstraße stand eine Lokomotive; man sah ihren Schornstein, die zwei Vorräder und den roten Streifen, der ihren hohen Rang anzeigte. Sie füllte den Wald mit ihrem grauen, von dicken, weißen Flocken getupften Rauch. Sie schien sich auszuruhen wie jemand, der in der Allee eines Parks seine Pfeife raucht. Sie war allein, und als man an ihr vorbeifuhr, hörte Marcel ihren ruhigen Atem, und auf ihn zu strömten gleichzeitig der Geruch der Kohle und der Duft vom Regen erfrischter Blätter. Er dachte: «Sie ist sicher von Clermont-Ferrand bis hierher spazierengefahren.»

Von da an widmete er den Lokomotiven seine Aufmerksamkeit. Er begriff vor allem, daß sie die Kinder und Bewohner der Hundert Berge waren: sie waren schwarz und rauchten wie die großen Städte, aus denen sie kamen und in die sie immer wieder zurückkehrten.

Sie fuhren bis nach Paris, aber nur, weil der

Abhang sie reizte und die Ebene sie lockte. Immer wieder und von überall her kehrten sie in die Hundert Berge zurück und keuchten mühsam und knurrend die Hänge wieder hinauf und begrüßten schon von weitem ihre Heimat mit lauten, hellen Schreien.

Er beobachtete sie. Er lernte manche ihrer Gewohnheiten kennen. Er sah, daß sie nicht, wie man hätte glauben können, große, ernste und langweilige Personen sind. Sie können spielen. Nach einem langen Trommelwirbel macht die eine sich hinkend auf den Weg in eine Kurve. Andere bewegen sich rückwärts und führen eine Farandole aus Wagen in die Ebene. Wieder zwei andere, die zusammengekoppelt sind, fahren langsam in einen Bahnhof ein: im Gefühl ihrer Wichtigkeit heben sie die Schultern so hoch, daß man ihren Hals nicht mehr sieht, und bewegen sich in gleichem Takt, pfeifen und lassen die Cymbeln erklingen, und der ganze Bahnhof empfängt voller Achtung den Schnellzug Genf–Bordeaux. Marcel hat sogar zwei Lokomotiven gesehen, die Rücken an Rücken gekoppelt waren und dennoch in derselben Richtung fuhren. Ist das erlaubt? Und dann fällt ihm auf einmal ein, daß er vor langer Zeit, vor fünf Jahren (er war damals vielleicht drei Jahre alt) von der Terrasse aus, die den Park und die Eisenbahn beherrscht, einen ganz weißen Zug gesehen hat. Lokomotive, Waggons und Gepäckwagen, alle waren weiß. Er war so schön, daß er beschloß, zu keinem Menschen darüber zu sprechen. Und seitdem hat er andere, ebenso schöne Züge gesehen, besonders bei der Einfahrt in die Pariser Bahnhöfe: die einen bestanden aus langen gelben Wagen mit goldenen Buchstaben, die anderen waren karminrot und schwarz, wie der des Präsidenten der Republik, dessen Lokomotive in Trikoloren gekleidet ist.

2

Rückblick

Deshalb wurden, gleich in den ersten Ferientagen jener fernen Zeit, im vergangenen Jahr, die eisernen Gartenstühle durch die Wege gezogen und auf diese Weise im Sand ein verzweigtes Netz aus paarweise parallelen Strecken geschaffen. Die große, direkte Verbindung vom Treibhaus nach der Villa wurde als erste in Betrieb genommen. Dann verlängerte man sie bis zu dem Wasserbehälter. Bald darauf wurde eine Strecke von der Villa nach dem Wasserbecken eröffnet. Arthur war die Lokomotive; Françoise, die in einem Rollstuhl saß, machte die Reisenden, Marcel war Zugführer und verwandelte sich, sobald man den Bahnhof erreichte, in den Stationsvorsteher. Täglich drei Züge, darunter ein Schnellzug, das war das in der Generalversammlung des Aufsichtsrats der Gesellschaft festgesetzte Minimum. Ein Schnellzug entgleiste, und Françoise, der bei dem Unglück das eine Knie ein wenig zerschunden wurde, wollte nicht mehr Reisepublikum spielen. Man verzichtete darauf, und sie wurde als Lokomotive auf einem kleinen Lokalnetz eingesetzt, das zwischen den sechs großen Gartenbeeten extra für sie geschaffen wurde.

Aber bald trieb der Unternehmungsgeist seine

Eroberungen über den Garten hinaus. Die Mittel-
allee des Parks wurde von einem Tunnel (in der
Phantasie) durchquert, und zwischen Villa – via
Wasserbecken – und Billard-Pavillon wurde eine
große, zweigleisige Strecke gebaut und bis zu dem
Pferdestall weitergeführt, der so neben der Villa
der wichtigste Bahnhof des ganzen Netzes und die
Endstation der kurzen Nebenstrecke nach dem
Hühnerhof, dem Gärtnerhaus und einer unbenutz-
ten Laube in einem verwilderten Teil des Parks
wurde.

Diese Hauptstrecke: Villa–Billard-Pavillon war
besonders beliebt. Sie hatte viele Stationen, von
dem Tunnel ganz zu schweigen (man senkte den
Kopf, um zu zeigen, daß man durch ihn fuhr). Vor
allem die Jungen liebten sie, weil sie in neue Länder
führte. Zweifellos bot der Garten, der die Villa
umgab, viel Abwechslung: das Wasserbecken wurde Binnenmeer; das Treibhaus mit den üppigen
Pflanzen und der feuchten Wärme war eine Art
Kanada und der Wasserbehälter ein wichtiger
Meeresarm. Aber immer der gleiche Sand und die
sich rechtwinklig schneidenden Wege und die
Villa, die von überall sichtbar war; es war die
Bannmeile der Villa, nichts anderes – aber da
hinten, Richtung Billard-Pavillon, war der Park
und mit ihm das Unbekannte und das Ausland.
Man fuhr durch Wege, die von blühenden Sträu-
chern eingefaßt waren, deren süßer und warmer
Duft über einen herfiel (man öffnete den Mund,
ihn in sich aufzunehmen, als wäre er ein Bonbon).
Man hielt auf einer kleinen Station am Rande einer
von der Sonne durchglühten Pampa. Dann jagte

der Schnellzug durch ungeheure, bebende Wälder, und sobald der Billard-Pavillon in Sicht kam, fühlte man, daß man sich einer großen, trägen Stadt näherte, die voll war von Luxus und Ruhe, einer jener Kolonialstädte, wo unter großen, stillen, immergrünen Bäumen Menschen wohnen, deren Stimme so süß klingt, und die nichts anderes zu tun haben, als glücklich zu sein. Von dieser Stadt sang das Bambus-Lied. Aber dann ging es weiter unter glühendheißer Sonne durch eine große Wüste, die weder Städte noch Bahnhöfe hatte. Dann weiter durch die Ebereschenallee, ein neues Land, mit Einfassungen aus Buchsbaum, und die kleinen roten Beeren (giftig) lagen überall auf dem Rasen und im Sand. Dann öffnete sich wieder eine Waldgegend – der kleine Weißbuchenhain –, und über einen Umweg führt der Zug weiter an das Ufer eines großen Sees (ein immer voller Trog), wo die Lokomotive ihren Durst stillt. Und dann geht's weiter in das große Industriezentrum am andern Ende der Welt. Hier findet man alle vertrauten Dinge der Zivilisation wieder, aber unter diesem neuen Himmel sind sie viel größer und imposanter. Und dann sieht man den Schnellzug in den hohen, dunklen Bahnhof einfahren, hört ihn unaufhörlich pfeifen und Katarakte aus Dampf ausspeien.

Diese Strecke ist so herrlich, daß Marcel und Arthur die durch das Reglement vorgesehenen Züge für nicht ausreichend halten. Oft machen sie, sei es als «Vergnügungszug», sei es als Inspektions-Lokomotive für sich allein eine Fahrt über die ganze Strecke oder über einen Teil. Und das Land mit dem Gezweig, den Blumen und dem Wasser, das den Billard-Pavillon umgibt, ist so schön, daß die Lokomotiven ihr Puff-puff und Pfeifen vergessen. Einmal wäre es beinahe zu einem furchtbaren Zusammenstoß gekommen.

Und eines Tages hatte Arthur eine ganz großartige Idee: «Wenn die kleinen Hunde aus der Villa die Reisenden wären!» Gesagt, getan. Der kleine Terrier Sourik und Gipsy, Lily und la Toune, die dicken Zwergspaniels, deren Gesäuge über den Boden schleifte, wurden umsonst mehrere Male am Tage von der Villa nach dem Wasserbecken, von dem Wasserbecken nach dem Wasserbehälter, von der Villa nach dem Pferdestall befördert. Man gab ihnen sogar Rundreisebilletts für das ganze Netz. Mit dem einen Zug fuhren sie hin, mit dem andern wieder zurück. Auf dem Schoß der Gärtnerin liegend, wartete Sourik zitternd auf den Schnellzug von der Villa. Und eines Tages vergaß man la Toune auf einer Etagere im Billardsaal.

Und die Bummelzüge nach Thiers fuhren nach wie vor am Ende des Parks vorbei. Um Arthur, Marcel und Françoise ließ die Welt ihre Züge und Dampfer fahren. Neue Strecken, neue Häfen wurden geschaffen. Die Städte tauschten ihre Bewohner aus. Jemand aus Puy-Guillaume war zu seinem Vergnügen bis nach Holland gefahren.

Ja, man mußte tun, was die Welt tat. Die Aktivität der Welt mußte man mit einer größeren Aktivität beantworten. Und dann wurde ein geradezu wahnsinniger Plan geboren: Anschluß an die wirkliche Strecke nach Thiers. Dazu hätte man den ganzen Park, der abschüssig war, durchqueren

müssen. Die den Hang hinunterfahrenden Züge
boten keine Schwierigkeiten, um so mehr aber die,
die den Hang herauffuhren. Trotzdem wurde mit
dem Bau einer Strecke begonnen. Sie wurde bis
tief in das Innere, bis zu der Station Furchtbarer
Baum, mitten in der Wildnis, vorgetrieben. Hierhin nahm man Lily, eine der Hündinnen, mit. Man
setzte sie an den Fuß des Furchtbaren Baums und
tat so, als wollte man sie hier allein lassen (ihr war
das ganz einerlei. Hauptsache für sie war, daß sie
nicht zu laufen brauchte). Aber die Rückfahrt verlief dann jämmerlich. Lily fiel aus dem Rollstuhl
und tat so, als wäre sie verletzt. Man mußte sie
tragen. Sie röchelte und geiferte, bis man endlich
die Villa erreichte. Den ganzen Tag über sah sie die
Kinder mit der Empörung und dem Entsetzen
einer von einer Menge mißhandelten Prinzessin an.

Während der folgenden Tage versuchte man,
den Betrieb in dieser Richtung wieder aufzunehmen. Aber schon bald wurde der Furchtbare Baum
eine Station wie Trottoir-de-Bouricos (Landes),
wo der Zug nur einmal im Jahr hält.

3

Die einsame Insel

Zu Beginn dieser neuen Ferien beschloß man, sich
nicht mehr mit Eisenbahnen zu befassen.

«Das ist nun erledigt: sie fahren, und das genügt», sagte Arthur.

«Und dann waren es auch keine richtigen
Züge», erwiderte Marcel. «Es war ja nur ein Stuhl.
Man müßte richtige Schienen, richtige Maschinen

und Wagen haben. Die gibt es. Ich habe sie in Paris gesehen. Aber die sind viel zu teuer, die kauft Papa nicht.»

«Weil du das verkehrt anfassest», meinte Françoise. «Ich kriege ihn bestimmt so weit.»

«Glaubst du, Baby? Und was ich noch sagen wollte: Arthur, du hast gelogen, als du sagtest, Kanada wäre ein heißes Land mit Negern.»

«Das habe ich nie behauptet.»

«Ich weiß jetzt, wo Kanada liegt. Ich kenne die ganze Geschichte. Und kenne alle Hauptstädte. Welches ist die Hauptstadt von Persien? Und von Afghanistan? Und von Belutschistan?»

«Teheran, Kabul, Kelat. Und wie heißt die Hauptstadt von Idiotistan? Reingefallen! Ich kann auch Geschichte und Geographie.»

«Ich habe eine Idee», sagte Marcel. «Wir wollen eine einsame Insel entdecken. Dort pflanzen wir dann unsere Fahne auf. Wir machen ein Königreich daraus und bebauen die Insel.»

«Wollen lieber Schiffbrüchige spielen», sagte Françoise.

Aber Marcel blieb bei seinem Vorschlag. Er tat so, als überlegte er jetzt erst die Einzelheiten, aber er hatte das, was er sagte, schon lange vorher genau überlegt. Das kleinste Beet des Gartens soll die einsame Insel sein. Es liegt etwas abseits und hat eine dreieckige Form. Und die Pflanzen auf ihm werden die Bewohner der Insel sein.

«Dann ist sie doch nicht einsam», warf Arthur ein.

«Nein, aber sie ist wild. Sobald wir dort sind, ist sie zivilisiert.»

Die kleinen Birnbäume werden die Hauptstädte. Die Johannisbeer- und Himbeersträucher werden Unterpräfekturen. Die zwei kleinen Blätter, die dicht am Boden wachsen und nicht größer als Konfettis sind, werden ein Bauernhof auf dem Hang eines Hügels. Und was die Einfassungen aus Nelken und Erdbeerstauden angeht, so sagen wir: «Die Dichte der Bevölkerung am Ufer des Meeres ist beträchtlich.»

Man landet. Die Fahne wird aufgepflanzt. Das Königreich wird gegründet. Der Birnbaum in der Mitte wird Hauptstadt. Welch große Stadt! Alle die bebenden Blätter, alle die Früchte, die im Entstehen sind: ein zweites Paris.

Aber man braucht einen König. Nein, lieber eine Königin. Jeder denkt an die Prinzessin, die er besonders gern mag. Arthur zögert zwischen Blanka von Kastilien, die so artig und schön ist, und Anna von Beaujeu, deren Haartracht wie eine große Bonbontüte aussieht. Françoise zieht Maria Stuart vor, weil sie ein Lied über sie kennt. Aber Marcel ist in Anna von Bretagne verliebt, weil sie Bretonin und die Bretagne die kleine, vielgeliebte Schwester Frankreichs ist.

«Maria Stuart.»

«Blanka von Kastilien.»

«Anna von Bretagne.»

«Nein», sagt Arthur. «Quatsch! Sie leben nicht mehr. Wir brauchen eine lebendige Königin. Françoise, tritt vor. Ich will dich salben! Aufgepaßt! Mit dieser Vanillesalbe salbe ich dich zur Königin. Durch diesen Balsam meines Herzens erkläre ich dich zur Königin. Durch diese Ohrfeige, die ich dir reinhaue, grüße ich dich als Königin. Fertig! Es lebe Françoise I.»

«Ich will Konnetabel sein», sagte Marcel.

«Ich auch», erwiderte Arthur. «Aber da zwei Konnetabels unmöglich sind, werden wir zwei große Heerführer. Françoise, schlage uns zu Rittern. Ich zeige dir, wie man es macht. Wir beugen vor dir das Knie. Du hebst uns auf. Du küssest uns einmal auf die linke Backe. Dann drehen wir uns um, und du versetzest jedem von uns einen leichten Tritt.»

Und so geschah es. Arthur und Marcel fühlen, wie sie Ritter und große Heerführer werden. Bald werden sie historische Persönlichkeiten sein. Das bedeutet eine große Verantwortung. Staunend betrachten sie ihre Königin. Vor einem Augenblick noch war sie die kleine Françoise mit dem großen Strohhut, den dicken, frischen Wangen, dem braunen Zopf und dem glanzlosen, goldenen Anker auf dem Ärmel ihres Matrosenkleides. Und jetzt ist sie Königin. Aber der goldene Anker glänzt nicht, als wenn er wieder neu geworden wäre. Das ist fast unglaublich!

4

Regierung Françoises I.

Zuerst wird die Verwaltung des Königreichs organisiert. Die Königin wohnt in der Hauptstadt oder in ihrer Nähe. Die beiden Enden der Insel unterstehen den zwei großen Führern. Arthur erhält die zwei Ecken, die nach dem Garten zu liegen; Marcel den Teil, der nach der Villa schaut. Es handelt sich darum, über den Frieden im Innern zu wachen, die schädlichen Insekten zu vernichten und die Insel gegen jeden Angriff von außen zu schützen.

Und da kommt Valentin, der große Bernhardiner, schwanzwedelnd heran. Die kleinen Hunde folgen ihm. Es ist ein Seeräuber mit seiner Flotte. Man versetzt die Küste in Verteidigungszustand. Überrascht bleibt Valentin vor den drohenden Gebärden stehen.

«Der Feind zögert», ruft die Königin. «Feuer!»

Und die Artillerie eröffnet das Feuer auf den Feind. Von einem Erdklumpen getroffen, der in seinem schönen Fell zerplatzt, entfernt sich Valentin langsam und legt sich in den Schatten der Villa.

«Wir haben ihn gekränkt», sagt Marcel.

Valentin betrachtet die Kinder mit nachsichtiger Traurigkeit, legt das Maul auf die Vorderpfoten und schließt seine guten Augen.

«Wir wollen Frieden mit ihm schließen», sagt Arthur. «So komm, Tintin, komm, mein Hündchen.»

«Er rührt sich nicht. Er ist uns böse», sagt Marcel. «Das ist deine Schuld, Françoise.»

«Ich dulde nicht, daß man meine Maßnahmen kritisiert», sagt die Königin. «Schafft den Seeräuber Valentin her, tot oder lebendig.»

5

Aufstand der großen Führer

Die großen Führer fahren über das Meer, um Valentin zu holen. Aber Valentin weigert sich, ihnen zu folgen. Sie ziehen und zerren an seinem Halsband, aber sie bringen ihn keinen Zentimeter weiter. Und als Arthur versuchte, ihn bei den Vorderpfoten zu packen, hat er sogar geknurrt.

«Große Führer, weshalb bringt ihr nicht den Seeräuber Valentin vor mich?»

«Und wenn er uns beißt?»

«Einerlei. Der Seeräuber Valentin soll vor mir erscheinen. Das ist mein Wille.»

«Ich pfeife auf deinen Willen!» schreit Arthur. «Wir gehorchen nicht länger einem kleinen Mädchen. Marcel, wir wollen uns empören. Wir wollen die Insel erobern. Los, verteidige dich.»

Es ist vereinbart worden, daß jedes gewaltsam besetzte Gebiet Eigentum des Eroberers wird. Zuerst greifen die zwei Rebellen zusammen an. Aber Françoise schlägt sie immer wieder ins Meer zurück. Endlich trennen sie sich und stürmen die Insel von den beiden Enden her. Außerstande, beiden zugleich die Stirn zu bieten, zieht sich die Königin nach der Mitte zurück, verliert eine Stadt und noch eine und läßt sich schließlich in ihrer Hauptstadt einschließen.

«Ergib dich!» schreit Arthur ihr zu.

Sie weigert sich. Plötzlich macht sie einen Ausfall, gibt die Hauptstadt auf, nimmt die zwei verlorenen Städte wieder ein und verschanzt sich an der äußersten Spitze der Insel. Aber der Versuch, ihre Hauptstadt wiederzugewinnen, mißlingt. Und sie ist zufrieden, sich nach der Johannisbeer-Halbinsel zurückziehen zu können. Die Glocke ruft zum Essen. Ein Waffenstillstand wird unterzeichnet.

Abends werden vor einer Karte der Insel, die Marcel gezeichnet hat, die Grundlagen für einen Vertrag besprochen. Die Insel wird in drei unabhängige Staaten aufgeteilt. Die Südspitze wird Françoises Reich. Der ganze Norden und die Mitte werden in zwei Reiche für Arthur und Marcel geteilt. Die frühere Hauptstadt wird zur Unterpräfektur degradiert, während drei andere Städte den Rang einer Hauptstadt erhalten. Man wird...

«Kinder, es ist neun Uhr.»

Die drei Herrscher legen sich schlafen.

6

Die friedliche Insel

Am nächsten Tag bezogen die drei Herrscher jeder sein Reich. Eine Schiebkarre Ziegelsteine diente dazu, die Grenzen im Innern abzustecken und ein paar Stellen der Küste zu befestigen. Eine Volkszählung wurde vorgenommen und das Gerichtswesen organisiert. Eine Schnecke wurde zum Tode verurteilt und hingerichtet. Dann befaßte man sich mit den verschiedenen Erzeugnissen jedes Staates. Die Marcels und Arthurs enthielten allerlei Pflanzen, sogar Löwenzahn. Aber Françoises Staat war ganz anders, denn er lag nach Süden, und in ihm wuchsen Sträucher, die Johannisbeersträucher, deren Beeren so zahlreich waren, daß man zu glauben versucht war, sie wären unter dem zerfetzten Kleid ihrer Blätter die Beute eines inneren Feuers. Hier wuchs auch eine Pflanze mit breiten, grünen und malvenfarbenen, gewellten Blättern, deren Blüte einem großen Ohr aus rotem Samt glich, und nachlässige Rosenbüsche, die ihre Blumenblätter einfach auf die Erde warfen. Der Krieg hatte auf der Insel keine großen Verheerungen angerichtet. Die Birnbäume hatten kaum ein paar Früchte verloren.

Arthur stattete Marcel einen offiziellen Besuch ab, und beide begrüßten dann Françoise in ihrer Hauptstadt. Man tauschte Geschenke aus. Die Könige aus dem Norden kehrten in ihre Reiche zurück und bedauerten es sehr, in einer Gegend zu wohnen, die keine Johannisbeeren hervorbrachte.

«Vielleicht finden wir sie anderswo», sagte Arthur.

Und damit begann die Ära der großen Entdeckungen. Die sechs Beete wurden sechs Kontinente, die man nacheinander entdeckte. Mit dem Gewächshaus erreichte man die Tropen. Die Eisenbahnlinien des vergangenen Jahrhunderts waren spurlos verschwunden. Auch die Menschheit, die im vergangenen Jahrhundert lebte, war verschwunden, ohne der neuen etwas von ihrer Zivilisation hinterlassen zu haben. Nicht einmal ein Andenken. Und eines Abends, als die Glocke zum Essen rief, hatten die Forscher staunend in der Ferne vor sich etwas entdeckt, das sich wie ein unbekanntes und wildes Meer kräuselte und sich zum erstenmal in Menschenaugen spiegelte – das Wasserbecken im Gemüsegarten.

7

Die großen Entdeckungen

Aber das alles war nicht das Werk eines Tages, auch nicht einer Woche. Jeder Kontinent wurde gründlich durchforscht. Die nächsten, die nur ein Meeresarm von der Insel trennte, zeigten etwas wie Zivilisation. Ihre Gestade waren ziemlich bevölkert. Sie hatten sogar ein paar Städte. Aber das Innere war unendliche Prärie. Meilenweit ging man durch hohes Gras – denn den Ausmaßen des Beet-Kontinents entsprechend war man natürlich sehr klein.

Andere Teile der Welt boten mehr Abwechslung. Das Viereck mit der Petersilie war ein großes Land mit duftigem Grün, das leichte Winde liebkosten. Anderswo entdeckte man inmitten einer großen Wüste ein halbes Dutzend dickbäuchiger Könige, mit gelbem, rundem Körper, die im Sande saßen. Große, grüne Sonnenschirme schützten kaum ihre ungeheure Fülle, und da sie sich nicht bewegen konnten, ernährten sie ihre Untertanen vermittels eines sinnreichen Netzes aus dicken, grünen, haarigen Röhren, die sich kühl anfühlten.

Auf dem fünften Kontinent, den man entdeckte – er lag am weitesten von der Insel entfernt – und dessen Gestade unbewohnt schienen, fand man, fünf Tagemärsche ins Innere, eine ungeheure Stadt aus kuppelförmigen, sich gleichenden Glaspalästen, die in schnurgerader Reihe nebeneinander standen. Diese Stadt war so schön, daß die Forscher einen Schrei ausstießen und sich für ihre Mühen reichlich belohnt fühlten. Aber das Leuchten der Sonne auf den gläsernen Kuppeln tat ihren Augen so weh, daß sie fürchteten, blind zu werden, und sich, ohne die Stadt zu betreten, wieder auf den Weg ans Ufer machten, wo sie ihre Schiffe erreichten.

Nachdem sie ein Kap umfahren hatten, landeten sie in einer Gegend, deren üppige, bläuliche Vegetation so leicht war, daß ihr Gewirr das Werk eines

Spinnenvolkes zu sein schien. Es war das Reich des Spargels, der gerade den Höhepunkt seiner Entwicklung erreicht hatte und diesen Augenblick mit einem großen Fest feierte. Das Dickicht aus Zweigen und Ranken war mit vielen kleinen roten, grünen und weißen Laternen geschmückt. Die weißen waren Regentropfen, die gefangengenommen worden waren, und die Forscher befreiten eine ganze Menge von ihnen, indem sie auf sie bliesen.

Und die Schiffe kamen in die Häfen der dreieckigen Insel zurück, beladen mit den seltsamen Früchten anderer Länder. Man hatte sogar eine Art weißer Johannisbeeren entdeckt.

Schiffsverbindungen wurden geschaffen. Die fernen Häfen, in denen die Schiffe landeten, wurden von den verschiedenen zivilisierten Ländern erworben, und die den Häfen benachbarten Völkerschaften baten die Monarchen der Insel um ihren Schutz. Das war der Ursprung der Kolonien. Arthur besaß bald Kolonien in allen Teilen der Welt, und Marcel folgte seinem Beispiel. Eine Gesandtschaft wurde in das Land der dickbäuchigen Könige geschickt, die sich ohne Protest unter Françoises Protektorat stellten.

Um sich auszukennen und jeden Grund zum Streit aus dem Wege zu räumen, wurde vereinbart, daß jeder der drei Staaten seine Fahne in den Häfen und Gebieten hißte, die ihm gehörten. Mama lieferte den hierzu erforderlichen Stoff, und Françoise nähte die Fahnen. Ihre Fahne war rot und weiß, grün und malvenfarben war die Arthurs und gelb und blau die Marcels. Als alle Fahnen gehißt waren, boten sie einen herrlichen Anblick. Und wenn die Schiffe an ihnen vorbeifuhren, grüßten sie die Fahnen mit drei Kanonenschüssen.

8
Krieg auf der Insel

Marcel hatte vergessen, die Fahne Arthurs zu grüßen, und Arthur erklärte ihm den Krieg. Aber Marcel hatte mit Françoise einen Geheimvertrag geschlossen. Ein kurzer Feldzug, und alles war beendet: Arthurs Königreich wurde besetzt und seine Hauptstadt genommen.

«Jetzt mußt du uns um Frieden bitten», sagte Marcel.

«Nie und nimmer. Krieg bis in den Tod. Ich ziehe in meine Kolonie auf dem gegenüberliegenden Kontinent, den ich ganz für mich nehme. Der Baum in der Mitte ist meine Hauptstadt. Dort hisse ich meine Fahne. Feiglinge! Greift mich an, wenn ihr es wagt.»

«Wenn dem so ist», sagte Marcel, «nehme ich den anderen Kontinent. Françoise bekommt die ganze Insel, und so ist jeder für sich.»

So vergrößerte der Mensch sein Reich, so breitete sich die Zivilisation über die Oberfläche der Erde.

9
Neue Entdeckungen

Aber es gab noch viele andere Gegenden zu erforschen. Die Seefahrer hatten den sechsten Kontinent noch nicht einmal gesehen. Als der Friede unterzeichnet war, begannen die Expeditionen wieder.

Eines Tages entdeckte Marcel das Binnenmeer, das Wasserbecken. Er wollte es für sich allein, und das hätte fast zu einem allgemeinen Krieg geführt. Nach vielen Verhandlungen wurde vereinbart, daß der Haupthafen (die ins Wasser führende Treppe) ihm gehören sollte. Hier verbrachte er Stunden mit der Erforschung dieses geheimnisvollen Meeres. Auf der Oberfläche schwammen jene Insekten, die aus einem waagerechten Strich bestehen, der von vier winzigen Füßen getragen wird. Vielleicht sind es Grundstriche, die aus den Schulheften entwischt sind. Sie kennen das Dezimalsystem ganz genau und vergessen nie, sich nach ihm zu richten: auch wenn sie verfolgt werden, zählen sie genau die Zentimeter, die sie auf der Oberfläche des Wassers durchlaufen. Sie sind unverwundbar und wahrscheinlich auch unsterblich; umsonst erregt man um sie herum einen Sturm, sie ertrinken nicht: während man noch mit dem Stock in dem Schlammwirbel rührt, ist der Schwarm schon auf der anderen Seite des Beckens und mißt den Teil ruhigen Wassers ab, der ihm noch bleibt.

Und weiter, genau da, wo die Sonne sich damit die Zeit vertreibt, große blitzende Schwingungen im Gleichgewicht zu halten, dreht sich leuchtend ein Ballett aus kleinen, runden Tieren, die aussehen wie Fettaugen auf einer Suppe. Vergebens versucht man, sie zu stören; sie schlüpfen durch die Maschen des Sacknetzes und bilden, ohne einen Augenblick zu verlieren, anderswo wieder ihr kleines Ballett. Und wenn man sie noch weiter ärgert und schon glaubt, sie würden davonfliegen, dann tauchen sie unter und verschwinden auf den Grund des Beckens wie eine Handvoll schwarzer Körner.

Wie viele seltsame Tiere mag es auf dem Grund des Beckens geben! Marcel wird bei diesem Gedanken ganz blaß. Dieses im Schlamm, in der klebrigen Kälte des schlafenden Wassers verborgene Leben erschreckt ihn. Er stellt sich vor, er lebte unter diesen Tieren, in dem grünen Haar der Algen. Ein bedrückender Gedanke. Er wagt es nicht, den Grund des Beckens aufzurühren. Er wagt es auch manchmal nicht, sein Sacknetz an die Oberfläche des Wassers zu ziehen: er hat Angst, etwas zu sehen, was man nicht sehen soll. Es genügt, daß die Olive, die er im vergangenen Jahr in das Becken warf, wieder ans Tageslicht emporstieg, lebendig, mit zwei kleinen Flossen versehen, die aussahen wie Hände. Er wollte sie fassen, aber die Olive war für die zwei kleinen Flossen zu schwer, sie wackelte hin und her und verschwand dann wieder in der Tiefe.

Aber manchmal ist die Versuchung stärker als die Angst. So heute. Weshalb soll er diesen Haufen verfaulender Blätter, die er aus der Tiefe heraufholt, nicht genauer untersuchen? Hat sich nicht eins der Blätter bewegt? Als er es umdreht, sieht er drei Paar Füße. Marcel begriff seine Geschichte: ein noch grünes Blatt war in das Becken gefallen. Seine Rippen waren Füße geworden, und es hatte weitergelebt. Und nun lief das Blatt in der hellen Sonne wie ein Tier über den Rand des Beckens. Marcel hatte es zitternd wieder ins Wasser geworfen. So etwas durfte dem Licht des Tages nicht ausgesetzt werden. Mit keinem Menschen wollte er darüber sprechen. Wer hätte ihm übrigens geglaubt? Genau wie der weiße Zug; ein Geheimnis zwischen ihm und dem Becken. Das Wasser war von toten Wesen bevölkert, denen es neues Leben gab, ein kaltes, stummes Leben, ein Leben im Traum. Und die Sonne des Wassers mit ihrer Blässe, ihrer ewigen Bewegung, ihren großen, hellen Blitzen, war die, die man eines Abends, als Besuch zu Tisch war, Sonne der Toten genannt hatte.

Ein furchtbarer Traum, den er in dieser Nacht hatte, hielt ihn lange Zeit von dem Becken fern. Und am nächsten Tag – es war ein Sonntag – entdeckte er im Lauf einer langen Expedition den sechsten Kontinent. Ein paar Kilometer von der Küste begann, schwarz, unendlich und hoch wie ein Gebirge, der Urwald.

10

Der Urwald ist bewohnt

Es war nicht klug, sich in ihn zu wagen. Übrigens versperrten Schlingpflanzen den Weg. Marcel beschloß, um den Urwald herum zu gehen. Wenn er an seinem Rand entlangging, würde er schon irgendwo landen. Er wanderte lange, nach der Zeit der Erwachsenen mindestens anderthalb Minuten. Als er endlich das Ende des Waldes erreichte, fragte er sich, ob die Expedition für die Rückkehr noch genügend Proviant hätte. Er hörte Stimmen, und dann bot sich seinen Blicken an einer Biegung «ein unerwartetes Schauspiel», wie es in den echten Reisebeschreibungen heißt. Zwei menschliche

Der Wohnungsbaum in Falkenhorst.
Johann David Wyss, «Der Schweizerische Robinson»
Ausgabe von 1880.

Wesen saßen am Waldesrand, dort, wo der Schatten lag, und ein Hund lag zu ihren Füßen. Zweimal fiel langes, rötliches Haar auf Schultern und Arme, die mit einem blendend weißen Gewand bedeckt waren; zwei blaue, große, überraschte, wilde und zärtliche Augenpaare; zwei weiße Gesichter mit kleinem, rundem Mund und etwas länglichem Kinn. Das war zu viel! Wenn es nur eine rötliche Haarfülle, nur ein blaues Augenpaar gewesen wäre, hätte man seine Fassung nicht verloren. Aber vor dieser zwiefachen, lebendigen, atmenden und schauenden Schönheit und Süße konnte man nur schnellstens den Rückzug antreten. Der Rückzug wurde wilde Flucht, und in keuchendem Lauf erreichte Marcel sein Reich.

«Arthur, der Urwald ist bewohnt.»

«Das ist mir einerlei.»

«Arthur, ich habe zwei wilde Königinnen gesehen, und zu ihren Füßen lag ein Tier.»

«Drück dich genauer aus.»

«Zwei Mädchen sitzen auf der anderen Seite des Erbsenbeetes und haben einen Hund bei sich.»

«Zwei Füchse?»

«Ja», erwiderte Marcel zögernd, der zum erstenmal und nicht ohne Empörung das Wort «Füchse» in dieser Anwendung hörte.

«Ich weiß Bescheid: es sind die zwei Matous, die Töchter des neuen Arbeiters. Sie wohnen im Park. Papa sagt, der alte Matou sei ein Querkopf. Ja, der hat allerlei böse Gedanken im Kopf, wie ein Strolch. Er will außerhalb seiner Arbeit weder mit dem Verwalter noch mit dem Chef, deinem Vater, etwas zu tun haben. Und über die Fabrikherren

126

erzählt er die gemeinsten Geschichten. Ich wette, daß die beiden dir nicht einmal guten Tag gesagt haben.»

Marcel ist sehr erstaunt. Ja, es stimmt, guten Tag haben sie ihm nicht gesagt. Aber der Gedanke wäre ihm nie gekommen. Er hätte vielmehr geglaubt, daß – wenn er es gewagt hätte – es seine Pflicht gewesen wäre, vor den zwei wilden Königinnen eine tiefe Reverenz zu machen. Und «Gedanken wie ein Strolch» ... Strolche sind ewig zerlumpte, schmutzige Bettler mit ungekämmtem Haar. Marcel erinnert sich, Matou, den Arbeiter, in ebenso guten Kleidern gesehen zu haben, wie sie der Verwalter trug. Und Frau Matou, eine Frau mit rotem Haar, sieht bei Gott nicht aus wie die Frau eines Strolches. Und sie, auch sie sind besser angezogen als Françoise!

II

Verhandlungen

Am Morgen des nächsten Tages sagt Marcel mit gleichgültigem Gesicht: «Was meinst du, Arthur, sollen wir den zwei Matou-Mädchen vorschlagen, mit uns zu spielen?»

(Er weiß, daß sie ganz in der Nähe sind, und er möchte ihnen so gern sein Reich zeigen, ihnen von den Wüsten, den Wäldern und den Geheimnissen des schlafenden Wassers erzählen. Vor dem Einschlafen hat er gestern lange an sie gedacht.)

«Ach», erwidert ihm Arthur, «ich glaube nicht, daß die gern spielen. Die Ältere ist ja schon dreizehn.»

«Das macht doch nichts. Frag sie mal.»

Arthur ruft den beiden Matou-Kindern zu: «Wollt ihr mit uns spielen?»

Sie sagen nichts, geben ihm nur durch ein Zeichen zu verstehen, daß sie es nicht wollen.

«Habe ich das nicht gleich gesagt, Marcel? Und du weißt doch, daß wir nicht mit Arbeiterkindern spielen.»

«Warum nicht? Wollt ihr nicht, oder wollen sie nicht?»

«Ach, die zwei», sagt Arthur und betrachtet die Spitzen seiner Schuhe. «Papa sagt, es wäre besser so.»

«Warte. Ich will sie mal fragen. Wollt ihr mit mir spielen?»

Wieder verneinen sie durch ein Zeichen.

«Dann eben nicht», sagt Marcel barsch. «Was meinst du, Arthur, sollen wir Françoise den Krieg erklären? Ich möchte gern einen Hafen auf ihrer Insel haben.»

12

Was man vergessen sollte

«Aus lauter Scheu wollen sie nicht», denkt Marcel. Das möchte er gern glauben. Er wiederholt sich: «Aus lauter Scheu.»

Am nächsten Morgen war er davon überzeugt. Er war entschlossen, einen dritten Versuch zu machen.

«Sie wagen es nicht...» Und doch sitzen sie wieder ganz in der Nähe, hinter dem Erbsenbeet, und genieren sich nicht. Man hört sie sprechen, aber wie man die Tauben auf dem Dach sprechen hört, ohne ihre Worte zu begreifen. Und jetzt rufen

sie ihren Hund. Mit Hilfe ihres Hundes, einer
schönen Bracke, will Marcel sie gewinnen. Er
nähert sich und ruft den Hund, wie er sonst Sourik
ruft: «Komm mal her!»

Aber der Hund kommt nicht. Er bleibt stehen,
spitzt die Ohren und wartet auf Marcel.

«Laß ihn. Er kennt dich nicht», sagt die größere
der kleinen Matous. Und die Jüngere ruft: «Finaud,
hierher!»

«Komm sofort her, Finaud!» wiederholt Marcel
und nähert sich mit ausgestreckter Hand.

Finaud wedelt mit dem Schwanz, hebt sein
Maul unter der ausgestreckten Hand, springt dann
plötzlich vor und schnappt nach Marcels Arm.

«Finaud, hierher, Finaud!» ruft die kleine Matou.

Der Hund läßt Marcel los.

Marcel ist mutig gewesen. Es ist ihm gelungen,
seine Angst zu verbergen, und er tritt, alles in
allem, einen ehrenvollen Rückzug an. Mit einer
drohenden Geste nach dem Hund hin entfernt er
sich. Aber hinter sich hört er: «Wir haben ihn
gewarnt. Das hast du brav gemacht.»

Schnell nach Hause, denn schon werden die
Wangen blaß und das Kinn bebt. Endlich erreicht
er sein Zimmer, schließt sich dort ein und läßt den
Tränen freien Lauf. Schicksal, sieh, was du angerichtet hast: ein Mann weint, entwaffnet steht er
vor dir und muß nun bis ans Ende seiner Tage
weinen. Der Biß Finauds schmerzt nicht so sehr.
Wenn er doch blutete, aber das tut er nicht. Nicht
einmal der Ärmel ist zerrissen. In drei Tagen hat er
einen blauen Flecken, und der ist dann in der

nächsten Woche wieder verschwunden. Auch die verletzte Eigenliebe leidet nicht so sehr. Aber daß man seine Freundschaft ablehnte und seine Zuneigung nicht wollte, das tut so weh. «Ach, ich kam und bot mein ganzes Herz an, und der Hund hat mich gebissen, und man hat gesagt, das hätte er brav gemacht.»

Marcel kennt jetzt die bösen Gedanken Matous. Es sind wirklich böse Gedanken: weder reiner Lebertran noch Magnesia in Orangenmarmelade oder Rizinusöl in schwarzem Kaffee sind so böse und gemein. «Herrschaftskind soll nicht mit Arbeiterkind spielen.» Das denkt Matou. Und sie haben nicht einmal gefragt: «Hat der Hund dir weh getan?» Wenn seine Bonne dagewesen wäre und gesehen hätte, wie Finaud sich auf ihn stürzte, sie wäre ohnmächtig geworden. Sein Vater hätte den Hund sofort totschlagen lassen. Und sie haben gesagt: «Das hast du brav gemacht.»

Etwas ruhiger geworden, sinnt Marcel auf Rache. Er schwört sich, sein ganzes Leben der Verfolgung der Arbeiter im allgemeinen und Matous im besonderen zu widmen. Sobald seine Augen etwas von ihrer Röte verloren haben, will er damit beginnen. Er wird sich bei seinem Vater beschweren, wird verlangen, daß Matou entlassen und Finaud totgeschlagen wird. Er weiß, daß er nichts dergleichen tut. Aber der Gedanke daran tut ihm so gut. Schon erlebt er die Zusammenkunft mit dem Vater, den Kummer Matous, die Hinrichtung Finauds und die Tränen der zwei wilden Königinnen. Nein! Von seiner Seite soll ihnen kein Leid geschehen. Sie sollen nur ahnen, daß er geweint

hat. Das soll seine Rache sein. Er hat noch nicht
genug geweint. Er fängt wieder an zu weinen.
Schade, daß sie es nicht sehen. Schade, daß Finaud
ihm nicht ein großes Stück Fleisch aus dem Arm
gebissen hat.

Jetzt trockne deine Augen: du weinst doch ohne
Grund. Suche lieber einen Namen für deinen
Schmerz und für das, was ihn verursachte: einen
Namen für das Gesetz, das lautet: «Herrschaftskind soll nicht mit Arbeiterkind spielen...» Marcel erinnert sich, nach einer langweiligen Erklä-
rung aus dem Munde des Vaters gehört zu haben:
«Das nennen die» (ein langes Wort, das auf *ist*
endete): «das eherne Gesetz.»

13

Jeanne d'Arc, Murat und «Der schwarze Prinz»

Der Regen kommt gleichzeitig mit der September-
sonne, und der Garten, Insel und Kontinente, ist in
einen großen, silbernen Käfig gesperrt, den der
Wind hin und her bewegt. Man kann nicht mehr
nach draußen. Arthur ist wütend. Aber Marcel, der
sicher größeren Kummer erlebte, bescheidet sich.
Am Fenster stehend, sieht er den Regen fallen. Die
Wege werden nun wirklich Meere und Ozeane.
«Der Sand freut sich», denkt Marcel. «Das Wasser
erinnert ihn an seinen Fluß!» Aber dennoch ist er
ärgerlich, sich nicht mal naß regnen lassen zu dürfen. Jetzt sollte man den Elementen trotzen und
die Natur auf ihre wettergebräunten und triefen-
den Wangen küssen, sich von ihrem Duft durchdringen lassen und in ihre lauen Flechten beißen.

Wie gern stände Marcel in diesem Augenblick auf dem Hügel im Park, der so fern und so schwer zu erreichen ist und auf dem seine Freunde, die Tannen, stehen. Diese Tannen mit der roten Rinde sind die Indianer unter den Bäumen. Die Art, wie sie sich abgesondert, die steilen Orte, an denen sie ihr Lager aufgeschlagen haben, verraten, daß sie Nomaden und geächtet sind. Und sie freuen sich sicher über das schlechte Wetter, das die Menschen in ihren Häusern festhält. Vielleicht beraten sie und rauchen die Friedenspfeife – Marcel hat den Rauch einmal gesehen – und lauschen den Worten der Ältesten des Stammes. Der Regen, den ihre feierliche Geste beiseite schiebt, dringt nicht in ihr Lager: sein schöner Fußboden, der aus roten Nadeln besteht, bleibt immer trocken und glatt. Hier und da spielt eine schöne, grüne, zarte Pflanze, die sie in ihren Schutz genommen haben – die Tochter eines Weißen, die sie in der Wüste fanden –, und verneigt sich anmutig zu ihren Füßen. Sie aber beraten und bereiten ihre Expedition im nächsten Winter vor und geben sich durch Zeichen zu verstehen, wie sie, unter Schneemänteln verborgen, den Hügel hinabsteigen, um auf dem Eis des Teiches die Polartiere zu jagen. Der Gedanke an den Winter füllt sie mit dunkler Freude, der sie dadurch Ausdruck verleihen, daß sie das Dunkel unter ihren Zweigen noch dunkler machen.

Es regnet immer noch. Marcel versucht sich vorzustellen, was geschähe, wenn es acht Tage lang regnete. Zweifellos würde das Becken überlaufen, und die Goldfische würden dann durch die Gartenwege spazierenschwimmen. Und dazu alle seltsamen Tiere des Beckens: die lebendige Olive, das Blatt; andere vielleicht, größere, Vögel, die Fische wurden, mit dichten, schwarzen, kalten Flügeln. Und was mag aus den Bleisoldaten, deren Barke im vergangenen Jahr kenterte, geworden sein? Ob der Abgrund sie wieder entfärbt und zerfressen herausgab?

Eine Idee. Eine Idee, die geboren wird und plötzlich wie Pallas in Waffen vor ihm steht. Die Soldaten. Die sechs Schachteln, die gelegentlich der letzten Reise nach Paris in der Höhle des Zauberers mit dem blauen Käppchen in der Rue de Dunkerque gekauft wurden. Marcel holt sie und leert sie auf den großen Tisch des Zimmers.

«Sie sind ja ganz flach», sagte Françoise enttäuscht.

Ja, sie sind ganz flach. Aber daran gewöhnt man sich schnell. Ihre Farben sind schön, ihre Uniformen genau: ein verwundeter Reiter fällt, die Knie hat er hochgezogen. Napoleon, die Hand im Westenausschnitt, beobachtet das Schlachtfeld. Schlachten des Hundertjährigen Kriegs und der Kaiserzeit. Das Gefühl für Zeit wird gesetzlich abgeschafft; und man beschließt, die Franzosen von Austerlitz gegen die Engländer von Azincourt aufmarschieren zu lassen.

Vor allem aber handelt es sich darum, die im Garten begonnenen Kriege fortzusetzen. Es wird also ein Krieg zwischen den drei Helden werden, und wenn es nicht mehr regnet, wird man sich die eroberten Gebiete aufteilen und die Weltkarte neu gestalten. Jeder wählt sein Heer und seine Führer. Arthur bekommt die Engländer, die «Der schwarze Prinz»[1] befehligt. Er hat das Visier heruntergeklappt und ist so schwarz, daß er blau aussieht. Françoise wählt Jeanne d'Arc, die ein weißes Streitroß reitet. Sie trägt eine silberne Rüstung, in der sie glänzt wie ein Fisch. Sie hat ihr Banner in der Hand. Barhaupt reitet sie los, und ihr Haar ist das blondeste in der ganzen Welt.

Marcel nimmt doch sicher Napoleon. «Nein, das ist zu alltäglich», sagte er. Und Napoleon (kein Glück!) wird auf das höchste Regal einer fernen Etagere verbannt.

«Ich nehme Murat», sagt Marcel und stellt den König von Neapel dem «schwarzen Prinzen» und Jeanne d'Arc vor.

Murat trägt rote Stiefel, eine weiße Hose, einen grünen, mit Pelz besetzten Mantel und einen Hut, den lange, blau-weiß-rote Federn beschatten.

Gleich nach der Vorstellung wird der Krieg erklärt. Alles wird eingesetzt: eine alte Festung, Baukästen, eine alte Puppenstube. An der Spitze eines englisch-russischen Heeres zieht «Der schwarze Prinz» gegen Jeanne d'Arc und ihre Ritter zu Felde. Bei einer ersten Begegnung wird sie zurückgeschlagen, aber galant kommt ihr Murat mit einem Heer, das aus Franzosen verschiedener Jahrhunderte besteht, zu Hilfe. Der Kampf dauert weiter, bringt den Verbündeten Erfolge und Rückschläge. Die Geschosse sind bald Sou-Stücke, bald Knallerbsen. Die Sou-Stücke gefährden Vasen und Fensterscheiben, und die Knallerbsen bedecken die

---

[1] Eduard (1330–1376). Sohn Eduards III. Bewährte sich im Krieg gegen Frankreich. Soll in schwarzer Rüstung gekämpft haben.

Möbel mit Staub und Sand und füllen das Zimmer mit Rauch. Aber das läßt sich nun einmal nicht vermeiden: das ist der Krieg mit all seinen Schrecknissen.

14

Der dreihundertjährige Krieg

Und Marcel gibt sich ganz dem Kriege hin. Siegen oder sterben. Das Leben hat uns die Befriedigung des Herzens versagt, für die wir geboren zu sein glaubten. Gut: dann sollen uns Ruhm und Macht Freuden bringen, die zwar weniger rein, dafür aber um so stärker sind. Und die Sou-Stücke mähen die Reihen der Infanterie nieder, und die Knallerbsen donnern.

Schon müssen neue Truppen aufgeboten werden. Die drei Reiche sind in Gefahr und verlangen Freiwillige. Man erbricht die Sparbüchsen, bittet Papa um zehn Francs und schreibt an den Zauberer in der Rue de Dunkerque. Der Krieg weitet sich aus: mehr als fünfzehnhundert Mann stehen im Feld. Die Kriegsflotten (die alten Schiffe aus vergangenen Jahren, die einen neuen grauen Anstrich erhielten) werden instand gesetzt, und eine Aufhellung des Wetters gestattet eine große Seeschlacht auf dem Becken.

Aber die zwei Verbündeten haben kein Glück. Einer von Françoises letzten Milchzähnen wackelt und tut weh. Zerstreut und verdrießlich irrt sie umher, und ein Faden hängt ihr aus dem Mund. Zwischen zwei Schlachten nähert sie sich ihrem Verbündeten oder Arthur, reicht ihm das Fadenende und sagt: «Zieh mal! Aber nicht zu fest.»

Dabei aber läßt sie den Faden nicht los, und so wird alles nur eine Formalität ohne nennenswertes Ergebnis, obwohl sie schreit, als hätte man ihr einen Teil des Kiefers weggerissen. Mit ihrem Zahn beschäftigt, verteidigt sie sich schlecht: ihre Soldaten werden gefangengenommen, ihre Schiffe versenkt oder von Arthurs Bomben in Brand geschossen. Schließlich erklärt ihr Marcel, der vom Zauberer Verstärkung erhalten hat, den Krieg und zwingt sie, sich wieder mit Arthur zu verbünden.

Einer gegen zwei. Gut. Schadet nichts. Wir haben ja die Rue de Dunkerque hinter uns. Marcel überläßt seinen Feinden alle bisher angekommenen Soldaten, bis auf die Franzosen, von denen er eine ganze Armee erwartet. Er unterzeichnet einen schmachvollen Frieden, aber er weiß, daß dieser Friede nur vorläufig ist; und auf ein kleines Gebiet am Rande des Urwaldes beschränkt, rüstet er sich für neue Kämpfe.

«Seltsam», sagt er, «die Königinnen, die Füchse, sieht man nicht mehr.»

«Und daß man sie nie wiedersieht, dafür ist gesorgt», erwidert Arthur nachdrücklich. So nachdrücklich, daß Marcel schweigt. Er schaut nach dem Westen und nach dem Bahnhof, wo morgen die Kiste des Zauberers ankommt.

15

Frankreich in höchster Not

Wieder wird der Krieg erklärt. Marcels Gesandter, der kleine Hund Sourik, hat Gipsy und la Toune, den Gesandtinnen Françoises und Arthurs, die

Kriegserklärung überbracht. Das hat sich nach den Regeln der Diplomatie abgespielt. Sourik wurde vor die zwei Gesandtinnen geführt. Mit erhobener Pfote, wie ein Wappenlöwe, hat er erst Gipsy, dann la Toune geohrfeigt. Die drei Tiere haben sich angesehen: «Was haben die sich denn schon wieder ausgedacht?»

Sourik hat sich wegen seiner Roheit entschuldigt.

«Sie haben mich dazu gezwungen.»

Und auf dem großen Tisch hat sich Marcels Heer dem seiner Feinde gegenüber aufgestellt. Der Augenblick ist kritisch: von allen Seiten ist man in Frankreich eingefallen, die chinesische Flotte bedroht die Küsten der Vendée, und ein norwegisches Heer, das im Begriff ist, in Neukaledonien zu landen, steht überall zum Kampf bereit.

Und schon naht das erste Unglück. Alle Kolonien werden gleichzeitig angegriffen. Auch die Wilden erklären Frankreich den Krieg. Auf allen Tischen, auf den Kaminen, überall, wo zwei Soldaten stehen, wird gekämpft. Und die Flotten fahren gegeneinander und schießen sich gegenseitig auf dem trüben Wasser des Wasserbehälters in Brand.

Zwischen Frühstück und Mittagessen verliert Marcel drei Schlachten, eine Seeschlacht vor dem Nachmittagskaffee und zwei Städte im Lauf des Abends. Arthur weiß nicht mehr, wohin mit den Gefangenen.

«Wenn Françoise keine Zahnschmerzen hätte, machte ich dich fertig», sagt er zu Marcel.

Und wieder beginnt Marcel eine neue große Schlacht.

«Au», schreit Françoise während der Schlacht.
«Endlich. Ich habe zu fest gezogen, und nun ist er
da.»

«Wer?»

«Mein Zahn.» Und sie zeigt den ausgezogenen
Zahn am Ende des Fadens. Und da es ein wenig
blutet, öffnet sie den Mund, schließt die Augen und
stößt eine laute Klage aus.

16

Das siegreiche Frankreich

Arthur nimmt den Zahn seiner Schwester und
wirft ihn mitten in das französische Heer und
brüllt: «Krieg bis in den Tod.» Aber Marcel zieht
die Trikolore ein, hißt die weiße Fahne und schickt
einen Parlamentär, der Arthurs Generalstab verkündet, daß er sich bedingungslos ergibt. Und
dann unterzeichnet er einen Vertrag, nach dem
Frankreich nur siebzehn Departements und die
Insel Noirmoutiers verbleiben.

Er überlegt, sammelt sich, beordert seine Generale zu sich, um mit ihnen seine Rachepläne zu
besprechen.

Denn jetzt umgibt ihn ein ganzes Volk, und an
der Spitze dieses Volkes stehen die Generale und
ihr großer Führer. Die ersten Führer sind längst
verschwunden. Jeanne d'Arc wurde gefangengenommen und von den Schweizern in Lausanne
verbrannt. «Der schwarze Prinz» ist mit seinem
torpedierten Flaggschiff untergegangen. Und das
alles ist schon so lange her, daß man nicht mehr
genau weiß, wie Murat ums Leben kam.

Die neuen Zeiten haben neue Männer hervorge-
bracht. Bei Arthur ist ein großer Führer mit Namen Arthur I., dann dessen Sohn Arthur II. auf den
«schwarzen Prinzen» gefolgt. Ebenso hat Françoise einen Franz I., II., III. gehabt. Bei Marcel
haben große Familien nacheinander die Macht in
Händen gehalten: harte Geschlechter, streng gegen
sich selbst, voll (man sagt verzehrt) von Ehrgeiz
und zum Befehlen geboren. Marcel sieht sie von
weit her (aus ihren Schachteln) kommen; er folgt
ihrer Laufbahn, oder besser: er leitet sie, schenkt
oder versagt ihnen seine Sympathie. Alle beginnen
mit Forschungsreisen. Mit ihnen entdeckt Marcel
wieder den Park. Sie ziehen an dem Furchtbaren
Baum vorbei. Langsam erreicht man die großen
Prärien, das Weidengehölz, die dicke Eiche, den
kleinen Teich und seine drei Inseln und die geheimnisvolle Gegend, die das heisere Selbstgespräch der
Wasser in dem roten Becken des Springbrunnens
füllt. Ein junger Leutnant, Armèze mit Namen,
fährt im Segelschiff über den großen Teich, und ein
Oberstleutnant, mit Namen d'Auzambert, erreicht
die Höhe, auf der die Tannen stehen.

Aber wie viele waren zuvor gescheitert! Wie
viele sind in den zwei Teichen ertrunken, wie viele
sind in den Stromschnellen des Kressebeetes umgekommen! Und die, die mit dem Leben davonge-
kommen, waren der Ehre teilhaftig, sich Arthurs
Gewehrfeuer stellen zu dürfen. Arthur zielt gut
und schlägt gewaltig zu. Ein Sou, der in einen
Generalstab fliegt, verstümmelt mehr als einen
Körper und reißt mehr als den Kopf ab. Eine
Umgruppierung wird vorgenommen, und Marcel

widersteht der Versuchung, die, die er nicht liebt, der Gefahr auszusetzen, und die, denen er zugetan ist, zu schützen. Das Los soll entscheiden. Und die, die er liebt, werden nicht geschont. Armèze, der alle Grade durchläuft, erreicht schließlich die höchste Macht. Aber er ist alt, verbraucht, hat nur noch ein Bein, und die eine Hälfte seines Körpers ist vom Feuer der Brandbomben schuppig geworden. Arthur wird bald mit ihm fertig sein. Aber ein junger d'Auzambert bedeckt sich unten im Weidengehölz mit Ruhm.

Nach der Niederlage also versammelt Marcel seine Generale und fragt sie, was geschehen soll. Sie antworten, Armèzes Altersschwäche sei an allem schuld und ein junger Führer vonnöten. Mühsam erhebt sich Armèze: «Gut, meine Herren», sagt er, «ich lege meine Macht nieder...»

«Aber nach marcellischem Gesetz kann der Führer nicht abdanken. Um ersetzt zu werden, muß er sterben.»

«Dann werde ich sterben», erwiderte der hochherzige Armèze. «In einer Viertelstunde lebe ich nicht mehr. Aber als Lohn für das Opfer, das ich dem Vaterland bringe, vergönnt mir, selbst meinen Nachfolger, den großen Führer, zu ernennen, der den Sieg wieder an unsere Fahnen heftet.»

Einstimmig antworteten die Generale: «Das sei dir gewährt.»

«So ernenne ich denn, meine Herren Generale, den Unterleutnant d'Auzambert zum Oberbefehlshaber der französischen Truppen ... und damit nehme ich Abschied von Ihnen.» Und der

140

heldenmütige Armèze stürzt sich in die Flamme
einer Kerze, die ihn schnell in eine kleine Träne aus
Blei verwandelt.

D'Auzambert übernimmt nun das Kommando.
Wieder wird der Krieg erklärt. Marcel zielt jetzt
besser, stellt seine Truppen geschickter auf und
macht alles so gut, daß Frankreich, von Sieg zu
Sieg eilend, all seine Departements wiederge-
winnt, während am andern Ende der Welt ein
junger Leutnant Armèze von den tonkinesischen
Schützen die Chinesen Arthurs aufs Haupt schlägt.
Ein neues französisches Departement wird geschaffen. Hauptstadt: Peking. Unterpräfekturen:
Futschou, Kanton ...

17

Weshalb die wilden Königinnen verschwanden

Bei Tisch. Marcel. Papa. Mama. Graphitstift. Graphitstift ist ein Großindustrieller, ein Freund und
Kunde Papas. Marcel nennt ihn so, weil er wie das
Innere eines Bleistifts aussieht. Um diese Ähnlichkeit erwachsenen Personen klarzumachen, sei gesagt, daß dieser Herr immer graue Anzüge, graue
Krawatten, graue Hüte (vielleicht ist er in Halb-
trauer) trägt, und daß seine Augen grau sind und
grau auch sein Haar, dunkelgrau und glänzend wie
Graphit. Aber noch etwas anderes spielt hierbei
eine Rolle: in der Kindersprache bedeutet Graphitstift etwas wie Fatzke.

Papa erzählt: «Vor vierzehn Tagen hat einer
unserer Arbeiter unter ziemlich seltsamen Umständen gekündigt. Er arbeitete noch nicht lange

bei uns. Der Mann hieß Jean Matou. Sie wissen, daß das Betreten meiner Fabrik jedem gestattet ist, und im Sommer haben wir besonders viel Besuch. Eine Dame, ‹eine Russin oder Amerikanerin›, sagte mir der Verwalter, bittet vor etwa vierzehn Tagen um die Erlaubnis, die Fabrik besichtigen zu dürfen. Als Begleitung gibt man ihr einen Werkmeister. Sie war sehr gesprächig und kannte vielleicht nicht die Nuancen unserer Sprache. Wenn sie an einer Arbeitsbank stehen blieben, fragte sie jedesmal den Werkmeister: ‹Und was macht der hier? Was macht der da?›

Matou knurrte in seiner Ecke, und als sie schließlich an seiner Bank stehen, betrachtet er die Frau von oben bis unten mit bösen Blicken, streckt das spitze, vorspringende Kinn und sagt, ohne sie zu Worte kommen zu lassen: ‹Die da erfährt nicht, was der hier macht.›

‹Warum nicht?› fragte die Fremde.

‹Weil der hier der da nicht zeigen will, was der hier tut.›

Die Fremde verstand ihn nicht. Und Matou redet weiter: ‹Der hier will der da nicht zeigen ...›

‹Fabrikationsgeheimnisse?› sagt die Fremde und geht weiter. Ihr war es ganz gleichgültig, ob man sie ‹die da› nannte, und Matou hatte das Nachsehen. Die anderen Arbeiter lachten ihn aus. Wütend verläßt Matou die Fabrik, geht zu dem Verwalter, wirft seine Schürze auf den Schreibtisch und sagt, er bleibe keine Stunde länger in dieser Bude, in der man den Beleidigungen durch das Bürgerpack ausgesetzt sei, und wenn die andern sich das gefallen ließen, er tue das nicht.

142

Der Verwalter bittet ihn, nicht so zu schreien.
Der andere antwortet, gibt ihm einen Überblick
über die kommunistischen Lehren, behandelt ihn
als ‹Leuteschinder›, und der Werkmeister kommt
gerade noch rechtzeitig, um zu verhindern, daß sie
handgemein werden. Noch am selben Abend erschien Matou an der Kasse, und am nächsten Tag
zog er aus. Er bewohnte mit seiner Familie eins der
kleinen Häuser im Park. Er ist in seine Heimat, das
heißt in das Kohlengebiet unseres Departments,
zurückgekehrt.»

«Wie dumm», sagte Mama, «wegen einer solchen Kinderei seine Stellung aufzugeben.»

«Ach», antwortete Papa, «Matou findet schnell
eine andere.»

«Das verdanken wir der Politik», sagt Graphitstift. «Will der Mann etwa mit Durchlaucht oder
Majestät angeredet werden. Die Politik...»

«Meiner Meinung nach», sagt Papa, «dürfte die
Schuld anderswo liegen. Die wahre Ursache dieses
Auftritts und der Kündigung Matous war weibliche Eifersucht. Ihre Frauen hatten sie gegeneinander aufgeputscht. Den Verwalter und Matou:
Frau Matou, ‹machte sich zu fein›; und die Matou-
Kinder – ich habe die zwei Mädchen und ihren
Hund selbst gesehen ... waren besser angezogen
als die Kinder des Verwalters. Und da mußte einer
eben weichen. Schade, daß ich Matou verloren
habe. Aber ich konnte ihm den Verwalter nicht
opfern.»

Die Geburt eines Reiches

Der Krieg flammt wieder auf. Durch seine Erfolge ermutigt, greift Marcel Arthur an. Das Hauptbemühen seiner Waffen und seiner Diplomatie geht darauf hinaus, das Bündnis zwischen Françoise und Arthur zu sprengen.

Françoise hätte gern die zwei baskischen Puppen, die man von der letzten Reise nach Biarritz mitgebracht hat und die sich seit vier Monaten auf einer Etagere im kleinen Salon anschauen.

«Wenn du neutral bleibst», sagt Marcel zu ihr, «gebe ich dir die Frau. Kommst du aber auf meine Seite, kriegst du sie beide.»

Françoise zögert, ist dann aber doch bereit, den Handel anzunehmen. Es soll eine fürstliche Hochzeit werden. Die Diplomaten nehmen die Sache an die Hand (Sourik und die beiden Zwergspaniels scheinen nicht gerade erfreut). Die Hochzeit wird mit großem Pomp gefeiert. Eine reine Vernunftehe: Françoise heiratet Marcel, den sie nicht liebt und der sie nicht liebt, sondern kauft, während sie ihm Schweden, Deutschland, Österreich und ein paar andere Länder mit in die Ehe bringt.

Marcel hat den Gipfel seiner Macht erreicht, aber froh ist er nicht: lieber hätte er eine der beiden wilden Königinnen geheiratet und hätte sie als Mitgift auch nur ihre blauen Augen und ihr rotes Haar gehabt. Und wüßte er nicht genau, daß er sie niemals wiedersah, er würde die Ehe nicht eingehen.

Aber jetzt donnern die Kanonen und ersticken

die Stimme des Bedauerns. Eine französisch-deutsche Armee hat Moskau und Konstantinopel erobert und marschiert durch die sibirischen Ebenen auf Peking. Und Männer wie Armèze und d'Auzambert jagen alle Heere und Flotten siegreich vor sich her. Langsam verliert Arthur alle seine Soldaten, und seine großen Führer geraten, einer nach dem andern, in Gefangenschaft. Schon hat ein Arthur XXIII. bei ihm das Kommando. Aber sein Feuer ist nach wie vor verheerend in seiner Wirkung. Eine der Scheiben in der Bibliothek trägt seine Spuren, und ein d'Auzambert wurde inmitten seines Stabes und seiner Ehrenwache in Stücke gerissen.

Arthur hat nur noch zweihundert Soldaten... Arthur hat nur noch hundert Soldaten... Arthur hat nur noch zwanzig Soldaten. Und eines Spätnachmittags, gegen Ende September, hat Arthur keinen einzigen Kämpfer mehr: nur noch seinen letzten großen Führer und eine Eskorte von sechs belgischen Lanzenreitern.

Die kleine Gruppe reitet über das Schlachtfeld, und Arthur XXXI. fällt vor Armèze V. auf die Knie. Und der schenkt ihm das Leben und stiftet für ihn sogar ein Phantasie-Reich, dessen Ehrenkönig er sein soll.

Ein großes Siegesfest wird gefeiert (die kleinen Hunde, die fürchten, daran teilnehmen zu müssen, verschwinden unter den Möbeln). Alle Musikkapellen ziehen auf, von der japanischen in roten Hosen mit weißen Streifen bis zu der der Wilden, die ganz nackt sind. Der allgemeine Friede wird verkündet, und Armèze wird als Armèze I. als

Kaiser von Ganz-Garten proklamiert. Die Wache zieht vor dem Palast (der Puppenstube) auf, auf dem man die internationale Fahne hißt. Sie ist ganz blau; und dann wird, auf dem Rücken der Schildkröte Rosalie stehend, der Kaiser der Betrachtung seiner Völker dargeboten ... Und Marcel fühlt das Bedürfnis, dem ganzen Garten seinen Triumph zu erzählen. Er geht hinaus in die goldene Lauigkeit. Aber wie seltsam heute abend alles ist. Auch da oben scheint man gespielt und den Himmel in Unordnung gelassen zu haben. Und der Himmel ist ganz nahe und fast mit der Erde vermischt. Der Himmel ist voll von aufeinander getürmten Bergen. Ein Vorgebirge, das wie der Bug eines großen Panzerschiffs aussieht, stößt in einen goldenen Ozean. Hohe Klippen werden von unzähligen Kanonen durchbohrt, an deren Ende ein malvenfarbenes Meer leuchtet. Und andere Berge gleichen gewissen Wasserpflanzen, lang, flach, spitz, und andere sind durchlöchert, und hinter ihnen fechten unbekannte Sonnen ihre Turniere. Und andere bewachen die fernsten Horizonte. Sie sind ganz schwarz und mit Entsetzen gekrönt und erinnern an die Worte: die Tafeln des Gesetzes. Auch die Luft, die Marcel umgibt, ist voll seltsamer Dinge: geometrische Figuren aus Lichtfetzen und Sonnenstrahlen. Das Haus, die Freitreppe und Marcel auf der Freitreppe sind mitten im Himmel, und in der Tiefe eines Abgrunds hebt Valentin, der daliegt, als schlafe er, zweimal zu Ehren seines kleinen Herrn seinen schönen weißen Helmbusch.

Und Marcel, der in den Garten gegangen ist, merkt, daß er inmitten der Dinge des Himmels

einherschreitet. Ein Strahl besucht die dreieckige
Insel, von der aus sich einst die Zivilisation über die
übrige Welt ausbreitete. Er überrascht drei Strahlen, die an den Zypressen lehnen, die das Becken
bewachen. Und ein Strahl liegt quer über dem
Weg, und Marcel wendet sich ab, um ihn nicht
zu stören. Andere wagen sich in die Dichte des
Urwalds. Und einer klettert sogar an der Mauer
empor.

Marcel betrachtet sein Reich, das er Stück für
Stück mit so unendlicher Mühe erworben hat. Ja,
mit den Ferien geht eine große Zeit zu Ende. Er
denkt an seine großen Führer, die sich nun Kaiser
nennen. Natürlich nimmt er sie mit ins Gymnasium. Irgendwo wird er schon einen Platz für sie
finden. Aber er fragt sich, ob diese zukünftigen
Kaiser ebenso heldenhaft sein werden wie ihre
Vorgänger, die nur große Führer waren. Ach! Das
unsterbliche Opfer Armèzes des Großen. Der als
erster auf dem Rande des Springbrunnens stand,
wo das Wasser in der Sprache des Volkes, das unter
der Erde lebt, singt ... der eine ganze Nacht mitten
im Teich, den Ungeheuern des Wassers ausgesetzt,
das Schwert in der Hand, auf dem Blatt einer
Wasserrose stehend, verbrachte.

Epilog

Der alte Landauer ächzt, leise und höflich, ohne
etwas von seiner Würde als «herrschaftliche Kut-
sche» zu verlieren. Es geht bergan. Die Pferde
gehen im Schritt. In dem geschlossenen Landauer
ist es heiß. Papa und Mama sitzen hinten im Wagen

und ihnen gegenüber Marcel und Françoise. (Man nimmt Françoise mit bis in die Stadt. Sie soll sich ein wenig zerstreuen und Marcel Gesellschaft leisten, während man die Koffer packt.)

«Schläfst du, Marcel?» sagt Mama.

Keine Antwort.

«He! Marcel! Schläfst du?» sagt Papa.

«Ja, ich schlafe!» ruft Marcel und öffnet die Augen. Er wollte sie erst in fünf Minuten öffnen und dann sehen, wo man war und ob er richtig geraten hatte. Er schließt die Augen wieder und zählt fünfmal bis sechzig. Werden sich die Eltern sein ganzes Leben lang immer wieder in das mischen, was ihn und nicht sie angeht? Im Gymnasium hat er wenigstens seine Ruhe. Er ist froh, daß er das Haus verläßt. Vom Gymnasium erwartet er viel.

Wo ist man? Zweifellos fährt man durch das kleine Dorf, das der Straße zu folgen versucht und dann schnell darauf verzichtet. Das Lärmen der Schmiede segnet uns im Vorbeifahren. Wir lassen das Rattern eines Lastwagens hinter uns. Wir fahren unter einem frischen Gewölbe aus Zweigen her, die uns streifen und einen Augenblick lang die Peitschenschnur des Kutschers festhalten. Und das rote Licht unter den geschlossenen Lidern sagt Marcel, daß man wieder in der Ebene, in der hellen Sonne ist.

Er denkt an die vergangenen Ferien. Er denkt an ihr Ende. Arthur, der zurückblieb, hat zu ihm gesagt: «Dann auf Wiedersehn, Herr Marcel.»

«Warum duzest du mich nicht?»

«Sie gehen nun wieder ins Gymnasium nach

Paris und werden ein Herr. Und so werde ich Sie nun nennen. Papa sagt, das wäre so richtiger.»

Marcel hat nichts erwidert. Aber er hat an das eherne Gesetz gedacht. Wieder einmal abgelehnt. Früher hätte er in dieser Ehrerbietung eine Huldigung gesehen, die man seinen Verdiensten schuldete. Aber jetzt weiß er Bescheid. «Herrschaftskind!» Alles sieht er auf einmal anders. Nie hat es echte Gleichheit zwischen ihm und den beiden Kindern des Verwalters gegeben. Sie spielen nicht mit ihm. Sie vertreiben ihm die Zeit, und das ist etwas ganz anderes. Und wenn sie das tun, wer weiß, ob er sie nicht langweilt? Er erinnert sich, daß Françoise so tat, als hätte sie Angst, wenn man an dem Furchtbaren Baum vorbeiging. Und Arthur hat zum Schluß absichtlich alle Schlachten verloren. Er war's schließlich leid. Und wenn das «Herrschaftskind» nicht mehr da ist, spielen Arthur und Françoise sicher ganz andere Spiele. Vielleicht machen sie sich sogar über ihn lustig, weil er vor gewissen Bäumen Angst hat und sich so seltsame Spiele ausdenkt. Wird er wirklich ein Herr, wie Papas Freunde, wie dieser Herr Graphitstift? Alle Herren gleichen einander, und Marcel braucht sie nur zu sehen, und schon packt ihn die Langeweile. Er fragt sich, ob man ihn nicht betrügt, ob man nicht, ohne daß er es weiß, einen Herrn aus ihm macht. Vielleicht ist das ganz lustig: man hat eine Blume im Knopfloch, man raucht dicke Zigarren mit Binde und sagt: «Das verdanken wir der Politik.» Aber weshalb muß man die guten Menschen verlassen, die man kennt und liebt? Blaisot, den Sohn des Gärtners, den Freund der Winterabende (er ist jetzt bei den Soldaten). Und Jean, den Kutscher, der so schöne Käfige bauen kann. Und Marie Barbarin, die Tochter ihres ältesten Arbeiters? Nein, die gleichen sich nicht. Marcel kennt sie ganz genau. Er braucht sie nur von hinten zu sehen, aus der Ferne zu sehen, und er weiß, woran sie denken.

Man überquert die Schienen der Lokalbahn (noch ein Freund). Bald ist man in der kleinen Stadt, wo man hält, um zu frühstücken und die Pferde ausruhen zu lassen. Ja, wenn man sich vorstellt, der Inhaber des Hôtel de France wäre ein Indianerhäuptling und wir Forschungsreisende...

Man steigt wieder in den Wagen; verläßt die kleine Stadt, die murrt und sich in der Sonne langweilt. Marcel schließt wieder die Augen, um nach langer Zeit zu sagen: jetzt sind wir da und da. Dann öffnet er sie und sieht nach, ob er richtig geraten hat. Er hat falsch geraten, es ist erst das «Schlafende Haus». Aber als er die Augen öffnet, sieht er, daß die von Mama, Papa und Françoise geschlossen sind. Jetzt kann er seine Augen offenhalten.

Ein weiter Sonnenuntergangshimmel voll langer Wolken lädt ihn ein, zwischen seinen Kontinenten und Inseln zu reisen. Der liebe Gott selbst nimmt ihn in Empfang und öffnet ihm weit seinen großen Sonntag. Und ohne Scheu setzt sich Marcel auf den Schoß des lieben Gottes und betrachtet mit ihm die Bilder, die er an den Himmel malt.

«Lieber Gott, dein Himmel ist sehr schön, und deine Erde ist auch nicht übel.»

Aber der Schmerz bleibt tief in ihm lebendig,

und er spricht von ihm: «Man hat mich verstoßen, lieber Gott. Der Hund hat mich gebissen, und man hat gesagt, das habe er brav gemacht. Und vorhin hat Arthur ‹Herr› zu mir gesagt. Aber einerlei: nie mehr werde ich einen Menschen lieben.»

Und der liebe Gott antwortet durch seine Bilder, seine rosa Wolken mit den goldenen Fransen und seine großen silbernen Ebenen.

«Liebe trotzdem. Und vergiß nicht, daß aus diesem ‹trotzdem lieben› die Liebe gemacht ist. Auch ich … aber das wirst du später lernen… Wenn man dich wieder verstößt, wenn man dich überall verjagt, dann komm zu mir, der ich niemanden verwerfe.»

Und während er das sagt, birst eine weite, graue Heide, und geräuschlos stürzt ein fahlgoldener Katarakt in die Tiefe.

Marcel betrachtet und versteht. Aber in dem fernsten Zimmer der Paläste seiner Gedanken wendet sich der schöne, blinde Dämon Verzweiflung wortlos ab.

151

JEAN GRENIER

Die Osterinsel

Der Metzger sagte im Zorn: «Ich möchte diese Säue sehen, wenn sie sich zwischen zwei und drei Uhr nachts in ihrem eigenen Dreck wälzen und sich die Hände auf den Ranzen pressen und wimmern: ‹O meine Leber, o meine Milz, o mein Magen, o mein Bauch!› Ja, mein Herr, dann pfeifen sie aus dem letzten Loch, und tagsüber spielen sie den starken Mann... Aber wenn man sie dann kieloben sieht! Sie wissen doch, wie die Fische, die man mit Dynamit gefischt hat und die dann massenweise an die Oberfläche kommen; – und selbst die Muskelprotze verrecken. – Ja, das würde ich gerne sehen!»

Ich antwortete nicht, weil ich wußte, daß der Metzger sich verfolgt glaubte.

Er aber begann von neuem: «Glauben Sie, daß auch ich... Glauben Sie wirklich, daß mein Zustand ernst ist?»

Eines Nachts gingen wir an einem Fluß entlang spazieren, die Sterne blinkten freundlich auf uns herab. Ich wagte nicht, dem Metzger in die Augen zu sehen. Plötzlich ergriff mich der Gedanke: «Wenn ich es nicht wagte, diesem Menschen in die Augen zu sehen, der schon vom Tode und Wahnsinn gezeichnet war, so deswegen, weil ich für seinen Tod und seinen Wahn verantwortlich war.» Dennoch störte es mich nicht einmal.

Jahre danach höre ich noch seinen Akzent, sehe

152

sein Gesicht wieder, das durch eine Leberkrankheit gelb ist, und sehe immer noch seine teilnahmslosen Augen, die dem Verlust eines Bleistiftes oder eines Hosenknopfes gleichgültig zusahen – Dinge, die ein Gesunder so ernst nimmt. In der Nacht, wenn ich zur besagten Stunde aufwache, glaube ich, einen Schauspieler aus dem Theater zu hören, der unablässig wiederholt: «Tränen fließen, Tränen...» – um ein ganzes Stück zusammenzufassen.

Dagegen lehnte ich mich damals auf; ich wollte das nicht wahrhaben und es mir nicht eingestehen. Auch heute noch will ich mich damit nicht abfinden, und ich will auch nicht mitschuldig sein. Ich möchte denen in die Augen sehen können, die sterben werden, da ich auch sterben muß. Nur sterben wir nicht alle zur gleichen Zeit, und es findet sich immer jemand, der aus unserem Tod einen Nutzen zieht.

«Im Schlachthaus», sagte er, «schneiden sie den Schafen zu Dutzenden die Kehle durch – und mich, mich lassen sie allein sterben.»

«Ich weiß sehr gut», sagte er, «woher meine Krankheit rührt. Ich blieb allzuoft und allzulange mit meinen Kumpeln abends im Café sitzen. ‹Das hat Ihrer Leber geschadet›, heißt es; – das ist alles, was man mir sagt. Dazu wäre es nicht gekommen, wenn ich immer mit den anderen ausgegangen wäre, weil man dann mehr miteinander spricht als man trinkt. Aber so ist es eben: es machte Spaß, morgens allein hinzugehen. Ich ging ins Café zu den Stunden, wenn niemand da war, und nahm einen Aperitif an der Theke. Ich kann Ihnen gar nicht beschreiben, welchen Spaß mir das machte.

153

Vielleicht war es vielmehr ein Gefühl, daß ich frei war und daß ich nicht so eine Maschine war wie die anderen. – Machen Sie keine schönen Worte. Sie gehen sicher nicht ins Kino, um einen Dokumentarfilm über den Nordpol zu sehen.

Es gibt noch was anderes, was mir schlecht bekommen ist, und das ist vielleicht noch weit schlimmer. Ich bin plötzlich viel zu empfindlich für das geworden, was die anderen über mich dachten.

Ja, ich bin schüchtern geworden; ich, der sich in der Jugend einen Dreck um die anderen geschert hat. Ich fuhr fort, meinen Dickkopf durchzusetzen, aber im Grunde hatte ich Angst, wenn die anderen Anstalten machten, mich zu rügen. Es hätte mir gefallen, wenn man mir Widerstand geleistet hätte; ich hätte dann alles zerschlagen können, und das hätte mir obendrein noch gutgetan. Aber man gab sich den Anschein zu reden, genau wie ich – um sich dann hinter meinem Rücken lustig über mich zu machen... Warum habe ich mich so verändert? Ich weiß es nicht. Vielleicht bin ich immer so gewesen. Sie werden über mich lachen, Sie, der Sie vorgeben, so zu leben, wie es Ihnen gefällt, sich einen Anarchisten nennen und es angeblich vorziehen, allein zu leben. Aber Sie sind jung. Sie sehen das wohl nicht ein, Sie behaupten das, eben weil Ihre schwache Seite angesprochen ist. Mir machen Sie in meinem Alter nichts mehr vor. Sie wären unfähig, zehn Jahre in den Kolonien zu leben; was sage ich, Sie könnten nicht einmal drei Monate allein leben. Sie beten die Gesellschaft an, Sie suchen viel zu gern Anschluß und amüsieren sich gern. Aber weil Sie sensibel sind, haben Sie Angst, daß die anderen Sie verletzen könnten, und so ziehen Sie sich lieber auf sich selbst zurück. Ich war wie Sie, und aus dem Grunde sterbe ich. Ich glaubte, für mich zu leben, und was tat ich – ich lebte für die anderen.

Glauben Sie wirklich, daß das eine Schande für mich ist?»

«Was für eine komische Idee», gab ich ihm zur Antwort. Aber da war wohl nichts mehr zu machen. Gutgläubig meinte er, er sei um seine Ehre gebracht worden, weil er sich vor zehn Jahren mit einer Versteigerungsaffäre irgendwie ins Gerede gebracht habe. Diese Affäre hatte ihn damals nicht sonderlich berührt; er hatte die Angriffe seiner Mitbewerber mit einem Achselzucken quittiert. Allerdings zerbrach er sich jetzt, zehn Jahre danach, den Kopf über eine Angelegenheit, die die anderen längst vergessen hatten. Ich verlor fast die Geduld, als er hundertmal auf den alten Kram zurückkam. «Er faselt albernes Zeug», dachte ich. Ich war viel zu jung, um zu begreifen, daß in Momenten extremer physischer Schwäche der Mensch so verletzbar ist, daß eine einfache unglückliche Erinnerung ihn in den Selbstmord treiben kann. Aber woher sollte ich das gewußt haben?

Wenn ich an seiner Tür klingelte – und ich ging ihn oft besuchen (geschah das aus Sympathie? Ja, ich glaube schon – es war aber auch etwas vom Müßiggang und Geschmack am Unglück dabei) –, öffnete stets seine Frau. Seine Frau war nett. Sie war die Schwester einer der Angestellten in der Metzgerei, wo ihr Mann als Gehilfe angefangen hatte; mehr gibt es im Grunde nicht zu berichten. Gewiß waren beide nicht füreinander bestimmt. Aber wer ist schon füreinander bestimmt? Die Metzgerin sprach von ihrem Mann wie von einem Freund, und dieses Gefühl bei einer Ehefrau zu entdecken, schien mir damals seltsam. Sie hatten einen Sohn gehabt, von dem sie aber niemals sprachen. Einmal machte der Metzger eine einzige Anspielung. Er sprach von einem Neffen, der in Kürze heiraten sollte. «Er wird Frau und Kinder haben», sagte er mir und fügte hinzu: «Und in dreißig Jahren wird alles so sein, als hätte er niemals Frau und Kinder gehabt.» Der Metzger ging mit seiner Frau sehr zärtlich um...

An einem nebeligen Abend bemerkte ich ihn in der Tiefe seines Gartens, ohne daß er mich hätte kommen hören. Er trug einen Mantel und hatte es sich in einem Korbsessel bequem gemacht. Die Nacht senkte sich nieder. Sein Gesicht mit den müden Zügen fixierte einen Punkt, den ich nicht sehen konnte. In einem Fenster im Erdgeschoß stand eine Lampe, die matt leuchtete. Ich blieb einen Augenblick ruhig stehen, dann zog ich mich unbemerkt wieder zurück.

Wir gingen spazieren. Der Metzger, der sein Leben lang wohl kaum auf irgendeine Landschaft geachtet hatte, blieb jetzt lange vor irgend etwas stehen, gleichgültig was es war. Er suchte von den Dingen jene Hilfe zu bekommen, die Menschen ihm verwehrt hatten. Manchmal spürte ich, wie unter den Blicken dieses ungebildeten Menschen die Erde auflebte. Am Morgen war die Erde vom Tau noch feucht, am Abend hüllten sie Nebelschwaden ein; niemals sah ich sie, während ich mit meinem alten Freund spazierenging, nackt und bloß. Ich weiß nicht, ob dadurch sein Abschied von der Erde nicht noch schmerzlicher wurde.

Nach einem Monat wurde der Metzger bettlägerig. Ich besuchte ihn, sein Gesicht war gelb und aufgedunsen, seine Augen glänzten, sein Hals und seine Hände waren matt und kraftlos. Mit einem Mal war er vernünftig geworden. Ich setzte mich an sein Kopfende. Wir sprachen vom Wetter, wie man das so macht, wenn man nicht wagt, von etwas anderem zu sprechen. Welch ein Friede herrschte in seinem Zimmer! Es war im alten Stil eingerichtet, und das Fenster wies gen Süden. Es war Herbst. Die Sonne war stechend und heiß. Manchmal wogte ein Pflanzengeruch von vermodernden Blättern und von verwelktem Gras zu uns herauf. Ich befand mich in dem Alter, wo man Realitäten noch nicht liebt. Die Schritte erstarben auf der Erde, die mit Laub bedeckt war. Eine empfindlich kühle Luft umstrich Stirn und Hände. Ich konnte mich an dem tief stahlblauen Himmel nicht satt sehen; er glich einem durchsichtigen Blumenblatt, so daß er die Seele zum Klingen brachte, wie das nur die ersten jugendlichen Seelenregungen vermögen.

Plötzlich, mitten in den bedeutungslosen Worten und während ich mich in meinen Träumereien erging, legte der Metzger seine Hand auf die meine und ließ sie dort längere Zeit liegen. Mein Herz fing heftig zu schlagen an, und ich heftete meine Augen starr auf den Fußboden. Als ich schließlich gehen oder vielmehr fliehen konnte, sah ich, wie sich seine Augen mit Tränen gefüllt hatten. Ich habe wahrscheinlich in meinem Leben wenig gelitten, denn ich glaube nicht, daß ich schmerzhaftere Augenblicke erlebt habe als diese ...

Als er eines Tages dann in kindlichen Worten eine Frage über das künftige Leben an mich richtete, da ich ja «studiert» sei, nahm mich das nicht mehr so mit. In diesem Augenblick war der dramatische Höhepunkt überschritten, da er mit dem Tod schon ein Zwiegespräch führte und sich Gedanken über seine Zukunft nach dem Tode machte. Schließlich fragte er wohl aus Verzweiflung danach und feilschte um die Bedingungen. Ich antwortete ihm feige und wich auf ein paar hoffnungsvolle Worte aus, aber sie klangen nicht überzeugend. Für uns beide war die Frage gleichermaßen unwichtig und leer. Man sagt allerdings, daß der Glaube an ein künftiges Leben sehr tröstlich sei. Was mich anging, betrachtete ich starrsinnig und wie mit Scheuklappen die niederschmetternde Tatsache des Todes. Mein Geist beschäftigte sich beständig mit ihm; es war, als ob sich meine Gedanken an den Tod wie eine Schraube ohne Ende drehten oder auf einem Gang, der im Kreis führte, irrten. Ich war nicht damit einverstanden, wehrte mich aber auch nicht dagegen; – ich folgte bloß den Mauern meines Gefängnisses. Ob der Metzger dies bemerkte, weiß ich nicht: was unsere Gespräche erst ermöglichte, die wir sonst nichts gemein hatten, war unsere gemeinsame, täglich erlittene Angst vor dem Tod. Seitdem habe ich meine Meinung über diese Frage ändern können, aber mein tiefes, instinktives und irrationales Gefühl ist immer gleich geblieben.

Um diesen Schrecken loszuwerden, stürzte ich mich also ins Studium, von dem ich wußte, daß es vollkommen unnötig war, und ich las leidenschaftlich, was mir in die Finger kam. Museen und Bibliotheken übten einen eigenartigen Reiz auf mich aus. Wenn ich den Geruch der Vergangenheit einatmete, schien es mir, daß ich den mich umgebenden und für mich blinden und fürchterlichen Kräften entrinnen konnte. Schuld daran war nicht so sehr mein Wissensdurst als vielmehr die Angst vor dem Nichts. So führte ich widernatürlicherweise ein geistiges Leben. In den hohen Bücherwänden steckte eine unbeschreibliche Anziehungskraft! Welche Bollwerke bildeten sie gegen alle möglichen Bedrohungen. Aber verließ ich sie, litt ich unter Kopfweh, und mein Herz schien noch leerer zu sein.

Damit er nicht noch einmal die gleiche Frage nach dem künftigen Leben stellen konnte, brachte ich dem Metzger jeweils irgendein Buch mit, aus dem ich ihm einige Passagen vorlas. Jedoch sein Geschmack entsprach kaum dem meinigen. Er mochte einen bestimmten Romanschriftsteller nicht, der in einer pathetischen Sprache von Leben und Tod sprach. «Das ist einer», sagte er, «dem es an nichts mangelt.» Ich brachte ihm Sueton mit, da ich mich zu der Zeit auf eine Lateinprüfung vorbereitete. Das Leben von Tiberius und Caligula gefielen ihm sehr, und das war ein Zeichen dafür, daß es ihm besser ging. Weiß Gott, was für Abscheulichkeiten Sueton erzählte. Dabei hatte der Metzger keine Freude am «Dekadenten»; er empfand nur eine natürliche und primitive Freude am Gemetzel, wie sie kindliche oder göttliche Gemüter an Berichten über Massaker haben. Als Caligula beispielsweise sah, wie ein Priester sich vorbereitete, ein Opfer auf dem Altar zu töten, ergriff er eine Keule mit beiden Händen und erschlug den Opferpriester. Eines Tages ließ er alle töten, die Angeklagten, Zeugen und Richter eines Prozesses, und schrie: «Sie sind alle gleichermaßen schuldig.» Wenn jemand zu seinen Gunsten ein Testament aufsetzte, in der Absicht, ihm zu gefallen, ließ Caligula ihn vergiften und bemerkte dazu, das Testament wäre sonst nur ein Spaß gewesen. Ich fand an diesen Geschichten, von denen einige viel schöner sind, kaum Gefallen, außer daß mir ihre Buntheit zusagte; ihren tieferen Sinn aber vermochte ich nicht recht einzusehen.

«Sehen Sie, das sind richtige Kerle», sagte der Metzger, «jawohl, wie ist doch das Leben schön! Ihr Buch hat mir wohlgetan.»

Die Besserung seiner Gesundheit war nur von kurzer Dauer. Wenn wir so an unserem Leben hängen, dann vielleicht deshalb, weil unser Körper immer aufs neue Überraschungen für uns bereithält. (Wir haben keine Hoffnung, wieder gesund zu werden, und schon sind wir wieder auf den Beinen. Wir waren voller Hoffnung, und plötzlich sind wir am Boden zerstört; dann schöpfen wir wieder Hoffnung ... Vieles, was uns im Leben begegnet, geschieht völlig unerwartet.) Der Metzger beklagte sich von Stund an über ein unerträgliches Jucken auf seiner Haut. Sie war entzündet

Die südpazifische Insel hat ihren Namen nach dem Tag der Entdeckung (Ostersonntag 1722) durch den Holländer Jacob Roggeveen erhalten. Cook besuchte die Insel 1774 auf seiner 2. Expedition; Dubois de Vancy, der elf Jahre später den französischen Seefahrer La Pérouse als Maler begleitete, schuf diese lavierte Zeichnung der riesigen Ahnenbilder aus Tuffstein.

trotz der fortgesetzten Bäder und sein Mut tief gesunken; ich hatte dazu beigetragen, ohne es eigentlich zu wollen, indem ich ihm erzählte, daß ich ihn an einem Nebelabend im vorigen Monat gesehen hätte, wie er am äußersten Ende seines Gartens in einem Korbsessel saß, und ich fügte hinzu, daß ich mich zurückgezogen hätte, ohne es gewagt zu haben, ihn zu stören. «Aber ich bin niemals dort gewesen», rief er mit einer überraschenden Lebendigkeit, «seit Monaten nicht. Es ist gar nicht möglich, daß Sie mich gesehen haben, vielmehr», fügte er hinzu, «wenn Sie mich gesehen haben und ich jetzt daran denke, dann halte ich das für ein Vorzeichen des Todes. Man nennt das bei mir zu Hause in der Bretagne ein ‹böses Omen›.» Und er machte sich dann eifrigst daran, mir alle möglichen fürchterlichen Beispiele von bösen Vorzeichen aufzuzählen, an die ich mich übrigens nicht mehr erinnere.

Ich glaubte, ihn mit einem alten Reisetagebuch zerstreuen zu können, das ich zufällig in meinem Bücherschrank fand. Dieses Exemplar war ein Einzelband aus den Reisetagebüchern des Kapitän Cook, und man fand in ihm Aufzeichnungen von der Entdeckung und Erforschung zahlreicher pazifischer Inseln.*

Meine Lektüre führte mich zu der Beschreibung der Osterinsel. Diese Insel war nichts weiter als eine riesige Grabstätte, übersät mit Totenschädeln und Gebeinen. Was die Insel erst recht phantastisch macht, sind die fünfhundert Kolossalstatuen, von denen man nicht weiß, welches untergegangene Volk sie errichtet hat, noch warum sie errichtet worden sind. Ich hatte noch nie von diesen übermäßig großen Idolen gehört, die an der Küste der Insel auf schwindelerregender Höhe errichtet wurden und die so viele Reisende erschreckt haben.

---

* Woher kommt der beklemmende Eindruck, den man empfindet, wenn man an Inseln denkt? Wo trifft man noch einen solchen Ausblick auf das offene Meer, bei dem nur der Horizont das Auge begrenzt. Wo kann man besser das körperliche Hochgefühl erleben als auf einer Insel; aber man ist dort «isoliert» (ist das nicht die wahre Etymologie?). Eine Insel oder ein *einsamer* Mensch. Inseln oder *einsame* Menschen… (Anm. des Autors)

Der Metzger fing plötzlich an zu phantasieren. «Ich sehe sie, ich sehe sie», schrie er, während er sich in seinem Bett aufrichtete und sein Gesicht Entsetzen ausdrückte. Man hätte fast glauben können, daß er längs eines Brunnenschachtes an den glatten Wänden entlangglitte und daß aus dem Brunnen die wilden Idole auftauchten. «Ich sehe sie», wiederholte er, immer wieder vom Schluchzen unterbrochen.

Ich spreche vom Metzger, als er das Bewußtsein noch nicht ganz verloren hatte. Das verlor er bald, – der Rest geht niemand etwas an...

GOTTFRIED BENN

Osterinsel

Eine so kleine Insel,
wie ein Vogel über dem Meer,
kaum ein Aschengerinnsel
und doch von Kräften nicht leer,
mit Steingebilden, losen,
die Ebene besät
von einer fast monstrosen
Irrealität.

Die großen alten Worte
– sagt Ure Vaeiko –
haben die Felsen zu Horte,
die kleinen leben so;
er schwelt auf seiner Matte
bei etwas kaltem Fisch,
hühnerfeindliche Ratte
kommt nicht auf seinen Tisch.

Vom Pazifik erschlagen,
von Ozeanen bedroht,
nie ward an Land getragen
ein Polynesierboot,
doch große Schwalbenfeiern
einem transzendenten Du,
Göttern von Vogeleiern
singen die Tänzer zu.

Tierhafte Alphabete
für Sonne, Mond und Stier
mit einer Haifischgräte
– Bustrophedonmanier –:
ein Zeichen für zwölf Laute,
ein Ruf für das, was schlief
und sich im Innern baute
aus wahrem Konstruktiv.

Woher die Seelenschichten,
da das Idol entsprang
zu diesen Steingesichten
und Riesenformungszwang –
die großen alten Worte
sind ewig unverwandt,
haben die Felsen zu Horte
und alles Unbekannt.

WILLIAM COWPER

Verses, supposed to be Written by
Alexander Selkirk, During his Solitary Abode
in the Island of Juan Fernandez

I am monarch of all I survey,
  My right there is none to dispute,
From the center all round to the sea,
  I am lord of the fowl and the brute.
Oh solitude! where are the charms
  That sages have seen in thy face?
Better dwell in the midst of alarms,
  Than reign in this horrible place.

I am out of humanity's reach,
  I must finish my journey alone,
Never hear the sweet music of speech,
  I start at the sound of my own.
The beasts that roam over the plain,
  My form with indifference see,
They are so unacquainted with man,
  Their tameness is shocking to me.

Society, friendship, and love,
  Divinely bestow'd upon man,
Oh had I the wings of a dove,
  How soon wou'd I taste you again!

WILLIAM COWPER

Ein Gedicht, das Alexander Selkirk[1] während
seines einsamen Aufenthalts auf der Insel
Juan Fernandez verfaßt haben könnte

Ich bin Herrscher, soweit mein Auge reicht,
    Mein Recht zu bestreiten ist niemand hier,
Vom Innern rundum bis hin zu Meer
    Bin ich Herr über Vögel und wildes Getier.
O Einsamkeit, wo ist der Zauberschein,
    Den Weise in deinem Antlitz entdecken?
Lieber inmitten von Nöten sein
    Als herrschen an diesem Ort der Schrecken.

Dem Menschlichen bin ich entrückt,
    Muß allein mein Ende erdauern,
Süßer Stimmklang mich nimmer entzückt,
    Meine eigene Stimme macht mich erschauern.
Die Tiere, in ihrem Zug übers Land,
    Blicken gleichgültig nach mir hin,
So wenig ist ihnen der Mensch bekannt,
    Ihr zahmes Wesen verstört mir den Sinn.

Gemeinschaft, Freundschaft und Liebe,
    Die den Menschen zum Göttlichen führen,
O hätte ich Taubenflügel,
    Wie bald würd' ich wieder euch spüren!

---

[1] Schottischer Seemann (1676–1721), der als Matrose des
Seeräubers William Dampier ausgesetzt wurde und vier Jahre
allein auf Juan Fernandez lebte, bevor ihn 1709 ein englisches
Schiff auffand. Selkirks Erlebnisse regten Defoe zu seinem
«Robinson» an.

My sorrows I then might assuage
   In the ways of religion and truth,
Might learn from the wisdom of age,
   And be cheer'd by the sallies of youth.

Religion! what treasure untold
   Resides in that heav'nly word!
More precious than silver and gold,
   Or all that this earth can afford.
But the sound of the church going bell
   These vallies and rocks never heard,
Ne'er sigh'd at the sound of a knell,
   Or smil'd when a sabbath appear'd.

Ye winds that have made me your sport,
   Convey to this desolate shore,
Some cordial endearing report
   Of a land I shall visit no more.
My friends do they now and then send
   A wish or a thought after me?
O tell me I yet have a friend,
   Though a friend I am never to see.

How fleet is a glance of the mind!
   Compar'd with the speed of its flight,
The tempest itself lags behind,
   And the swift winged arrows of light.
When I think of my own native land,
   In a moment I seem to be there;
But alas! recollection at hand
   Soon hurries me back to despair.

Meine Leiden könnt' ich dann lindern
  Mit ewigen Worten der Wahrheit,
Von der Weisheit des Alters lernen,
  Mich erheitern an Jugendnarrheit.

Religion! welch unnennbaren Schatz
  Dies himmlische Wort in sich birgt!
Nicht Silber noch Gold sind so kostbar,
  Noch alles, was köstlich auf Erden.
Doch das Glockengeläute zum Kirchgang
  Hörten Täler und Felsen hier nie,
Kein Totenglöckchen entlockt' ihnen Seufzer,
  Noch das Nahen des Sonntags ein Lächeln.

Ihr Winde – ich dient' euch zu Scherzen –
  Lenkt hin zu dem öden Strande
Eine Nachricht von liebenden Herzen
  Aus dem Land, wo ich nimmermehr lande.
Ob wohl dann und wann meine Freunde
  Einen Wunsch, ein Gedenken mir schicken?
O saget, noch lebt mir ein Freund,
  Soll den Freund ich auch nimmer erblicken.

Wie groß ist des Denkens Eile!
  Es vermag sein rasendes Fliegen
Den Seesturm selbst zu besiegen
  Und des Lichts raschflüglige Pfeile.
Ersehn' ich die Heimat, die traute,
  Scheint ein Augenblick hin mich zu tragen;
Doch ach! das vergeblich Erschaute
  Stößt mich bald zurück ins Verzagen.

But the sea fowl is gone to her nest,
    The beast is laid down in his lair,
Ev'n here is a season of rest,
    And I to my cabbin repair.
There is mercy in ev'ry place,
    And mercy, encouraging thought!
Gives even affliction a grace,
    And reconciles man to his lot.

Doch dem Nest fliegt der Seevogel zu,
  Das Wild liegt in Lagern versteckt,
Auch hier geht die Schöpfung zur Ruh,
  Mich selbst meine Hütte nun deckt.
Allerorten ist Gnade gegeben,
  Und Gnade – dies denken ist Glück! –
Verklärt noch das traurigste Leben,
  Versöhnt uns mit unserm Geschick.

Robinson Crusoe nimmt den unbekannten Wilden, dessen «Haut nicht ganz schwarz, aber doch sehr dunkel war», zu sich, nachdem er ihn vor Kannibalen gerettet hat. «Zuerst gab ich ihm zu verstehen, er solle Freitag

KAREL UND JOSEF ČAPEK

Die Insel

Für Vlastimil Hofman

Seinerzeit lebte in Lissabon ein gewisser Dom Luiz
de Faria, der später mit einem Schiff in die Welt
aufbrach und, nachdem er einen großen Teil von
ihr kennengelernt hatte, auf der abgelegensten Insel, die man sich vorstellen kann, zu Tode kam.
Während seines Lebens in Lissabon war er ein
Mann von Vernunft und Geltung; also lebte er, wie
Männer seiner Art zu leben pflegen: zu seinem
eigenen Vorteil und ohne jemandem zu schaden.
Er nahm so viel Platz für sich in Anspruch, wie es
seinem angeborenen Stolz angebracht schien. Aber
dieses Leben bekam er über, es wurde ihm zur Last;
und so wandelte er seinen Besitz in Geld um und
fuhr mit dem erstbesten Schiff in die Welt.

Also fuhren sie auf diesem Schiff zuerst nach
Cádiz und dann nach Palermo, nach Konstantinopel und nach Beirut, nach Palästina und nach
Ägypten und an Arabien vorbei bis nach Ceylon;
dann umfuhren sie Hinterindien und einige Inseln
wie Java, worauf sie wieder in die Weite des Ozeans aufbrachen, der aufgehenden Sonne entgegen
und gen Süden. Manchmal trafen sie auf Lands-

---

heißen, weil ich ihn an einem Freitag gerettet hatte und
mich in Zukunft gerne daran erinnern wollte; zu mir aber
sollte er ‹Herr› sagen.» – Frontispiz einer 1794 in Bern
erschienenen französischen Übertragung.

173

leute, die sich auf dem Heimweg befanden und vor Freude weinten, als sie von der Heimat hörten. In all diesen Ländern hatte Dom Luiz so viel Erstaunliches und nahezu Wunderbares gesehen, daß ihm war, als hätte er alles andere vergessen. Als sie also die Weite des Ozeans durchquerten, überfiel sie ein Sturm, und ihr Schiff ward auf den Wellen hin und her gerissen wie ein Korken, der weder Richtung noch Haltung kannte. Über drei Tage hielt der Sturm und wurde von Tag zu Tag heftiger, und in der dritten Nacht stieß ihr Schiff gegen ein Korallenriff. Dom Luiz hörte ein schreckliches Krachen, spürte, wie er hochgehoben wurde, und fiel dann ins Wasser; aber das Wasser warf ihn wieder zurück und schleuderte ihn bewußtlos auf treibende Balken. Als er wieder zu sich kam, sah er einen hellen Mittag um sich und sich selber einsam und verlassen auf einer Lage zersplitterter Balken im ruhigen Meerwasser treiben. In diesem Moment empfand er zum ersten Male Freude über das Leben. Und so trieb er bis in den Abend und dann die ganze Nacht und den ganzen folgenden Tag, doch nirgends sah er Land. Überdies begannen sich die Hölzer, auf denen er trieb, durch den Wellengang zu lockern und Stück für Stück zu verschwinden; vergeblich versuchte sie Luiz mit den Fetzen seiner Kleider zusammenzubinden. Am Ende blieben ihm nur noch drei schäbige Bretter, und die Ermüdung sowie das Gefühl von Verlassenheit raubten ihm die letzte Kraft; also nahm Dom Luiz Abschied vom Leben und fügte sich in den Willen Gottes.

Am dritten Tage sah er in der Morgendämmerung, daß ihn die Wellen zu einer wunderschönen Insel trugen, die samt ihren lieblichen Hainen und grünen Wäldern über den Wassern zu schweben schien. Dann betrat er endlich, salz- und schaumbedeckt, das Land. Im gleichen Augenblick kamen einige Wilde aus dem Wald; Dom Luiz stieß ihnen einen feindseligen Schrei entgegen, denn er hatte Angst vor ihnen. Dann kniete er nieder zum Gebet, sank zu Boden und schlief auf dem Meeresstrand ein.

Kurz vor dem Sonnenuntergang weckte ihn der Hunger. Der Sand um ihn herum war voller Spuren nackter Füße, und Dom Luiz freute sich, daß die Wilden sich um ihn geschart, ihn bestaunt und über ihn gesprochen hatten, ohne ihm etwas getan zu haben. Also brach er auf, um sich Nahrung zu suchen, doch es war schon dunkel. Als er einen Felsen umgangen hatte, entdeckte er die Wilden, wie sie im Kreis saßen und zu Abend aßen; er sah Männer, Frauen und Kinder in diesem Kreis, er selbst aber blieb abseits stehen und wagte es nicht, näher zu treten, wie ein Bettler aus einer fremden Gemeinde. Da erhob sich aus dem Kreis der Wilden eine junge Frau und brachte ihm eine Strohschüssel mit Obst. Luiz stürzte sich über die Schüssel und aß Bananen, alte und frische Feigen und anderes Obst, er aß rohe Muscheln, getrocknetes Fleisch und süßes Brot, welches ganz anders war als unser Brot. Das Mädchen brachte ihm noch einen Krug Quellwasser, und in der Hocke sitzend, sah sie ihm zu, wie er aß. Als Luiz sich satt gegessen und satt getrunken hatte, spürte er Linderung im ganzen Körper, und er begann dem Mädchen lauthals für ihre Gaben und für das Wasser, für ihre und für die Barmherzigkeit der anderen zu danken. Während er so sprach, wuchs die Dankbarkeit in ihm zu einer süßen Beklommenheit des übervollen Herzens an, und er erging sich in Worten, wie er sie bis dahin nie gesprochen hatte; die junge Wilde aber saß schweigend vor ihm und hörte ihm zu.

Und da dachte Dom Luiz, er müsse seinen Dank wiederholen, damit sie ihn auch verstünde, und er dankte so inbrünstig, als wollte er beten. Unterdessen hatten sich die Wilden alle in den Wald zurückgezogen, und Luiz hatte Angst, allein zu bleiben mit seiner Herzensfreude, verlassen an diesem befremdlichen Ort; deshalb begann er dem Mädchen, um es zurückzuhalten, zu erzählen, wer er sei und woher er komme, wie das Schiff untergegangen sei und was für Strapazen er auf dem Meer gelitten habe; und die Wilde lag dabei auf dem Bauch und hörte ihm schweigend zu. Da sah Luiz, daß sie, mit dem Gesicht nach unten, eingeschlafen war, und so setzte er sich neben sie, betrachtete die Sterne am Himmel und lauschte dem Rauschen des Meeres, bis der Schlaf auch ihn überkam.

Als er am Morgen aufgewacht war, suchte er die junge Frau, aber sie war bereits verschwunden; nur ein Abdruck im Sand blieb von ihr zurück, man konnte in ihm ihren Körper erkennen, rank und schlank wie eine Gerte; und als Luiz in diese Kuhle trat, fühlte er, daß sie warm war und von der Sonne erwärmt. Danach ging er den Strand entlang, um sich die Insel anzusehen. Manchmal mußte er einen Wald oder ein Gebüsch durchqueren, an einigen Stellen mußte er Sümpfe umgehen

und Felsen überklettern. Gelegentlich traf er auch
auf Wilde, aber er hatte keine Angst vor ihnen. Er
sah ein Meer, das so blau war wie nirgendwo sonst
auf der Welt, er sah die blühenden Bäume und sah
die eigenartige Anmut der Pflanzen. So ging er den
ganzen Tag und sah die Schönheit dieser Insel, der
schönsten Insel, die er je gesehen hatte; auch die
Bewohner schienen ihm schöner als andere wilde
Völker. Am nächsten Tag setzte er seine Besichti-
gung fort und umrundete die ganze Insel, die reichlich gesegnet war mit Bächen und Blüten, und
überall sanft durchformt, als hätte sich hier einer
das Paradies vorstellen wollen, bis er am Abend
wieder an jene Stelle kam, wo er aus dem Meer
gestiegen war, und dort saß die junge Wilde allein
und flocht sich das Haar. Zu ihren Füßen lagen die
Bretter, die ihn hergetragen hatten, und bis zu
diesen Brettern brandeten die Wellen der unpas-
sierbaren Meeresbucht, so daß er nicht mehr weiter
konnte; hier setzte sich Dom Luiz neben sie und sah
den Wellen zu, wie sie seine Gedanken davontru-
gen, Welle um Welle, Gedanke um Gedanke. Als
auf diese Weise viele Hundert Wellen gewechselt
hatten, überwältigte unermeßliche Trauer sein
Herz, und er begann zu klagen, daß er zwei Tage
lang gegangen sei und die ganze Insel umrundet
habe, aber nirgens habe er eine Stadt, einen Hafen
oder einen Menschen seinesgleichen gefunden; daß
alle seine Gefährten auf der See ums Leben gekommen seien, und er sei auf eine Insel gespült worden,
von der es keine Wiederkehr gebe; daß er allein sei
unter den primitiven Wilden, die eine ganz andere
Sprache sprächen, ohne Worte und erkennbaren

Sinn; so klagte er, und die Wilde hörte ihm, im Sand liegend, zu, bis sie, wie eingewiegt von seinem Wehgeschrei, einschlief. Da verstummte Luiz und atmete leise.

Am Morgen saßen sie gemeinsam auf einem Felsen über dem Meer, von wo man den gesamten Horizont überblicken konnte. Dort erinnerte sich Dom Luiz an sein ganzes Leben, an die Pracht und Herrlichkeit Lissabons, an seine Liebe, an seine Reisen und an alles, was er in der Welt gesehen hatte, und er schloß die Augen, um die schönsten Bilder seines Lebens in seinem Inneren wiederzufinden. Als er die Augen wieder geöffnet hatte, sah er die Wilde, wie sie auf ihren Fersen saß und mit schrägen, irgendwie vernunftlosen Blicken vor sich hin starrte; er sah, wie schön sie war, mit winzigen Brüsten und schlanken Gliedern, braun wie die Erde und von aufrechter Körperhaltung.

Auf diesem Felsen pflegte er sehr oft zu sitzen, um nach einem Schiff Ausschau zu halten; er sah die Sonne aus dem Meer aufsteigen und in ihm wieder versinken, und er gewöhnte sich daran wie auch an alles andere. Er lernte die Süße dieser Insel und ihres Klimas kennen, die wie eine Insel der Liebe war. Ab und zu kamen die Wilden zu ihm und verehrten ihn; sie bildeten einen Kreis um ihn und hockten bei ihm wie die Pinguine. Einige unter ihnen waren tätowiert und einige sehr alt, und sie brachten ihm von ihrem Essen mit, um ihn zu ernähren. Als dann die Regenzeit kam, siedelte Dom Luiz in die Hütte der jungen Frau um. So lebte er unter den Wilden und war nackt wie diese, verachtete sie aber und lernte von ihrer Sprache kein einziges Wort. Er wußte nicht, wie sie die Insel nannten, auf der er lebte, wie sie das Dach bezeichneten, das ihn beschützte, und wie die Frau hieß, die vor Gott seine einzige Gefährtin war. Wann immer er auch in die Hütte kam, er fand dort ein zubereitetes Mahl, ein Lager und die stille Umarmung einer braunen Frau vor. Obwohl er über sie dachte, daß sie wohl kaum ein Menschenwesen und eher den übrigen Tieren ähnlich sei, hielt er es mit ihr so, daß er ihr in seiner Sprache erzählte, und er war zufrieden damit, daß sie ihm aufmerksam zuhörte; also erzählte er ihr alles, womit sein Denken ständig beschäftigt war: über das Leben in Lissabon, über sein Haus, über Einzelheiten seiner Reisen; anfangs grämte es ihn, daß die Wilde weder die Worte verstand noch den Sinn dessen, worüber er sprach, erfaßte, aber dann gewöhnte er sich auch daran und erzählte ihr alles mit immer gleichen Worten und Wendungen, und danach nahm er sie in seine Arme wie eine Gattin.

Mit der Zeit aber wurden seine Erzählungen immer kürzer und zerrissener; immer mehr verloren sich die Geschichten Dom Luiz', so als wären sie nie passiert, so als wäre überhaupt nie etwas passiert; tagelang lag er auf dem Lager, grübelte vor sich hin und schwieg. Und irgendwann hatte er sich mit allem so sehr abgefunden, daß er, auf seinem Felsen sitzend, keine Ausschau mehr nach Schiffen hielt. So waren viele Jahre vergangen, und Luiz hatte alles vergessen, seine Rückkehr, seine Vergangenheit und seine Sprache, und sein Denken wurde genauso stumm wie sein Mund. Jeden Abend kehrte er in seine Hütte zurück, doch mit den Wilden wurde er nicht näher bekannt als am ersten Tag, da er hier gestrandet war.

In einem Sommer hielt er sich tief im Wald auf, und plötzlich wurde er von einer solchen Unruhe ergriffen, daß er aus dem Wald lief, und dort erblickte er auf dem Meer ein prächtiges Schiff, das vor Anker lag. Da rannte er pochenden Herzens zum Ufer, um auf seinen Felsen zu steigen, und als er dort ankam, sah er eine Gruppe Seeleute und Offiziere am Strand stehen; und er verbarg sich hinter einem Stein wie ein Wilder und lauschte. Ihre Worte rührten an seinem Gedächtnis, und er begriff, daß die Ankömmlinge in seiner Sprache redeten. So erhob er sich also und wollte sie ansprechen, aber er stieß nur einen lauten Schrei aus. Die Ankömmlinge erschraken, und da stieß er einen zweiten Schrei aus, und sie hoben ihre Karabiner; da löste sich seine Zunge, und er rief: «Senhores, Erbarmen!» Alle riefen freudig durcheinander und eilten auf ihn zu; da aber übermannte Luiz das Gefühl eines Wilden, und er wollte vor ihnen fliehen, doch sie hatten ihn bereits umringt, umarmten ihn und überschütteten ihn mit Fragen. Also stand er unter ihnen nackt und voller Angst, blickte um sich und suchte, wohin er fliehen könnte.

«Habe keine Angst», sagte ein alter Offizier zu ihm, «und besinne dich, daß du ein Mensch bist. Holt ihm Fleisch und Wein, denn er scheint mager und elend zu sein. Du aber setz dich zu uns und ruhe dich aus, damit du wieder menschliche Laute hörst und nicht diese Schreie, mit denen sich allenfalls Affen verständigen.» Und sie brachten Dom

180

Luiz süßen Wein, Fleischgerichte und Zwieback; er
saß dann unter ihnen wie im Traum und aß und
fühlte, daß sein Gedächtnis wiederkehrte. Auch die
anderen aßen und tranken und unterhielten sich
angeregt, denn sie freuten sich, einen Landsmann
gefunden zu haben. Als Luiz mit dem Essen fertig
war, erfüllte ihn ein süßes Gefühl von Dankbarkeit, so wie damals, als die Wilde ihn gesättigt
hatte, und auch Freude über die schöne Sprache,
die er hörte und die er verstand, und über die
geselligen Menschen, die zu ihm sprachen wie zu
einem Bruder. Deshalb lösten sich die Worte wie
von selbst von seiner Zunge, und er dankte ihnen
allen, so gut er konnte.

«Ruhe dich noch etwas aus», sagte zu ihm der
alte Offizier, «und dann sagst du uns, wer du bist
und wie du hergekommen bist. Und die kostbare
Gabe der Sprache wird dir wiedergegeben, denn
nichts ist schöner, als wenn der Mensch reden,
seine Geschichten erzählen und seine Gefühle
äußern kann.»

Während er so sprach, erhob ein junger Seemann seine Stimme und begann leise ein schönes
Lied zu singen, und er sang von einem Mann, der
aufs Meer hinausgefahren war, und von seiner
Geliebten, die das Meer, den Wind und den Horizont anflehte, sie möchten ihn ihr wiedergeben;
dabei war ihre Trauer in den schönsten Worten
ausgedrückt, die man je hatte finden können. Danach sangen andere oder sie trugen Gedichte ähn-
lichen Inhalts vor, die von Mal zu Mal trauriger
wurden; die Lieder besangen die Sehnsucht nach
dem Geliebten, die Schiffe, die in ferne Länder

fuhren, und das ewig unstete Meer; am Ende erinnerten sich alle an ihre Heimat und an jene, die sie dort zurückgelassen hatten. Dom Luiz brach in Tränen aus, denn er war bis zum Schmerz glücklich über die erlebten Strapazen und darüber, daß alles nun ein gutes Ende hatte, daß er, der jeder Sprache völlig entwöhnt war, diesem wunderbaren Ton der Gedichte lauschen konnte, und er weinte, weil ihm alles wie ein Traum vorkam, um den er Angst hatte.

Schließlich erhob sich der alte Offizier und sagte: «Kinder, jetzt sehen wir uns diese Insel an, die wir im Meer gefunden haben, und vor Sonnenuntergang treffen wir uns wieder hier, um zum Schiff hinüberzusetzen. Nachts lichten wir die Anker und fahren mit Gottes Hilfe zurück. Und du», er drehte sich zu Luiz, «wenn du hier etwas hast, das dir gehört und das du zur Erinnerung mit dir nehmen möchtest, bringe es her und warte hier vor Sonnenuntergang auf uns.» Die Seeleute verteilten sich also über den Strand, und Dom Luiz ging zu der Hütte seiner Wilden; je näher er kam, um so mehr zauderte er und sorgte sich in seinen Gedanken, wie er der Wilden beibringen sollte, daß er jetzt fortfahren und sie verlassen müsse. Sogar auf einen Stein setzte er sich unterwegs und dachte darüber nach, daß er nicht nur einfach so weglaufen könnte, ohne ihr zu danken, wo er doch zehn Jahre mit ihr verlebt hatte; er erinnerte sich an alles, was sie ihm erwiesen und wie sie ihn ernährt und ihm mit ihrem Körper und ihrer Arbeit gedient hatte. Danach trat er in ihre Hütte, setzte sich zu ihr und redete sehr viel und hastig, so als wollte er sie damit überzeugen; er erzählte ihr, daß man gekommen sei, um ihn abzuholen, und daß er in wichtigen Angelegenheiten, die er sich in großer Anzahl ausdachte, fortfahren müsse. Dann nahm er sie in die Arme und dankte ihr für alles, was sie für ihn getan hatte, und versprach, daß er bald wiederkommen würde, was er durch Schwüre und Beteuerungen zu bekräftigen suchte. Als er schon lange gesprochen hatte, bemerkte er, daß sie ihm ohne Vernunft und Verstand zuhörte, und da wurde er sehr verdrießlich und verlor die Geduld, er wiederholte alle Gründe mit größtem Nachdruck und stampfte dabei mit dem Fuß auf, so ungeduldig war er. Plötzlich fiel ihm ein, daß die Seeleute vielleicht schon ohne ihn abgefahren sein könnten, und so lief er mitten im Satz aus der Hütte und eilte zum Strand.

Aber es war noch niemand hier, und da setzte er sich hin, um auf sie zu warten; unterdessen begann ihn der Gedanke zu quälen, daß ihn die Wilde vielleicht nicht richtig verstanden hätte, daß sie vielleicht nicht wüßte, was er ihr über seine Abfahrt gesagt hatte; und das schien ihm so schrecklich, daß er plötzlich losrannte und zurücklief, um ihr alles noch einmal zu erklären. Doch trat er nicht in die Hütte ein, sondern schaute durch eine Spalte, was sie dort machte. Er sah, daß sie frisches Gras geholt und auf seinem Lager ausgebreitet hatte, um für ihn die Nacht vorzubereiten; er sah, daß sie für ihn das Obst herrichtete, und bemerkte zum erstenmal, daß sie die schlechten Stücke, die verkümmert oder fleckig waren, selber aß und für ihn die schönsten Früchte, allesamt groß und ohne Makel, herausgesucht hatte; und danach setzte sie sich hin und wartete, reglos wie eine Statue, bis er käme. Da begriff Dom Luiz, und ihm ward völlig klar, daß er das vorbereitete Obst noch essen, sich auf das zubereitete Lager legen und ihr Warten beenden mußte, bevor er fahren würde.

Inzwischen war die Sonne untergegangen, und die Seeleute versammelten sich am Strand, um abzulegen; nur Dom Luiz fehlte noch, und so riefen sie ihn: «Senhor, Senhor!» Als er nicht kam, liefen sie am Waldrand entlang, um ihn zu suchen, und riefen. Zwei Schiffer kamen ganz nah an ihm vorbei und riefen nach ihm, er aber verbarg sich im Gebüsch, und das Herz hämmerte in seiner Brust vor Angst, daß sie ihn finden könnten. Danach verstummten alle Stimmen, und Dunkelheit senkte sich herab; mit den Rudern schwappend, fuhren die Seeleute zum Schiff und bedauerten lautstark den verlorenen Schiffbrüchigen. Danach wurde es ganz still, und Dom Luiz trat aus dem Gebüsch und kehrte zur Hütte zurück; die Wilde saß reglos und geduldig da; Dom Luiz aß von dem Obst, legte sich auf das frische Lager und nahm sie, die gewartet hatte, zu sich.

Als es am Morgen zu dämmern begann, schlief Dom Luiz nicht und starrte durch die Tür der Hütte hinaus, wo zwischen den Bäumen des Waldes das helle Meer zu sehen war, und auf diesem Meer entfernte sich ein prächtiges Schiff von der Insel. Vor ihm lag schlafend die Wilde, doch sie war längst nicht mehr so schön wie vor Jahren, war sogar häßlich und schrecklich geworden; und Träne um Träne tropfte auf ihre Brust, als Dom

Luiz flüsternd, damit sie ihn nicht hören konnte, die herrlichen Worte jenes seltsamen Gedichts wiederholte, das von schmerzlicher Sehnsucht und vergeblicher, ewiger Hoffnung sprach.

Danach verschwand das Schiff hinter dem Horizont, und Dom Luiz blieb auf der Insel zurück, aber seit jener Zeit sprach er die ganzen Jahre, die er bis zu seinem Tode noch zu leben hatte, kein einziges Wort mehr.

ADELBERT VON CHAMISSO

[Die Insel Salas y Gomez]

Aus: «Reise um die Welt», II. Teil

Die Insel Salas y Gomez ist eine bloße Klippe, die
nackt und niedrig aus den Wellen hervortaucht; sie
erhebt sich sattelförmig gegen beide Enden, wo die
Gebirgsart an dem Tage liegt, indem die Mitte
anscheinlich mit Geschieben überstreut ist. Sie gehört nicht zu den Korallenriffen, die nur weiter im
Westen vorzukommen beginnen. Vermuten lassen
sich Zusammenhang und gleiche Natur mit dem
hohen vulkanischen Lande der nahgelegnen Osterinsel. Noch sind keine Anfänge einer künftigen
Vegetation darauf bemerkbar. Sie dient unzähligen
Wasservögeln zum Aufenthalt, die solche kahle
Felsen begrünten, obgleich unbewohnten, Inseln
vorzuziehen scheinen, da mit den Pflanzen sich die
Insekten auch einstellen, und die Ameisen, die
besonders ihre Brut befährden.

Die Seevögel, nach unserer unmaßgeblichen Er-
fahrung, werden am häufigsten über dem Winde
der Inseln, wo sie nisten, angetroffen. – Man sieht
sie am Morgen sich gegen den Wind vom Lande
entfernen und am Abende mit dem Winde dem
Lande zufliegen. Auch schien Kadu den Flug der
Vögel am Abend zu beobachten.

Man soll bei Salas y Gomez Trümmer eines
gescheiterten Schiffes wahrgenommen haben; wir
späheten umsonst nach denselben. Man schau-
dert, sich den möglichen Fall vorzustellen, daß ein

menschliches Wesen lebend darauf verschlagen werden konnte; denn die Eier der Wasservögel möchten sein verlassenes Dasein zwischen Meer und Himmel auf diesem kahlen sonnengebrannten Steingestell nur allzusehr zu verlängern hingereicht haben.

ADELBERT VON CHAMISSO

Salas y Gomez

I

Salas y Gomez raget aus den Fluten
   Des stillen Meers, ein Felsen kahl und bloß,
   Verbrannt von scheitelrechter Sonne Gluten,
Ein Steingestell ohn' alles Gras und Moos,
   Das sich das Volk der Vögel auserkor
   Zur Ruhstatt im bewegten Meeresschoß.
So stieg vor unsern Blicken sie empor,
   Als auf dem Rurik: «Land im Westen! Land!»
   Der Ruf vom Mastkorb drang zu unserm Ohr.
Als uns die Klippe nah vor Augen stand,
   Gewahrten wir der Meeresvögel Scharen
   Und ihre Brüteplätze längs dem Strand.
Da frischer Nahrung wir bedürftig waren,
   So ward beschlossen den Versuch zu wagen,
   In zweien Booten an das Land zu fahren.
Es ward dabei zu sein mir angetragen.
   Das Schrecknis, das der Ort mir offenbart,
   Ich werd' es jetzt mit schlichten Worten sagen.
Wir legten bei, bestiegen wohlbewahrt
   Die ausgesetzten Boote, stießen ab,
   Und längs der Brandung rudernd ging die Fahrt.
Wo unterm Wind das Ufer Schutz uns gab,
   Ward angelegt bei einer Felsengruppe,
   Wir setzten auf das Trockne unsern Stab.
Und eine rechts, und links die andre Truppe,
   Verteilten sich den Strand entlang die Mannen,
   Ich aber stieg hinan die Felsenkuppe.

Vor meinen Füßen wichen kaum von dannen
  Die Vögel, welche die Gefahr nicht kannten,
  Und mit gestreckten Hälsen sich besannen.
Der Gipfel war erreicht, die Sohlen brannten
  Mir auf dem heißen Schieferstein, indessen
  Die Blicke den Gesichtskreis rings umspannten.
Und wie die Wüstenei sie erst ermessen,
  Und wieder erdwärts sich gesenket haben,
  Läßt eines alles andre mich vergessen.
Es hat die Hand des Menschen eingegraben
  Das Siegel seines Geistes in den Stein,
  Worauf ich steh', – Schriftzeichen sind's, Buchsta-
Der Kreuze fünfmal zehn in gleichen Reihn,   [ben.
  Es will mich dünken, daß sie lang bestehen,
  Doch muß die flücht'ge Schrift hier jünger sein.
Und nicht zu lesen! – deutlich noch zu sehen
  Der Tritte Spur, die sie verlöschet fast;
  Es scheint ein Pfad darüber hin zu gehen.
Und dort am Abhang war ein Ort der Rast,
  Dort nahm er Nahrung ein, dort Eierschalen!
  Wer war, wer ist der grausen Wildnis Gast?
Und spähend, lauschend schritt ich auf dem kahlen
  Gesims einher zum andern Felsenhaupte,
  Das zugewendet liegt den Morgenstrahlen.
Und wie ich, der ich ganz mich einsam glaubte,
  Erklomm die letzte von den Schieferstiegen,
  Die mir die Ansicht von dem Abhang raubte,
Da sah ich einen Greisen vor mir liegen,
  Wohl hundert Jahre, mocht' ich schätzen, alt,
  Des Züge, schien es, wie im Tode schwiegen.
Nackt, langgestreckt die riesige Gestalt,
  Von Bart und Haupthaar abwärts zu den Lenden
  Den hagern Leib mit Silberglanz umwallt.

Das Haupt getragen von des Felsen Wänden,
  Im starren Antlitz Ruh, die breite Brust
  Bedeckt mit übers Kreuz gelegten Händen.
Und wie entsetzt, mit schauerlicher Lust
  Ich unverwandt das große Bild betrachte,
  Entflossen mir die Tränen unbewußt.
Als endlich, wie aus Starrkrampf, ich erwachte,
  Entbot ich zu der Stelle die Gefährten,
  Die bald mein lauter Ruf zusammenbrachte.
Sie lärmend herwärts ihre Schritte kehrten,
  Und stellten, bald verstummend, sich zum Kreis,
  Die fromm die Feier solchen Anblicks ehrten.
Und seht, noch reget sich, noch atmet leis,
  Noch schlägt die müden Augen auf und hebt
  Das Haupt empor der wundersame Greis.
Er schaut uns zweifelnd, staunend an, bestrebt
  Sich noch zu sprechen mit erstorbnem Munde, –
  Umsonst! er sinkt zurück, er hat gelebt.
Es sprach der Arzt, bemühnd in dieser Stunde
  Sich um den Leichnam noch: «Es ist vorbei.»
  Wir aber standen betend in der Runde.
Es lagen da der Schiefertafeln drei
  Mit eingeritzter Schrift; mir ward zu Teile
  Der Nachlaß von dem Sohn der Wüstenei.
Und wie ich bei den Schriften mich verweile,
  Die rein in span'scher Zunge sind geschrieben,
  Gebot ein Schuß vom Schiffe her uns Eile.
Ein zweiter Schuß und bald ein dritter trieben
  Von dannen uns mit Hast zu unsern Booten;
  Wie dort er lag, ist liegen er geblieben.
Es dient der Stein, worauf er litt, dem Toten
  Zur Ruhestätte wie zum Monumente,
  Und Friede sei dir, Schmerzenssohn, entboten!

Die Hülle gibst du hin dem Elemente,
  Allnächtlich strahlend über dir entzünden
  Des Kreuzes Sterne sich am Firmamente,
Und, was du littest, wird dein Lied verkünden.

2

Die erste Schiefertafel

Mir war von Freud und Stolz die Brust geschwellt,
  Ich sah bereits im Geiste hoch vor mir
  Gehäuft die Schätze der gesamten Welt.
Der Edelsteine Licht, der Perlen Zier,
  Und der Gewänder Indiens reichste Pracht,
  Die legt' ich alle nur zu Füßen ihr.
Das Gold, den Mammon, diese Erdenmacht,
  An welcher sich das Alter liebt zu sonnen,
  Ich hatt's dem grauen Vater dargebracht.
Und selber hatt' ich Ruhe mir gewonnen,
  Gekühlt der tatendurst'gen Jugend Glut,
  Und war geduldig worden und besonnen.
Sie schalt nicht fürder mein zu rasches Blut;
  Ich wärmte mich an ihres Herzens Schlägen,
  Von ihren weichen Armen sanft umruht.
Es sprach der Vater über uns den Segen,
  Ich fand den Himmel in des Hauses Schranken,
  Und fühlte keinen Wunsch sich fürder regen.
So wehten töricht vorwärts die Gedanken;
  Ich aber lag auf dem Verdeck zu Nacht,
  Und sah die Sterne durch das Tauwerk schwanken.
Ich ward vom Wind mit Kühlung angefacht,
  Der so die Segel spannte, daß wir kaum
  Den flücht'gen Weg je schnellern Laufs gemacht.

Da schreckte mich ein Stoß aus meinem Traum
    Erdröhnend durch das schwache Bretterhaus;
    Ein Wehruf hallte aus dem untern Raum.
Ein zweiter Stoß, ein dritter; krachend aus
    Den Fugen riß das Plankenwerk, die Welle
    Schlug schäumend ein und endete den Graus.
Verlorner Schwimmer in der Brandung Schwelle,
    Noch rang ich jugendkräftig mit den Wogen,
    Und sah noch über mir die Sternenhelle.
Da fühlt' ich in den Abgrund mich gezogen,
    Und wieder aufwärts fühlt' ich mich gehoben,
    Und schaute einmal noch des Himmels Bogen.
Dann brach die Kraft in der Gewässer Toben,
    Ich übergab dem Tod mich in der Tiefe,
    Und sagte Lebewohl dem Tag dort oben.
Da schien mir, daß in tiefem Schlaf ich schliefe,
    Und sei mir aufzuwachen nicht verliehen,
    Obgleich die Stimme mir's im Innern riefe.
Ich rang mich solchem Schlafe zu entziehen,
    Und ich besann mich, schaut' umher, und fand,
    Es habe hier das Meer mich ausgespieen.
Und wie vom Todesschlaf ich auferstand,
    Bemüht' ich mich die Höhe zu ersteigen,
    Um zu erkunden dies mein Rettungsland.
Da wollten Meer und Himmel nur sich zeigen,
    Die diesen einsam nackten Stein umwanden,
    Dem nackt und einsam selbst ich fiel zu eigen.
Wo dort mit voller Wut die Wellen branden,
    Auf fernem Riffe war das Wrack zu sehen,
    Woselbst es lange Jahre noch gestanden.
Mir unerreichbar! – und des Windes Wehen,
    Der Strom, entführen seewärts weiter fort
    Des Schiffbruchs Trümmer, welcher dort
                geschehen.

Ich aber dachte: nicht an solchem Ort
   Wirst lange die Gefährten du beneiden,
   Die früher ihr Geschick ereilte dort.
Nicht also, – mich, es will nur mich vermeiden!
   Der Vögel Eier reichen hin allein,
   Mein Leben zu verlängern und mein Leiden.
Selbander leb' ich so mit meiner Pein,
   Und kratze mit den scharfen Muschelscherben
   Auf diesen mehr als ich geduld'gen Stein:
«Ich bin noch ohne Hoffnung bald zu sterben.»

3

Die andere Schiefertafel

Ich saß vor Sonnenaufgang an dem Strande,
   Das Sternenkreuz verkündete den Tag
   Sich neigend zu des Horizontes Rande.
Und noch gehüllt in tiefes Dunkel lag
   Vor mir der Osten, leuchtend nur entrollte
   Zu meinen Füßen sich der Wellenschlag.
Mir war, als ob die Nacht nicht enden wollte;
   Mein starrer Blick lag auf des Meeres Saum,
   Wo bald die Sonne sich erheben sollte.
Die Vögel auf den Nestern, wie im Traum,
   Erhoben ihre Stimmen, blaß und blasser
   Erlosch der Schimmer in der Brandung Schaum,
Es sonderte die Luft sich von dem Wasser,
   In tiefem Blau verschwand der Sterne Chor;
   Ich kniet' in Andacht und mein Aug' ward nasser.
Nun trat die Pracht der Sonne selbst hervor,
   Die Freude noch in wunde Herzen senkt;
   Ich richtete zu ihr den Blick empor.

Ein Schiff! ein Schiff! mit vollen Segeln lenkt
  Es herwärts seinen Lauf, mit vollem Winde;
  Noch lebt ein Gott, der meines Elends denkt!
O Gott der Liebe, ja du strafst gelinde,
  Kaum hab' ich dir gebeichtet meine Reu,
  Erbarmen übst du schon an deinem Kinde.
Du öffnest mir das Grab und führst aufs neu
  Zu Menschen mich, sie an mein Herz zu drücken,
  Zu leben und zu lieben warm und treu.
Und oben von der Klippe höchstem Rücken,
  Betrachtend scharf das Fahrzeug, ward ich bleich,
  Noch mußte mir bemerkt zu werden glücken.
Es wuchs das hergetragne Schiff, zugleich
  Die Angst in meinem Busen namenlos;
  Es galt des Fernrohrs möglichen Bereich.
Nicht Rauch! nicht Flaggentuch! so bar und bloß,
  Die Arme nur vermögend auszubreiten!
  Du kennst, barmherz'ger Gott, du fühlst mein Los!
Und ruhig sah ich her das Fahrzeug gleiten
  Mit windgeschwellten Segeln auf den Wogen,
  Und schwinden zwischen ihm und mir die Weiten.
Und jetzt –! es hat mein Ohr mich nicht betrogen,
  Des Meisters Pfeife war's, vom Wind getragen,
  Die wohl ich gier'gen Durstes eingesogen.
Wie wirst du erst, den seit so langen Tagen
  Entbehrt ich habe, wonnereicher Laut
  Der Menschenred', ans alte Herz mir schlagen!
Sie haben mich, die Klippe doch erschaut,
  Sie rücken an die Segel, im Begriff
  Den Lauf zu ändern. – Gott, dem ich vertraut!
Nach Süden –? wohl! sie müssen ja das Riff
  Umfahren, fern sich halten von der Brandung.
  O gleite sicher, hoffnungschweres Schiff!

Jetzt wär' es an der Zeit! o meine Ahndung!
　　Blickt her! blickt her! legt bei! setzt aus das Boot!
　　Dort unterm Winde, dort versucht die Landung!
Und ruhig vorwärts strebend ward das Boot
　　Nicht ausgesetzt, nicht ließ es ab zu gleiten,
　　Es wußt' gefühllos nichts von meiner Not.
Und ruhig sah ich hin das Fahrzeug gleiten
　　Mit windgeschwellten Segeln auf den Wogen,
　　Und wachsen zwischen ihm und mir die Weiten.
Und als es meinem Blicke sich entzogen,
　　Der's noch im leeren Blau vergebens sucht,
　　Und ich verhöhnt mich wußte und belogen,
Da hab' ich meinem Gott und mir geflucht,
　　Und an den Felsen meine Stirne schlagend,
　　Gewütet sinnverwirret und verrucht.
Drei Tag und Nächte lag ich so verzagend,
　　Wie einer, den der Wahnsinn hat gebunden,
　　Im grimmen Zorn am eignen Herzen nagend;
Und hab' am dritten Tränen erst gefunden,
　　Und endlich es vermocht, mich aufzuraffen,
　　Vom allgewalt'gen Hunger überwunden,
Um meinem Leibe Nahrung zu verschaffen.

4

Die letzte Schiefertafel

Geduld! Die Sonne steigt im Osten auf,
　　Sie sinkt im Westen zu des Meeres Plan,
　　Sie hat vollendet eines Tages Lauf.
Geduld! Nach Süden wirft auf ihrer Bahn
　　Sie jetzt, bald wieder senkrecht meinen Schatten,
　　Ein Jahr ist um, es fängt ein andres an.

Geduld! Die Jahre ziehen ohn' Ermatten,
    Nur grub für sie kein Kreuz mehr deine Hand,
    Seit ihrer funfzig sich gereihet hatten.
Geduld! Du harrest stumm am Meeresrand,
    Und blickest starr in öde blaue Ferne,
    Und lauschst dem Wellenschlag am Felsenstrand.
Geduld! Laß kreisen Sonne, Mond und Sterne,
    Und Regenschauer mit der Sonnenglut
    Abwechseln über dir; Geduld erlerne!
Ein leichtes ist's, der Elemente Wut
    Im hellen Tagesscheine zu ertragen,
    Bei regem Augenlicht und wachem Mut.
Allein der Schlaf, darin uns Träume plagen,
    Und mehr die schlaflos lange bange Nacht,
    Darin sie aus dem Hirn hinaus sich wagen!
Sie halten grausig neben uns die Wacht
    Und reden Worte, welche Wahnsinn locken; –
    Hinweg! hinweg! wer gab euch solche Macht?
Was schüttelst du im Winde deine Locken?
    Ich kenne dich, du rascher wilder Knabe,
    Ich seh' dich an und meine Pulse stocken.
Du bist ich selbst, wie ich gestrebet habe
    In meiner Hoffnung Wahn vor grauen Jahren,
    Ich bin du selbst, das Bild auf deinem Grabe.
Was sprichst du noch vom Schönen, Guten, Wahren,
    Von Lieb und Haß, von Tatendurst? du Tor!
    Sieh her, ich bin, was deine Träume waren.
Und führest wiederum mir diese vor?
    Laß ab, o Weib, ich habe längst verzichtet,
    Du hauchst aus Aschen noch die Glut empor!
Nicht so den süßen Blick auf mich gerichtet!
    Das Licht der Augen und der Stimme Laut,
    Es hat der Tod ja alles schon vernichtet.

Aus deinem hohlen morschen Schädel schaut
    Kein solcher Himmel mehr voll Seligkeit;
    Versunken ist die Welt, der ich vertraut.
Ich habe nur die allgewalt'ge Zeit
    Auf diesem öden Felsen überragt
    In grausenhafter Abgeschiedenheit.
Was, Bilder ihr des Lebens, widersagt
    Ihr dem, der schon den Toten angehöret?
    Zerfließet in das Nichts zurück, es tagt!
Steig auf, o Sonne, deren Schein beschwöret
    Zur Ruh den Aufruhr dieser Nachtgenossen,
    Und ende du den Kampf, der mich zerstöret.
Sie bricht hervor, und jene sind zerflossen. –
    Ich bin mit mir allein und halte wieder
    Die Kinder meines Hirns in mir verschlossen.
O tragt noch heut, ihr altersstarren Glieder,
    Mich dort hinunter, wo die Nester liegen;
    Ich lege bald zur letzten Rast euch nieder.
Verwehrt ihr, meinem Willen euch zu schmiegen,
    Wo machtlos innre Qualen sich erprobt,
    Wird endlich, endlich doch der Hunger siegen.
Es hat der Sturm im Herzen ausgetobt,
    Und hier, wo ich gelitten und gerungen,
    Hier hab' ich auszuatmen auch gelobt.
Laß, Herr, durch den ich selber mich bezwungen,
    Nicht Schiff und Menschen diesen Stein erreichen,
    Bevor mein letzter Klagelaut verklungen.
Laß klanglos mich und friedsam hier erbleichen;
    Was frommte mir annoch in später Stunde,
    Zu wandeln, eine Leiche über Leichen?
Sie schlummern in der Erde kühlem Grunde,
    Die meinen Eintritt in die Welt begrüßt,
    Und längst verschollen ist von mir die Kunde.

Ich habe, Herr, gelitten und gebüßt, –
   Doch fremd zu wallen in der Heimat – nein!
   Durch Wermut wird das Bittre nicht versüßt.
Laß weltverlassen sterben mich allein,
   Und nur auf deine Gnade noch vertrauen;
   Von deinem Himmel wird auf mein Gebein
Das Sternbild deines Kreuzes niederschauen.

HERMAN MELVILLE

Die Hood-Insel und der Eremit Oberlus

Aus: «Die Encantadas», Neunte Skizze

> Und in der finstern Schlucht, die sie betreten,
> entdecken sie, dort auf dem Boden hockend,
> gedankenvoll versunken einen Mann.
> Sein graues Haar hängt lang ihm und unbändig
> verwildert über Schultern und Gesicht.
> Darunter blickt sein Auge tödlich trübe,
> von Not und Pein die Wangen eingefallen
> und von des Hungers Qual der Mund verzerrt,
> die Kleidung nichts als jämmerliche Lappen,
> die er mit Dornen mühsam festgeheftet,
> um damit seine Blößen zu bedecken.[1]

Südöstlich von der Crossman-Insel liegt die Hood-Insel, auch «McCains bewölkte Insel» genannt, und an ihrer Südseite befindet sich eine spiegelglatte Bucht mit einem weiten Strand von dunkler, grobkörniger, schwarzer Lava mit dem Namen Black Beach oder «Oberlus' Landeplatz». Er hätte zutreffend «Charons Landeplatz» heißen können.

Sein Name rührt von einem wilden Weißen her, der hier viele Jahre verbrachte und in der Person eines Europäers in diese wüste Gegend teuflischere Gebräuche einführte, als sie bei einem der Kannibalenstämme in der Nachbarschaft anzutreffen waren.

Vor etwa einem halben Jahrhundert desertierte Oberlus auf die obengenannte Insel, die damals wie

---

[1] Vgl. Spenser, *Faerie Queene* I, IX, XXXV, 1–9 u. I, IX, XXXVI, 1–3.

heutzutage unbewohnt war. Er baute sich aus Lava und Steinen eine Wohnung etwa eine Meile weit von dem Landeplatz entfernt, der später nach ihm benannt wurde, in einer Talsenke oder erweiterten Schlucht, die hier und da zwischen den Felsen etwa zwei Äcker anbaufähigen Bodens aufwies, die einzige für einen solchen Zweck nicht zu ausgedörrte Stelle auf der Insel. Hier gelang es ihm, eine Sorte degenerierter Kartoffeln und Kürbisse zu ziehen, um sie von Zeit zu Zeit bei Walfängern, die daran Bedarf hatten, gegen Branntwein und Dollars auszutauschen.

Nach allem, was man hörte, glich er dem Opfer einer bösen Fee. Er schien von Circes Becher getrunken zu haben und war wie ein Tier. Lumpen bedeckten nur ungenügend seine Blöße. Seine sommersprossige Haut war von der beständigen Sonneneinstrahlung entzündet, seine Nase platt, sein Gesicht verzerrt, plump und erdhaft, Haar und Bart ungeschoren, üppig und von feurigem Rot. Fremden erschien er wie ein vulkanisches Wesen, als ob er mit der Insel in derselben Eruption ans Licht des Tages gebracht worden wäre. Lag er, mit Lumpen bedeckt und zusammengerollt schlafend, in seiner einsamen Lavahütte, so glich er, wie man sagte, einem Haufen zusammengewehten Laubes, den ein scharfer Nachtwind von herbstlichen Bäumen herabgefegt und bei seinem Wirbeln in einem Augenblick der Pause in einem versteckten Winkel hat liegen lassen, um dann ruhelos weiterzuwehen und seine launenhafte Tätigkeit an anderer Stelle fortzusetzen. Man sagt auch, dieser selbe Oberlus habe das seltsamste Bild abgegeben, wenn er an einem schwülen, trüben Vormittag, unter seinem häßlichen alten schwarzen Segeltuchhut verborgen, zwischen der Lava Kartoffeln hackte. So knorrig und gekrümmt war sein ganzes Wesen, daß sogar der Stiel seiner Hacke unter dem Griff seiner Hände zusammenzuschrumpfen und sich zu verbiegen schien, so daß er wie ein elender krummer Stecken aussah, der mehr der Kriegssichel eines Wilden als einem zivilisierten Hackenstiel glich. Es war eine rätselhafte Angewohnheit von ihm, bei der ersten Begegnung mit einem Fremden, diesem stets die Rückseite zu zeigen, vielleicht weil diese seine bessere war, da sie am wenigsten enthüllte. Geschah die Begegnung in seinem Garten, wie dies bisweilen der Fall war, da die Neuankommenden von der See her sofort durch die Schlucht gingen, um den seltsamen Grünwarenkrämer aufzustöbern, der hier angeblich sein Geschäft betrieb, so hackte Oberlus eine Weile weiter, ohne auf den Gruß, ob fröhlich oder gemessen, zu antworten. So, wie der neugierige Fremde versuchte, ihm ins Gesicht zu sehen, so wandte sich der Einsiedler, die Hacke in der Hand, ebenso geflissentlich ab und bückte sich, um mürrisch seine Erdäpfelhügel umzuwenden. Dies, soweit es das Hacken betraf. War er beim Pflanzen, so boten sein ganzes Äußere und alle seine Bewegungen ein Bild so voller Bosheit und nutzloser, unglücklicher Heimlichkeit, daß er aussah wie einer, der eher mit Brunnenvergiften als mit Kartoffellegen beschäftigt ist.

Zu seinen geringeren Wunderlichkeiten indes gehörte eine Einbildung, die er immer hegte, nämlich seine Besucher seien ebensosehr von dem

Wunsch beseelt, den mächtigen Eremiten Oberlus in seiner königlichen Einsamkeit zu sehen, wie einfach, um Kartoffeln zu erhalten oder auf einer einsamen Insel Gesellschaft zu finden. Es scheint unglaublich, daß ein solches Wesen diese Eitelkeit besitzen, daß ein Misanthrop so eingebildet sein könnte. Aber er hatte wirklich eine hohe Meinung von sich und gab sich aufgrund dieses großen Selbstbewußtseins gegenüber den Kapitänen oft erheiternd vornehm. Aber letzten Endes gehört das zu den wohlbekannten Absonderlichkeiten mancher Missetäter, die stolz sind auf die Verhaßtheit, die sie bekannt macht. Zu manchen Zeiten wieder ergriff ihn eine andere unberechenbare Laune, und dann verbarg er sich vor ankommenden Fremden hinter den steinernen Ecken seiner Hütte und schlich bisweilen wie ein scheuer Bär durch das verdorrte Dickicht auf den Bergen und weigerte sich, ein menschliches Gesicht zu sehen.

Außer den gelegentlichen Besuchern von der See waren für lange Zeit Oberlus' einzige Gefährten die kriechenden Schildkröten, und er schien tiefer als auf deren Stufe hinabgesunken zu sein, da er eine Zeitlang keine höheren Bedürfnisse hatte als diese, es sei denn nach der Betäubung, die ihm der Trunk brachte. Aber so erniedrigt er schien, so schlummerte doch in ihm, nur auf die Gelegenheit wartend, eine noch größere Verderbnis. Tatsächlich bestand Oberlus' einzige Überlegenheit über die Schildkröte in der Fähigkeit, sich noch mehr zu erniedrigen, und damit verbunden so etwas wie ein bewußter Wille dazu. Darüber hinaus wird das, was erzählt werden soll, vielleicht zeigen, daß

selbstsüchtiger Ehrgeiz oder Herrschsucht als
Selbstzweck alles andere als Schwächen edler Geister, sondern auch Wesen eigen sind, die überhaupt
keinen Geist besitzen. Keine Kreatur ist selbstsüch-
tig tyrannischer als das Vieh, und das wird jeder
festgestellt haben, der einmal die Insassen einer
Weide beobachtet hat.

«Diese Insel ist mein von meiner Mutter Sycorax»[1], sagte Oberlus zu sich und blickte ringsum auf seine karge Einsamkeit. Auf irgendeinem
Wege, durch Tausch oder Diebstahl – denn in
jenen Tagen berührten gelegentlich immer noch
Schiffe seinen Landeplatz –, kam er in den Besitz
einer alten Muskete mit einigen Schuß Pulver und
Blei. Mit einer Waffe fühlte er sich zu Unterneh-
mungen aufgereizt wie ein Tiger, der zum erstenmal
seine Krallen wachsen fühlt. Die lange Gewohnheit alleiniger Herrschaft über jedes Ding um
ihn her, seine fast ununterbrochene Einsamkeit,
der Mangel an Begegnung mit Menschen, es sei
denn im Rahmen misanthropischer Unabhängig-
keit oder kaufmännischer Verschlagenheit – und
auch solche Begegnungen waren verhältnismäßig
selten –, all das mußte in ihm eine ungeheure
Vorstellung seiner eigenen Bedeutung, verbunden
mit einer rein tierischen Verachtung gegenüber
dem ganzen übrigen Universum, geweckt haben.

Der unglückliche Kreole, der auf der Charles-
Insel sich seines kurzen Königtums erfreute, war
vielleicht in gewissem Umfange von nicht uneh-
renhaften Motiven bewegt, von solchen, die an-

---

[1] Shakespeare, *The Tempest,* I, 2, 334.

dere abenteuerliche Geister dazu veranlassen, Kolonisten in ferne Gegenden zu führen und eine politische Herrschaft über sie zu beanspruchen. Seine mitleidlosen Hinrichtungen vieler seiner Peruaner sind durchaus verzeihlich, wenn man sich die desperaten Charaktere vorstellt, mit denen er es zu tun hatte, während seine den zusammengerotteten Rebellen gelieferte Hundeschlacht unter diesen Umständen überhaupt gerechtfertigt erscheint. Aber für diesen König Oberlus und das, was nun folgt, läßt sich keine Entschuldigung finden. Er handelte aus reiner Freude an Tyrannei und Grausamkeit aufgrund von Eigenschaften, wie sie ihm von seiner Mutter Sycorax vererbt worden waren. Jetzt mit dieser schreckenerregenden Donnerbüchse bewaffnet und bestärkt in dem Gedanken, Herr auf dieser furchtbaren Insel zu sein, lechzte er nach einer Gelegenheit, seine Macht an dem ersten Muster der menschlichen Rasse zu beweisen, das ihm schutzlos in die Hand fiel.

Darauf brauchte er nicht lange zu warten. Eines Tages erspähte er am Strand ein Boot, neben dem ein Mann, ein Neger, stand. In einiger Entfernung ankerte ein Schiff, und sofort erkannte Oberlus, wie die Dinge lagen. Das Schiff hatte die Insel angelaufen, um Holz zu fassen, und zu diesem Zweck war die Bootsbesatzung in das Dickicht gegangen. Von einer geeigneten Stelle aus beobachtete er das Boot, und bald erschien nach und nach eine Anzahl Männer, die mit Holzstücken beladen waren. Diese warfen sie auf den Strand und gingen in das Dickicht zurück, während der Neger das Boot zu laden begann.

Jetzt beeilt Oberlus sich und spricht den Neger an. Dieser gerät, entsetzt über den Anblick eines in einer solchen Einöde wohnenden und überdies so furchtbaren Lebewesens, sofort in eine Panik und läßt sich auch nicht durch die bärenhafte Gutmütigkeit Oberlus' besänftigen, der ihn um die Gefälligkeit bittet, ihm bei der Arbeit helfen zu dürfen. Der Neger hat mehrere Holzstücke auf der Schulter und will sich gerade noch weitere aufladen, da beginnt Oberlus freundlich mit einem kurzen Strick, den er aus dem Busen zieht, diese anderen Stücke an ihren Platz zu bringen. Während er das tut, richtet er es immer so ein, daß er sich hinter dem Neger befindet, und dieser, mit Recht argwöhnisch, dreht sich vergebens immer wieder um, damit er Oberlus vor sich behält; aber auch dieser wendet sich wieder um, bis er schließlich, seiner vergeblichen Übertölpelungsversuche müde oder besorgt, von den übrigen der Gruppe überrascht zu werden, eine Strecke weit weg hinter einen Busch läuft und seine Donnerbüchse holt. Dann befiehlt er dem Neger grob, von seiner Arbeit abzulassen und ihm zu folgen. Dieser weigert sich, worauf Oberlus seine Flinte auf ihn anlegt und abdrückt. Zum Glück versagt die Donnerbüchse, aber nun läßt der Neger auf eine zweite energische Aufforderung hin, vor Angst von Sinnen, das Holz fallen, ergibt sich bedingungslos und geht mit. Über einen engen, nur ihm bekannten Pfad zieht sich Oberlus schnell aus der Nähe des Wassers zurück.

Auf ihrem Weg bergan eröffnet er dem Neger frohlockend, er müsse in Zukunft für ihn arbeiten und sein Sklave sein, und seine Behandlung werde ganz von seiner weiteren Führung abhängen. Aber getäuscht durch die erste impulsive Feigheit des Schwarzen, läßt er in einem bösen Augenblick seine Vorsicht außer acht. Als sie eine enge Stelle passieren und der Neger bemerkt, daß sein Führer nicht genügend wachsam ist, umschlingt er, ein mächtiger Bursche, ihn plötzlich mit den Armen und wirft ihn zu Boden; er entwindet ihm seine Muskete und bindet dem Ungeheuer mit seinem eigenen Strick die Hände. Dann lädt er sich ihn über die Schultern und kehrt zum Boot zurück. Wie die übrigen von der Gruppe ankommen, bringt man Oberlus an Bord des Schiffes. Dies erweist sich als ein Engländer und ein Schmuggler, ein Fahrzeug, auf dem man nicht übermäßig zart-fühlend zu sein pflegt. Oberlus wird weidlich durchgeprügelt, dann in Handschellen gelegt und an Land gebracht, wo man ihn zwingt, seine Woh-nung und sein Eigentum vorzuzeigen. Seine Kar-toffeln, Kürbisse, Schildkröten und ein Häuflein Dollars, das er sich von seinen Geschäften zurück-gelegt hat, werden sofort sichergestellt. Aber wäh-rend die allzu rachsüchtigen Schmuggler damit beschäftigt sind, seine Hütte und seinen Garten zu zerstören, gelingt es Oberlus, in die Berge zu ent-kommen, wo er sich in einem unzugänglichen, nur ihm bekannten Versteck verbirgt, bis das Schiff ab-segelt. Dann wagt er sich zurück, und mittels einer alten Feile, die er in einen Baum steckt, gelingt es ihm, sich von seinen Handschellen zu befreien.

Brütend zwischen den Trümmern seiner Hütte und den wüsten Felsen und erloschenen Vulkanen dieser verlassenen Insel, sinnt der beleidigte Misan-

throp auf eine beispielhafte Rache, aber er hält seine
Absichten verborgen. Immer noch berühren gelegentlich Schiffe den Landeplatz, und nach und nach
kann Oberlus sie wieder mit etwas Gemüse versorgen.

Gewarnt durch seinen früheren Mißerfolg,
Fremde zu entführen, verfolgt er jetzt einen ganz
anderen Plan. Wenn Seeleute an Land kommen,
gibt er sich ihnen gegenüber als der ungezwungene
Kamerad, lädt sie in seine Hütte ein und fordert sie
mit aller Freundlichkeit, deren seine rothaarige
Grimmigkeit fähig ist, auf, sich an seinem Branntwein gütlich zu tun und vergnügt zu sein. Seine
Gäste brauchen nicht lange genötigt zu werden.
Sobald sie sinnlos betrunken sind, werden sie an
Händen und Füßen gebunden in die Steinwüste
gebracht und dort verborgen gehalten, bis das
Schiff abgefahren ist. Darauf finden sie sich ganz
von Oberlus abhängig. Eingeschüchtert von seinem veränderten Benehmen, seinen wilden Dro-
hungen und vor allen Dingen von seiner schrek-
kenerregenden Donnerbüchse, treten sie willig in
seine Dienste. Sie werden seine demütigen Sklaven, und Oberlus wird der unglaublichste aller
Tyrannen, so daß zwei oder drei von ihnen schon
zu Beginn unter seiner Behandlung zugrunde gehen. Die übrigen – vier an der Zahl – läßt er den
festgebackenen Boden umbrechen, auf dem Rük-
ken Lasten von lehmiger Erde herbeitragen, die sie
in feuchten Spalten in den Bergen zusammenge-
schaufelt haben. Er hält sie bei knappster Kost und
legt bei dem geringsten Anzeichen von Unbot-
mäßigkeit sein Gewehr auf sie an. So verwandelt er

sie in jeder Hinsicht in Reptilien unter seinen Füßen
– zu plebejischen Ringelnattern unter diesem Lord
Anakonda.

Schließlich gelingt es Oberlus, sein Arsenal
durch vier rostige Entermesser und einen zusätzlichen Vorrat an Pulver und Blei für seine Donnerbüchse zu vervollständigen. Indem er jetzt größtenteils auf die Arbeit seiner Sklaven verzichtet,
erweist er sich als ein Mann oder vielmehr ein
Teufel mit einem großen Talent, andere mit
Schmeicheleien oder Zwang dazu zu bringen, sich
seinen letzten Plänen zu ergeben, obgleich sie ihnen
anfangs zuwider sind. Aber da sie infolge ihres
früheren zuchtlosen Lebens – sozusagen als Cowboys des Meeres –, das in ihnen das Empfinden
eines moralischen Menschen völlig abgetötet hat,
die Voraussetzungen für ungefähr jede Untat mitbringen, sind sie bereit, sich an der sich jetzt bietenden ersten Gelegenheit zur Niedertracht zu beteiligen. Durch ihr hoffnungsloses Elend auf der Insel
ihrer Menschlichkeit entkleidet und gewohnt, sich
in allen Dingen ihrem Herrn zu beugen, der selbst
der schlechteste aller Sklaven ist, werden diese
Wichte in seinen Händen nun vollends verführt. Er
gebraucht sie als Geschöpfe einer untergeordneten
Rasse, kurz, er versieht seine vier Tiere mit stählernen Sporen und macht Mörder aus ihnen, macht
aus Feiglingen perfekte Bravos.

Nun sind menschliche Waffen, Schwert oder
Dolch, nichts anderes als künstliche Klauen oder
Zähne, die man anschnallt, wie man einem Kampfhahn falsche Sporen anschnallt. So versah, wir wiederholen es noch einmal, Oberlus, der Zar der

Insel, seine vier Untertanen mit künstlichen Sporen. Das heißt, mit der Absicht, Ruhm zu ernten, gab er ihnen vier rostige Entermesser in die Hand. Wie jeder andere Autokrat hatte er jetzt eine vornehme Armee.

Man könnte glauben, daraus werde sich ein Sklavenkrieg ergeben. Waffen in den Händen getretener Sklaven? Wie unbedacht von Kaiser Oberlus! Nun, sie hatten nur Entermesser – eher klägliche alte Sicheln – und er eine Donnerbüchse, die durch blindes Ausstreuen von allerlei Steinbrokken, Kieseln und anderen Schlackenstücken allen vier Meuterern wie vier Tauben mit einem Schuß den Garaus gemacht hätte. Überdies schlief er anfangs nicht in seiner gewohnten Hütte. Eine Zeitlang sah man ihn bei jedem blaßgelben Sonnenuntergang seinen Weg in die zerklüfteten Felsen nehmen und sich dort bis zur Morgendämmerung unauffindbar für seine Bande in irgendeinem Schwefelloch verbergen. Da ihm dies aber schließlich zu lästig war, fesselte er seine Sklaven jeden Abend an Händen und Füßen, versteckte die Entermesser, warf die Männer in seinen Schuppen und verschloß die Tür. Dann legte er sich selbst, die Donnerbüchse in der Hand, davor unter ein kürzlich angebrachtes rohes Dach und schlief dort die Nacht über.

Es ist anzunehmen, daß Oberlus sich nicht damit zufriedengab, täglich an der Spitze seiner schönen Armee über eine schlackenbedeckte Einsamkeit zu paradieren, sondern jetzt auf Verruchtheiten sann. Wahrscheinlich plante er, ein vorüberkommendes Schiff beim Anlegen in seinem Herr-

schaftsbereich zu überraschen, die Mannschaft nie-
derzumachen und mit dem Fahrzeug in unbekannte Gegenden abzusegeln. Während dieser Plan
noch in seinem Hirn brodelt, kommen gleich zwei
Schiffe bei der Insel an, und zwar auf der seinem
Landeplatz entgegengesetzten Seite, und damit erfahren seine Pläne eine plötzliche Wendung.

Den beiden Schiffen fehlt es an Gemüse, und
Oberlus verspricht, dieses reichlich zu liefern,
wenn sie ihre Boote außen herum zu seinem Landeplatz schicken, so daß die Mannschaften das
Gemüse aus seinem Garten holen können. Gleichzeitig unterrichtet er die beiden Kapitäne, seine
Burschen – Sklaven und Soldaten – seien so unge-
heuerlich faul und nichtsnutzig geworden, daß er
sie mit gewöhnlichen Mitteln nicht zur Arbeit
bringen könne, und sie scharf anzupacken getraue
er sich nicht.

Man stimmte dem Vorschlag zu, und die Boote
wurden geschickt und auf den Strand gezogen. Die
Mannschaften gingen zu der Lavahütte, aber zu
ihrer Überraschung war niemand zugegen. Nachdem sie gewartet hatten, bis ihre Geduld erschöpft
war, kehrten sie an den Strand zurück, wo, sieh da,
ein Fremder – aber nicht der barmherzige Samari-
ter – kürzlich des Weges vorübergekommen sein
mußte. Drei von den Booten waren in tausend
Stücke zerschlagen, und das vierte fehlte. Unter
Mühsalen gelangten einige der Fremden über die
Berge und durch die Felsen auf die Seite der Insel,
wo die Schiffe lagen, und dann wurden neue Boote
abgesandt, um den Rest der unglücklichen Schar
zu befreien.

Die beiden Kapitäne waren überrascht über die Verräterei Oberlus' und befürchteten noch weitere und geheimnisvollere Abscheulichkeiten. Und tatsächlich neigten sie dazu, diese seltsamen Vorfälle mit dem dieser Insel anhaftenden Zauber in Verbindung zu bringen. So sahen sie ihre einzige Sicherheit in der sofortigen Flucht und ließen Oberlus und seine Armee im ungestörten Besitz des gestohlenen Bootes.

Am Vorabend vor ihrer Abfahrt steckten sie einen Brief in ein Fäßchen, mit dem sie dem Pazifik Mitteilung von diesem Vorfall machten, und das Fäßchen legten sie in der Bucht vor Anker. Einige Zeit darauf wurde dies von einem anderen Kapitän geöffnet, der zufällig dort ankerte, aber erst, nachdem er ein Boot um die Insel herum zu Oberlus' Landeplatz gesandt hatte. Wie man sich vorstellen kann, empfand er keine geringe Unruhe, bis das Boot zurückgekehrt war, und dann wurde ihm ein anderer Brief ausgehändigt, der Oberlus' Darstellung der Angelegenheit enthielt. Dieses kostbare halb verschimmelte Dokument hatte man an die Steinwand der schwefligen verlassenen Hütte angenagelt gefunden. Es lautete folgendermaßen – und es bewies, daß Oberlus ein vollendeter Briefschreiber und kein einfacher Tölpel war und daß er darüber hinaus über eine höchst vertrauensvolle Beredsamkeit verfügte.

Sir! Ich bin der unglücklichste mißhandelte Gentleman unter den Lebenden. Ich bin ein Patriot, der durch die grausame Hand der Tyrannei aus seinem Vaterlande vertrieben wurde.

Verbannt auf diesen Verwunschenen Inseln, habe ich immer wieder Kapitäne von Schiffen gebeten, mir ein Boot zu verkaufen, bin aber stets abgewiesen worden, obgleich ich den schönsten Preis in mexikanischen Dollars geboten habe. Schließlich fand sich eine Gelegenheit, mir eins zu verschaffen, und ich habe sie nicht vorübergehen lassen.

Ich habe mich lange Zeit bemüht, durch harte Arbeit und unter vielen einsamen Leiden etwas zurückzulegen, um es mir in einem tugendhaften, wenn auch unglücklichen Alter etwas behaglich zu machen, aber zu verschiedenen Malen bin ich beraubt und geschlagen worden von Menschen, die vorgaben, Christen zu sein.

Heute segle ich in dem guten Boot «Charity» von der Verwunschenen Inselgruppe nach den Fidschi-Inseln ab.   Oberlus, der Vaterlose

PS. Hinter dem Felsen dicht beim Ofen werdet Ihr die alte Henne finden. Tötet sie nicht, habt Geduld. Ich lasse sie brütend zurück. Sollte sie Küken bekommen, so vermache ich sie Euch, wer Ihr auch sein möget. Aber zählt Eure Küken nicht, ehe sie geschlüpft sind.

Die Henne erwies sich als ausgehungerter Hahn, der vor Schwäche nicht mehr aufstehen konnte.

Oberlus hatte erklärt, er fahre zu den Fidschi-Inseln, aber das geschah nur, um die Verfolger auf eine falsche Fährte zu bringen, denn nach einer langen Zeit ist er in seinem offenen Boot allein in Guayaquil angekommen. Da seine Bösewichter auf der Hood-Insel nicht wieder entdeckt wurden, ist anzunehmen, daß sie entweder aus Wassermangel auf der Überfahrt nach Guayaquil zugrunde gingen oder, was ebenso wahrscheinlich ist, von Oberlus über Bord geworfen wurden, als er merkte, daß die Wasservorräte zur Neige gingen.

Von Guayaquil begab sich Oberlus weiter nach Payta, und dort gelang es ihm mit dem Zauber, der manchmal den häßlichsten Wesen eigen ist, sich in die Zuneigung einer braunhäutigen Schönen einzuschleichen und sie zu überreden, ihn zu seiner «Verwunschenen Insel» zurückzubegleiten, die er ihr zweifellos als ein Paradies voller Blüten und nicht als eine Hölle voller Schlacken ausmalte.

Aber zum Unglück für die Kolonisierung der Hood-Insel mit einer ausgewählten Vielfalt aus der beseelten Natur ließ Oberlus' außergewöhnliches und teuflisches Äußere ihn in Payta als in höchstem Maße verdächtigen Charakter erscheinen, und als man ihn eines Nachts mit Streichhölzern in der Tasche unter dem Rumpf eines kleinen Schiffes fand, das gerade fertig zum Stapellauf war, wurde er festgenommen und ins Gefängnis geworfen.

Die Gefängnisse sind in den meisten südamerikanischen Staaten im allgemeinen äußerst ungesund. Sie sind aus großen, in der Sonne gebrannten Ziegelsteinen erbaut und enthalten nur einen Raum ohne Fenster und Hof und nur eine mit schweren hölzernen Balken vergitterte Tür, so daß sie von innen wie von außen den gleichen schrecklichen Anblick bieten. Als öffentliche Gebäude stehen sie ins Auge fallend auf der heißen und staubigen Plaza und geben durch die Gitterstäbe ihre verruchten und verzweifelten Insassen den

Blicken preis, wie sie dort in jeder Art kläglichen Unrats hausen. Und hier war lange Zeit Oberlus zu sehen, der Mittelpunkt einer entarteten Mörderbande; eine Kreatur, die zu verabscheuen gottgefällig ist, da es menschenfreundlich ist, den Menschenfeind zu hassen.

Anmerkung: Wer dazu neigt, die Möglichkeit des oben beschriebenen Charakters in Zweifel zu ziehen, wird auf den zweiten Band von Porters[1] «Reise in den Pazifik» verwiesen, wo er viele Sätze wiederfinden wird, die wir aus Gründen der Zeitersparnis von dort wörtlich übernommen und hier eingefügt haben. Der Hauptunterschied zwischen beiden Berichten besteht – abgesehen von einigen beiläufigen Reflexionen – darin, daß der Verfasser des Vorliegenden einiges im Pazifik aus zuverlässigen Quellen Erfahrene Porters Tatsachen hinzugefügt hat. Wo die Tatsachen einander widersprechen, hat er natürlich seine Gewährsleute denen Porters vorgezogen. So versetzen seine eigenen Zeugen Oberlus auf die Hood-Insel und die Porters auf die Charles-Insel. Der in der Hütte gefundene Brief weicht ebenfalls etwas ab, denn als der Verfasser auf den Encantadas weilte, erzählte man ihm, dieser Brief habe nicht nur eine gewisse Schreibgewandtheit erkennen lassen, sondern sei auch voll gewesen von den seltsamsten beißenden Unverschämtheiten, die in der Fassung Porters nicht annähernd deutlich werden. Deshalb habe ich den Wortlaut dem allgemeinen Charakter des Schreibers entsprechend geändert.

---

[1] Sir Robert Ker Porter (1775–1842).

Ibn Tufails Roman «Hayy ibn Yaqzān» schildert den Entwicklungsgang eines auf einer Insel ausgesetzten Menschen, der durch die denkende Betrachtung der Natur als «Philosophus autodidactus» zur höchsten Erkenntnis gelangt. (Illustration aus der 1708 in London erschienenen Übersetzung von Simon Ockley.)

HERMAN MELVILLE

The Enviable Isles

Through storms you reach them and from storms
                                         are free.
  Afar descried, the foremost drear in hue,
But, nearer, green; and, on the marge, the sea
  Makes thunder low and mist of rainbowed dew.

But, inland, where the sleep that folds the hills
A dreamier sleep, the trance of God, instills –
  On uplands hazed, in wandering airs aswoon,
Slow-swaying palms salute love's cypress tree
  Adown in vale where pebbly runlets croon
A song to lull all sorrow and all glee.

Sweet-fern and moss in many a glade are here,
  Where, strown in flocks, what cheek-flushed
                                       myriads lie
Dimpling in dream – unconscious slumberers
                                          mere,
  While billows endless round the beaches die.

HERMAN MELVILLE

—

Die seligen Inseln

Nach Stürmen landest du, und alles ruht.
  Die vordersten von ferne trüb und grau,
Doch aus der Nähe grün; am Rande macht die Flut
  Gedämpften Donner und zersprüht in Tau.

Doch innen, wo den Hügeln, schlafumhüllt,
Ein Schlaf, noch traumverlorener, von Gott, entquillt,
  Auf dunstigen Höhn, in mattem Luftgeriesel,
Da schwanken Palmen langsam den Zypressen
  Im Tal zum Gruß, wo Bäche voller Kiesel
Dir raunen Lust und Trauer in Vergessen.

In mancher Lichtung grünen Farn und Moose,
  Wo, herdengleich, der Schlafenden Myriade
Rotwangig ruht, entrückt dem Erdenlose,
  Und endlos stirbt die Brandung am Gestade.

HENRYK SIENKIEWICZ

Der Leuchtturmwärter

Die Erzählung beruht auf einer wahren Begebenheit, über die seinerzeit J. Horain[1] in seinen Briefen aus Amerika berichtete.

I

Eines Tages war der Leuchtturmwärter von Aspinwall[2], unweit von Panama, spurlos verschwunden. Da er während eines Unwetters verschwand, nahm man an, daß der Unglückliche zu dicht an das Ufer der felsigen Insel, auf der sich der Leuchtturm befand, herangetreten und dort von den Wellen fortgespült worden sei. Diese Annahme war um so wahrscheinlicher, da man am nächsten Tag auch sein Boot nicht finden konnte, das gewöhnlich in einer Felsspalte lag. Die Stelle des Leuchtturmwärters war also vakant, und sie mußte so schnell wie möglich besetzt werden, da der Leuchtturm sowohl für den lokalen Verkehr als auch für die von New York nach Panama fahrenden Schiffe eine große Bedeutung hatte.

Die Moskitobucht ist reich an Sandbänken, so daß es schon am Tage schwerfällt, eine Durchfahrt zu finden, geschweige denn nachts. Besonders bei Nebel, der oft aus den von der Äquatorsonne erwärmten Gewässern aufsteigt, ist die Fahrt fast unmöglich. Der einzige Wegweiser für die zahl-

---

[1] Julian Horain (1821–1883); Literat und Publizist; Korrespondent für mehrere polnische Zeitschriften in Amerika.
[2] Heute *Colón*.

reichen Schiffe ist dann das Licht des Leuchtturmes.

Zu den Pflichten des in Panama residierenden Konsuls der Vereinigten Staaten von Amerika gehörte es, für einen neuen Leuchtturmwärter zu sorgen. Dies war keine leichte Aufgabe, zum einen, weil man unbedingt binnen zwölf Stunden einen Nachfolger finden mußte, zum anderen, weil nur ein überaus gewissenhafter Mensch in Frage kam. Man konnte also nicht den ersten besten einstellen. Das wesentliche Problem aber war, daß es überhaupt an Bewerbern für diesen Posten mangelte.

Das Leben auf dem Turm ist ungewöhnlich hart und besitzt für die den Müßiggang und das freie Umherschweifen liebenden Südländer absolut keinen Reiz. Der Leuchtturmwärter lebt fast wie ein Gefangener. Außer am Sonntag darf er seine felsige Insel nie verlassen. Ein Boot aus Aspinwall bringt ihm täglich Lebensmittel und frisches Trinkwasser. Doch die Fährleute fahren sogleich wieder weg, und auf der gesamten Insel, deren Fläche etwa einen Morgen beträgt, befindet sich dann keine Menschenseele mehr. Der Wärter wohnt im Leuchtturm, den er in Ordnung halten muß. Tagsüber hängt er je nach Barometerstand verschiedenfarbige Flaggen als Signal heraus, und am Abend zündet er das Feuer an. Eigentlich wäre diese Arbeit nicht so beschwerlich, wenn man nicht mehr als vierhundert steile Stufen einer Wendeltreppe hinaufsteigen müßte, um zum Feuer in der Turmspitze zu gelangen. Und der Wärter muß diese Kletterpartie nicht selten mehrmals am Tag bewäl-

tigen. Er führt überhaupt ein klösterliches Leben,
ja sogar ein Einsiedlerleben.

Es ist also nicht verwunderlich, daß Mr. Isaac
Falconbridge in arger Verlegenheit war, weil er
nicht wußte, wo er einen geeigneten Nachfolger
für den Verstorbenen hernehmen sollte, und man
kann seine Freude verstehen, als sich noch am
selben Tag völlig unerwartet ein Bewerber bei ihm
meldete. Der Interessent war ein bereits bejahrter
Mann, siebzig oder älter, aber noch rüstig. Er hielt
sich aufrecht, seine Bewegungen und seine Haltung hatten etwas Soldatisches; sein Haar war ganz
weiß, die Haut braungebrannt wie bei einem Kreolen; doch nach seinen blauen Augen zu urteilen,
konnte er kein Südländer sein. Sein Gesicht hatte
einen bedrückten, traurigen Ausdruck, und zugleich wirkte er ehrlich. Er gefiel Falconbridge auf
den ersten Blick. Nun mußte er noch geprüft
werden, und so entspann sich das folgende Gespräch: «Woher kommt Ihr?»

«Ich bin Pole.»

«Was habt Ihr bisher gemacht?»

«Ich bin in der Welt umhergezogen.»

«Ein Leuchtturmwärter sollte gern fest an einem
Ort bleiben.»

«Ich muß mich ausruhen.»

«Habt Ihr irgendwo gedient? Habt Ihr Zeugnisse über Dienste beim Staat?»

Der alte Mann zog aus der Innentasche seines
Rockes einen ausgeblichenen Seidenlappen hervor,
der von einer Fahne zu stammen schien. Er breitete
den Fetzen aus und sprach: «Das hier sind meine
Zeugnisse. Dieses Kreuz habe ich im Jahre dreißig

bekommen. Das zweite hier ist spanisch und stammt aus den Karlistenkriegen, das dritte ist die französische Ehrenlegion, das vierte erhielt ich in Ungarn. Dann kämpfte ich in Amerika gegen die Südstaaten – doch da gibt es keine Kreuze, dort gab's nur dieses Papier.»

Falconbridge nahm das Papier und begann zu lesen.

«Hm! Skawiński? Ist das Euer Name? ... Hm! ... Zwei Fahnen eigenhändig mit Bajonetten im Kampf erobert... Ihr wart ein tapferer Soldat!»

«Ich vermag auch ein gewissenhafter Leuchtturmwärter zu sein.»

«Man muß dort mehrere Male am Tag den Turm hinaufsteigen. Habt Ihr gesunde Beine?»

«Ich habe zu Fuß die Great Plains durchquert.»

«*All right!* Kennt Ihr Euch in der Seefahrt aus?»

«Drei Jahre bin ich auf einem Walfänger gefahren.»

«Ihr habt Euch in vielen Berufen versucht.»

«Nur Ruhe habe ich bisher nie kennengelernt.»

«Warum?»

Der alte Mann zuckte mit den Achseln. «Das Schicksal ...»

«Dennoch, für einen Leuchtturmwärter scheint Ihr mir zu alt.»

«*Sir*», ließ sich der Bewerber plötzlich vernehmen, und seine Stimme klang bewegt, «ich bin sehr müde und abgekämpft. Wie Ihr seht, habe ich viel durchgemacht. Das ist eine Stelle, wie ich sie mir sehnlichst erwünscht habe. Ich bin alt, und ich brauche Ruhe! Ich muß mir sagen können: ‹Hier bleibst du jetzt, hier ist dein Hafen.› Ach, *Sir!* Es hängt nur von Ihnen ab. Ein zweites Mal wird sich mir ein solcher Posten nicht bieten. Was für ein Glück, daß ich in Panama gewesen bin ... Ich flehe Euch an ... Bei Gott, ich bin wie ein Schiff, das untergeht, wenn es keinen Hafen mehr findet ... Wenn Ihr einen alten Menschen glücklich machen wollt ... Ich schwöre Euch, daß ich rechtschaffen bin, und ... ich habe genug vom Umherziehen.»

Die blauen Augen des Alten baten so inständig, daß Falconbridge, der ein gutes schlichtes Herz hatte, tief gerührt war.

«*Well!*» sagte er. «Ich nehme Euch. Ihr seid der neue Leuchtturmwärter.»

Das Gesicht des Alten strahlte vor unaussprechlicher Freude: «Ich danke Ihnen.»

«Könnt Ihr noch heute zum Turm fahren?»

«Jawohl.»

«Na, dann *good-bye!* Noch eins: auf jedwede Verfehlung im Dienst folgt unverzüglich Ihre Entlassung.»

«*All right!*»

Noch am gleichen Abend, als die Sonne jenseits der Landenge versunken war und auf den strahlend hellen Tag ohne Dämmerung die Nacht folgte, war der neue Leuchtturmwärter weithin sichtbar auf seinem Posten, denn die Laterne warf wie gewöhnlich ihre grellen Lichtgarben auf das Meer. Es war eine völlig ruhige, stille, richtig subtropische Nacht. Lichter Nebel hüllte alles ein und bildete um den Mond einen großen regenbogenfarbenen Hof mit weichen, verschwommenen

Rändern. Nur das Meer brauste, denn die Flut stieg.

Skawiński stand auf der Plattform des Turmes neben dem riesigen Feuer. Von unten gesehen glich er einem schwarzen Pünktchen. Er versuchte seine Gedanken zu sammeln und sich seiner neuen Lage bewußt zu werden. Doch es war so viel Neues auf ihn eingestürmt, daß er nicht imstande war, folgerichtig zu denken. Er fühlte sich wie ein gehetztes Tier, dem es endlich gelungen war, sich vor der Meute auf irgendeinem unzugänglichen Felsen oder in einer Höhle zu verstecken. Endlich konnte er zur Ruhe kommen. Ein Gefühl der Sicherheit erfüllte seine Seele mit unsagbarer Freude. Hier, auf diesem Felsen, konnte er ganz einfach über sein früheres Wanderleben, sein Unglück und seine Mißgeschicke spotten.

Er war in der Tat wie ein Schiff, dem ein Unwetter alle Masten gebrochen und die Taue und Segel zerrissen hat, wie ein Schiff, das vom Himmel auf den Meeresgrund geschleudert, von den Wellen hin- und hergeworfen und von Schaum überspült wurde – und dennoch in den Hafen einläuft. Bilder dieses Unwetters glitten in schneller Folge an seinem geistigen Auge vorüber und bildeten zur stillen Zukunft, die jetzt beginnen sollte, einen krassen Gegensatz.

Von seinem wechselvollen Schicksal hatte er Falconbridge manches erzählt, doch tausend andre Abenteuer waren unerwähnt geblieben. Sooft er irgendwo sein Zelt aufgeschlagen und ein Feuer entfacht hatte in der Hoffnung, sich für immer ansiedeln zu können, hatte er das Pech gehabt, daß

ein Wind die Zeltpflöcke herausriß, das Feuer aus-
blies und ihn selbst ins Verderben jagte. Als er
jetzt von der Plattform des Turmes auf die von
den Lichtstrahlen beleuchteten Wellen blickte,
erinnerte er sich an alles, was er durchgemacht
hatte.

In vier Erdteilen hatte er gekämpft und sich auf
seiner Wanderschaft in fast allen Berufen versucht.
Er war arbeitsam und rechtschaffen, und zuweilen
war es ihm gelungen, sich ein paar Groschen zu
erarbeiten, die er jedoch aus unvorhersehbaren
Gründen und trotz der größten Vorsicht immer
wieder einbüßte. In Australien war er Goldgräber
gewesen, in Afrika hatte er Diamanten gesucht,
und in Ostindien hatte er als Jäger im Dienst der
Regierung gearbeitet. Als er seinerzeit in Kalifor-
nien eine Farm aufgebaut hatte – ruinierte ihn die
Dürre. Danach hatte er versucht, mit Eingeborenen aus dem Inneren Brasiliens Waren zu tauschen
– sein Floß zerschellte auf dem Amazonas. Er selbst
jedoch irrte wehrlos und fast nackt einige Wochen
lang durch den Urwald, sich nur von Wildfrüchten
ernährend. Jeden Augenblick lief er Gefahr, im
Rachen eines Raubtieres zu enden. In Helena, in
Arkansas, richtete er sich eine Schmiedewerkstatt
ein – sie brannte ab während des großen Feuers, das
die ganze Stadt in Schutt und Asche legte. Später
geriet er in den Rocky Mountains in die Hände von
Indianern – und wurde nur durch ein Wunder von
kanadischen Jägern gerettet. Er heuerte als Matrose
auf einem zwischen Bahia und Bordeaux verkeh-
renden Schiff an und fuhr später als Harpunier auf
einem Walfänger – beide Schiffe zerschellten. In

Havanna besaß er eine Zigarrenfabrik – und er wurde von seinem Kompagnon bestohlen, als er mit Gelbfieber krank darniederlag.

Endlich gelangte er nach Aspinwall, wo seine Mißgeschicke ein Ende finden sollten. Was schon konnte ihm auf dieser felsigen Insel passieren? Hier lauerten keine Gefahren, weder Wasser noch Feuer, noch Menschen. Mit den Menschen hatte Skawiński übrigens nur wenige schlechte Erfahrungen gemacht; er war mehr guten als bösen begegnet. Es kam ihm vielmehr vor, als hätten es die vier Elemente auf ihn abgesehen. Die Leute, die ihn kannten, meinten, er habe eben kein Glück; damit erklärten sie alles.

Schließlich wurde er etwas wunderlich, denn er glaubte, eine mächtige Rächerhand verfolge ihn über Länder und Meere, überallhin. Aber er sprach nicht gern darüber; nur zuweilen, wenn man ihn fragte, wessen Hand das denn sein solle, wies er auf den Polarstern[1] und erwiderte, sie komme von dort ...

Tatsächlich kann sich jemand, der so unglaublich viele Mißerfolge erlitten hat, leicht eine fixe Idee in den Kopf setzen. Übrigens war er geduldig wie ein Indianer, und eine starke, beständige Widerstandskraft, wie sie einem redlichen Herzen entspringt, war ihm eigen. In Ungarn erhielt er seinerzeit einige Bajonettstiche, weil er die mögliche Rettung verschmähte. Dabei hätte er nur einen Steigbügel zu ergreifen und um Pardon zu bitten

---

[1] *Polarstern* wurde in Polen zum Synonym für Sibirien (Verbannung), für Rußland und dessen Großmachtpolitik. *Polarstern* ist hier also eine verschlüsselte Nennung Rußlands.

brauchen. Ebensowenig ergab er sich dem Unglück. Emsig wie eine Ameise krabbelte er den Berg hinauf. Wurde er hundertmal hinabgestoßen, unerschütterlich begann er seinen Weg zum hundertundersten Mal.

Er war ein Sonderling. Dieser alte Soldat, der in Gott weiß welchen Feuern gebrannt, in der Armut geschmiedet und gehärtet worden war, besaß das Herz eines Kindes. Die Epidemie in Kuba hatte ihn nur deshalb getroffen, weil er sein gesamtes Chinin, von dem er einen beträchtlichen Vorrat besaß, an die Kranken verteilt hatte, ohne auch nur ein Gran für sich zu behalten.

Merkwürdig an ihm war auch, daß er nach den vielen Enttäuschungen stets zuversichtlich blieb und nie die Hoffnung verlor, es werde sich alles einst zum Guten kehren. Im Winter lebte er regelmäßig auf und prophezeite große Ereignisse[1]. Er erwartete sie ungeduldig und lebte jahrelang von dem Gedanken daran. Doch ein Winter folgte dem anderen, ohne daß sich etwas tat; nur Skawińskis Haare wurden weiß. Schließlich war er alt geworden, und er spürte, wie seine Energie langsam schwand. Seine Geduld verwandelte sich allmählich in Resignation; die frühere Ruhe ging immer mehr in Wehmut über, und dieser harte Soldat entwickelte sich nach und nach zu einem Heulpeter: beim geringsten Anlaß war er zu Tränen gerührt. Zudem packte ihn von Zeit zu Zeit ein fürchterliches Heimweh, das von jeder beliebigen Ursache hervorgerufen werden konnte: der An-

---

[1] Gemeint ist eine Revolution in Polen.

blick von Schwalben oder von grauen Vögeln, die aussahen wie Sperlinge; schneebedeckte Berge; das Ertönen einer Melodie, die ihn an eine einst gehörte erinnerte...

Zuletzt beherrschte ihn nur noch ein Gedanke: Ruhe! Dieser Gedanke erfüllte ihn ganz und gar. Alle anderen Wünsche und Hoffnungen gingen darin auf. Für den ewigen Wanderer war jetzt nichts erstrebenswerter, nichts wertvoller als ein stiller Winkel, in dem er sich ausruhen und friedlich sein Ende erwarten konnte. Gerade weil eine Laune des Schicksals ihn in allen Ländern und auf allen Meeren umhergetrieben hatte, so daß er kaum Atem holen konnte, bildete er sich vielleicht ein, es sei des Menschen größtes Glück, nicht herumziehen zu müssen. Wahrlich, er hätte dieses bescheidene Glück verdient, doch war er schon so sehr an Enttäuschungen gewöhnt, daß er es sich nur als unerfüllbaren Traum dachte, dessen Verwirklichung er nicht zu erhoffen wagte.

Nun hatte er ganz unerwartet binnen zwölf Stunden ein Amt erhalten, das wie für ihn geschaffen schien. Kein Wunder, daß er, nachdem er abends das Feuer angezündet hatte, fast benommen war und sich fragte, ob dies alles Wirklichkeit sei. Er wagte nicht, die Frage zu bejahen; und doch gab es unbestreitbare Beweise.

So verging ihm auf der Plattform eine Stunde nach der anderen. Er betrachtete alles, nahm es in sich auf und überzeugte sich. Man hätte meinen können, er sehe zum erstenmal in seinem Leben die See. Von den Uhren in Aspinwall schlug es bereits Mitternacht, und noch immer hatte er seine luftige Höhe nicht verlassen – er schaute hinaus. Tief unter seinen Füßen brauste das Meer. Die Linse der Laterne warf einen riesigen Lichtkegel in die Dunkelheit; hinter ihm verlor sich der Blick des Alten in der schwarzen, geheimnisvollen und grauenvollen Ferne. Aber es schien, als strebe diese Ferne dem Licht entgegen. Meilenlange Wellen rollten aus der Finsternis heran. Sie schlugen tosend an den Fuß der Insel, und man sah ihre schaumigen Kämme rosig im Licht des Leuchtturmes glitzern. Die Flut stieg stetig und überspülte die Sandbänke. Die geheimnisvolle Sprache des Ozeans erscholl immer mächtiger und lauter, manchmal wie Kanonendonner, dann wieder wie das Rauschen riesiger Wälder, dann wie fernes Stimmengewirr; zuweilen war es ganz still. Dann wiederum drangen einige tiefe Seufzer an das Ohr des Alten, worauf eine Art Schluchzen und erneute bedrohliche Ausbrüche folgten. Schließlich wehte der Wind den Nebel auseinander; doch er trieb schwarze Wolkenfetzen vor sich her, die den Mond verdeckten. Vom Westen her blies es stärker und stärker. Die Wogen sprangen wütend gegen die Steilküste am Fuße des Leuchtturmes und beleckten mit ihrem Schaum schon die Grundmauern. In der Ferne grummelte ein Gewitter. Im sturmbewegten Dunkel blitzten einige grüne Laternen, die an die Schiffsmasten gehängt waren. Diese grünen Pünktchen wurden bald emporgehoben, bald sanken sie in die Tiefe, oder sie schwankten nach links und nach rechts.

Skawiński stieg in seine Kammer hinab. Der Sturm begann zu heulen. Dort draußen auf jenen

Schiffen kämpften die Menschen mit der Nacht, mit der Finsternis und den Wogen. In seiner Stube dagegen war es ruhig und still; sogar der Hall des Donners drang nur schwach durch die dicken Mauern. Nur das regelmäßige Ticken der Uhr wiegte den Alten in den Schlaf.

2

Stunden, Tage, Wochen flossen dahin.

Die Matrosen behaupten, daß sie manchmal, wenn das Meer besonders heftig tobt, beim Namen gerufen würden. Kann die Unendlichkeit des Meeres den Menschen rufen, so ist es wohl möglich, daß, wenn er alt wird, auch noch eine andere, finstere und geheimnisvollere Unendlichkeit nach ihm ruft. Je müder er vom Leben ist, desto mehr werden ihm jene Rufe willkommen sein. Doch bedarf es der Stille, um sie vernehmen zu können. Im übrigen liebt das Alter die Einsamkeit, gleichsam als Vorgeschmack des Grabes. Für Skawiński war der Leuchtturm schon ein halbes Grab; es gibt nichts Eintönigeres als das Leben auf einem solchen Turm.

Junge Leute, die sich zum Leuchtturmdienst bereit finden, verlassen ihren Posten bald wieder. In der Regel ist ein Leuchtturmwärter ein nicht mehr ganz junger, melancholischer und verschlossener Mann. Wenn er gelegentlich einmal seinen Leuchtturm verläßt und unter Menschen kommt, bewegt er sich unter ihnen wie einer, der gerade aus einem tiefen Schlaf erwacht ist. Im Turm fehlt es an all den kleinen Eindrücken, die im normalen Leben lehren, die Dinge richtig einzuordnen. Alles, womit der Leuchtturmwärter in Berührung kommt, ist gewaltig und hat keine festen, genau bestimmbaren Konturen. Der Himmel zum Beispiel oder das Wasser – und in dieser Unendlichkeit eine einsame Menschenseele!

Bei einem solchen Leben hängt der Turmwart nur ständig seinen Gedanken nach, und nichts, nicht einmal seine Beschäftigungen, lenken ihn von diesem Grübeln ab. Ein Tag gleicht dem anderen wie die Perlen eines Rosenkranzes; lediglich Wetterveränderungenn sorgen für Abwechslung.

Skawiński indes fühlte sich glücklich wie noch nie in seinem Leben. Er stand im Morgengrauen auf, nahm seine Mahlzeit ein, putzte die Linsen an der Laterne und setzte sich dann auf die Plattform, um in die Weite des Meeres hinauszublicken. Er konnte sich an den Bildern, die sich vor ihm entrollten, nicht satt sehen. Gewöhnlich sah man auf dem riesigen türkisblauen Hintergrund Schwärme von geblähten Segeln, die im Sonnenschein so stark leuchteten, daß man die Augen schließen mußte vor dem Übermaß an Glanz. Manchmal zogen die Schiffe, die Passatwinde ausnutzend, eines nach dem anderen in langer Reihe dahin wie eine Kette von Möwen oder Albatrossen. Die roten Bojen, die den Weg wiesen, schaukelten sanft auf den Wellen. Jeden Tag erschien gegen Mittag zwischen den Segeln ein riesiger gräulicher Rauchfederbusch: der Dampfer aus New York, der Passagiere und Fracht nach Aspinwall brachte. Er zog eine lange schaumige Fährte hinter sich her.

Auf der anderen Seite der Plattform stehend, sah

Skawiński Aspinwall und dessen belebten Hafen mit einem Wald von Masten, Booten und Kähnen zum Greifen nahe vor sich ausgebreitet, und etwas weiter entfernt die weißen Häuser und Türmchen der Stadt. Von der Höhe des Leuchtturmes aus schienen die Häuser Möwennester, die Boote Käfer, und die Menschen bewegten sich wie winzige Pünktchen auf dem weißen gepflasterten Quai.

Morgens trug ein leichter Ostwind ein Durcheinander von verschiedenen Geräuschen menschlichen Treibens herüber, das vom Tuten der Dampfer übertönt wurde. Mittags kam die Stunde der Siesta; im Hafen kehrte Ruhe ein, die Möwen versteckten sich in Felsspalten, die Brandung wurde schwächer und irgendwie träge, und auf dem Land, auf dem Meer und dem Leuchtturm trat eine ungetrübte Stille ein. Die gelben, von den zurückfließenden Wellen entblößten Sandflecken leuchteten golden inmitten des Wassers; die Turmsäule zeichnete sich in harten Umrissen vor dem blauen Himmel ab. Eine Flut von Sonnenstrahlen ergoß sich vom Himmel übers Wasser, über den Sand und die Steilküste. Da übermannte den Alten eine Schwäche, die voller Süßigkeit war. Er fühlte, wie vorzüglich die Ruhe war, die er genoß, und beim Gedanken, daß sie andauern würde, fehlte ihm nichts mehr.

Er ging ganz auf in seinem Glück. Aber da man sich leicht an ein besseres Los gewöhnt, gewann er seinen Glauben und seine Zuversicht wieder: Wenn die Menschen Häuser für Invalide bauen, dann wird sich wohl endlich auch Gott seines Invaliden annehmen. Die Zeit verging und be-

stärkte ihn immer mehr in dieser Überzeugung.
Der Alte verwuchs mit dem Turm, der Laterne,
der Steilküste, den Sandbänken und der Einsamkeit. Er freundete sich mit den Möwen an, die in
den Felsspalten brüteten und abends auf dem Dach
des Leuchtturmes ihre Versammlungen abhielten;
Skawiński hatte ihnen immer die Reste seiner
Mahlzeiten hingeworfen. Schon nach kurzer Zeit
waren sie so zutraulich geworden, daß ihn beim
Füttern ein wahrer Sturm weißer Flügel umbrauste
und er sich in der Vogelschar wie ein Hirt zwischen
seinen Schafen bewegte.

Bei Ebbe wanderte er zu den niedrigen Sandbänken, wo er schmackhafte Schnecken und
schöne perlmuttschillernde Nautilusschalen sammelte, welche die abfließenden Wellen auf dem
Sand zurückgelassen hatten. Nachts, beim Schein
des Mondes und des Leuchtturmes, ging er Fische
fangen, von denen es im Felsenriff wimmelte.
Schließlich gewann er seinen Felsen und die baum-
lose Insel, die nur mit kleinen, dickblättrigen Pflanzen bewachsen war, aus denen klebriges Harz her-
aussickerte, richtig lieb. Für die Kargheit der Insel
entschädigte ihn der weite Ausblick. In den Mit-
tagsstunden, wenn die Luft sehr klar war, konnte
man die ganze mit üppigem Grün bedeckte Landenge bis zum Stillen Ozean überblicken. Skawiński
schien es dann, er sehe einen riesigen Garten vor
sich. Trauben von Kokosnüssen und Bündel von
riesigen Bananen bildeten gleich hinter den Häusern von Aspinwall prachtvolle, üppige Sträuße.
Weiter dann, zwischen Aspinwall und Panama,
war ein ungeheuer großer Wald zu sehen, über

dem jeden Morgen und Abend rötlicher Dunst
hing – ein wahrer Urwald, dessen Stämme im
Wasser standen, umschlungen von Lianen; und
wie Wellen rauschten die riesigen Orchideen, Palmen, Milch-, Eisen- und Gummibäume.

Durch sein Wächterfernrohr konnte der Alte
nicht nur die einzelnen Bäume und die breit ausla-
denden Bananenblätter ausmachen, sondern sogar
Affenhorden, große Marabus und Schwärme von
Papageien, die wie eine regenbogenfarbene Wolke
über dem Wald aufstiegen. Skawiński hatte solche
Wälder schon aus der Nähe kennengelernt, als er
nach seinem Schiffbruch auf dem Amazonas wo-
chenlang wie in einem Gewölbe durch ähnliches
grünes Dickicht geirrt war. Er hatte gesehen, daß
unter der wundervollen, lächelnden Oberfläche
viele Gefahren – gar der Tod – lauerten. In den dort
zugebrachten Nächten hatte er dicht neben sich die
unheimlich klingenden Stimmen der Brüllaffen
und das Heulen der Jaguare gehört, hatte riesige
Schlangen sich wie Lianen an den Bäumen schau-
keln gesehen; er kannte jene verträumten Wald-
seen, in denen es von Zitteraalen und Krokodilen
wimmelte; er wußte, unter welchen Beschwernis-
sen ein Mensch lebt in dieser undurchdringlichen
Wildnis, wo einzelne Blätter ihn an Größe zehnmal
überragen und wo sich blutsaugende Moskitos,
Egel und riesige gefräßige Spinnen tummeln. Er
hatte die Beschwernisse am eigenen Leibe erfahren
und erlitten. Deshalb bereitete es ihm jetzt auch ein
derart großes Vergnügen, aus der sicheren Höhe
auf jene sumpfige, tropische Ebene hinabzublik-
ken, ihre Schönheit zu bewundern und gleichzeitig

vor ihren Tücken geschützt zu sein. Der Turm bewahrte ihn vor allem Übel.

So verließ er seinen Turm auch nur am Sonntagmorgen. Er zog dann seinen blauen Dienstrock mit den silbernen Knöpfen an und schmückte seine Brust mit den Orden. Stolz reckte er sein schlohweißes Haupt, wenn er beim Verlassen der Kirche hörte, wie die Kreolen zueinander sagten: «Wir haben einen ordentlichen Leuchtturmwärter. Und keinen Ketzer, obwohl er *Yankee* ist.»

Nach der Messe kehrte er sogleich wieder auf die Insel zurück und war glücklich, heimzukommen, denn noch traute er dem Festland nicht. Sonntags war es auch, da er halblaut vor sich hin murmelnd die spanische Zeitung, die er in der Stadt zu kaufen pflegte, oder den New Yorker «Herald», den er sich bei Falconbridge borgte, las und darin eifrig nach Neuigkeiten aus Europa suchte. Das arme alte Herz! Auf dem Wachtturm und auf der anderen Halbkugel der Erde schlug es noch immer für das Vaterland. Manchmal, wenn das Boot, das ihm täglich Nahrung und Wasser brachte, an der Insel anlegte, stieg er vom Turm herab, um mit dem Hafenwächter Johns ein Schwätzchen zu halten. Doch nach einiger Zeit wurde er, so schien es, völlig menschenscheu. Er kam nicht mehr in die Stadt, las keine Zeitungen mehr und stieg auch nicht mehr zur politischen Debatte mit Johns herab. Wochen vergingen, ohne daß er von jemandem gesehen wurde oder selber jemanden zu Gesicht bekam. Das einzige Zeichen, daß der Alte noch lebte, war das Verschwinden der am Ufer hingestellten Lebensmittel und

234

das Feuer im Leuchtturm, das jeden Abend mit derselben Regelmäßigkeit angezündet wurde, mit der die Sonne in jener Gegend morgens aus dem Meer steigt. Offensichtlich war dem Alten die ihn umgebende Welt gleichgültig geworden; der Grund dafür war nicht das Heimweh, vielmehr die Tatsache, daß sogar dieses von Resignation erfaßt worden war. Die Insel war nunmehr für den Alten der Anfang und das Ende der Welt. Bereits hatte er sich an den Gedanken gewöhnt, den Turm bis ans Ende seiner Tage nicht mehr zu verlassen. Er hatte vergessen, daß es noch etwas anderes gab.

Er war zum Mystiker geworden. Seine sanften blauen Augen bekamen einen kindlichen Ausdruck; versonnen blickten sie in die Ferne. In der ständigen Abgeschiedenheit und angesichts seiner überaus einfachen, aber großartigen Umgebung verlor der Alte allmählich das Gefühl seiner Individualität, hörte auf als Person zu existieren und verschmolz mehr und mehr mit seiner Umgebung. Er sann darüber nicht nach, er nahm es unbewußt wahr; schließlich schienen ihm der Himmel und das Wasser, sein Felsen, der Turm und die goldenen Sandbänke, die geblähten Segel, die Möwen, Ebbe und Flut eine Einheit zu sein: eine ungeheuer große, geheimnisvolle Seele. Er selber fühlte sich als Teil des Geheimnisses und spürte die Seele, wie sie lebt und auf alles einen besänftigenden Einfluß hat; er versank in ihr, wiegte sich ein und vergaß sich selbst; in der Beschränkung auf sein eigenes, abgeschiedenes Dasein, halb wach, halb träumend, fand er eine Ruhe, die so groß war, daß sie beinahe dem Scheintod glich.

3

Doch das Erwachen kam.

Als Skawiński eines Tages – das Boot hatte eine Stunde zuvor Wasser und neue Lebensmittelvorräte gebracht – vom Turm herabstieg, bemerkte er neben der üblichen Ladung ein zusätzliches Paket. Auf seiner Oberseite befanden sich Briefmarken der Vereinigten Staaten und, auf grobes Segeltuch geschrieben, die deutlich lesbare Adresse: «Skawiński Esq.» Der neugierig gewordene Alte schnitt die Leinwand auf und erblickte Bücher. Er nahm eines in die Hand, warf einen Blick darauf und legte es wieder zurück, wobei seine Hände stark zu zittern begannen. Er schirmte seine Augen mit der Hand ab, als ob er ihnen nicht trauen könnte; er glaubte zu träumen. Es war ein polnisches Buch. Was hatte das zu bedeuten? Wer konnte ihm das Buch geschickt haben? Im ersten Augenblick hatte er offenbar vergessen, daß er gleich zu Beginn seiner Amtszeit als Leuchtturmwärter im «Herald», den er sich vom Konsul geliehen hatte, von der Gründung einer polnischen Gesellschaft gelesen und ihr umgehend die Hälfte seines Monatslohnes, mit dem er ohnehin auf dem Turm nichts anzufangen wußte, geschickt hatte. Die Gesellschaft zeigte sich nun erkenntlich, indem sie polnische Bücher sandte. Sie kamen also auf ganz natürlichem Wege, aber im ersten Moment war es dem Alten unfaßbar. Polnische Bücher in Aspinwall, auf seinem Turm, in seiner Einsamkeit waren für ihn etwas Außergewöhnliches, ein Hauch der Vergangenheit, ein Wunder. Jetzt schien ihm, wie jenen in der Nacht segelnden Schiffern, etwas habe ihn mit geliebter, aber fast vergessener Stimme beim Namen gerufen. Er blieb eine Weile mit geschlossenen Augen sitzen und war sich beinahe sicher, daß der Traum verschwinden würde, sobald er die Augen öffnete. Doch nein! Das aufgeschnittene Paket lag, von den Strahlen der Nachmittagssonne beleuchtet, deutlich sichtbar vor ihm, und obenauf lag das bereits aufgeschlagene Buch. Als der Alte seine Hand danach ausstreckte, hörte er in der Stille sein Herz pochen. Er schaute kurz hin: es waren Verse. Oben stand in großen Lettern der Titel, darunter dann der Name des Verfassers. Der Name war Skawiński nicht unbekannt; er wußte, daß sich in ihm ein großer Dichter verbarg, dessen Werke er nach 1830 in Paris gelesen hatte. Später, als er in Algerien und in Spanien kämpfte, hörte er seine Landsleute vom ständig wachsenden Ruhm dieses großen Poeten sprechen, doch war er zu der Zeit so sehr an das Gewehr gewöhnt, daß er kein Buch in die Hand nahm. Im Jahre neunundvierzig ging er nach Amerika, und bei dem abenteuerlichen Leben, das er führte, begegnete er kaum einem Polen, und polnischen Büchern schon gar nicht. Um so größer war nun die Hast, mit der er die Titelseite umblätterte, und um so heftiger schlug sein Herz. Es schien ihm jetzt, als würde sich auf seinem einsamen Felsen etwas Feierliches ereignen. Es war ein Augenblick tiefen Friedens und großer Stille. Die Uhren von Aspinwall hatten eben die fünfte Nachmittagsstunde geschlagen. Am klaren Firmament zeigte sich kein einziges Wölkchen, lediglich

237

ein paar Möwen schwebten am azurblauen Himmel. Der Ozean ruhte unbeweglich. Die Wellen murmelten leise und ergossen sich sanft über den Sand. In der Ferne lächelten die weißen Häuser Aspinwalls und wundervolle Palmengruppen. In der Tat, es war irgendwie feierlich, still und erhaben. Plötzlich ertönte in dieser Stille die bebende Stimme des Alten, der, um selbst besser verstehen zu können, laut las:

«Litauen! Wie die Gesundheit bist du, mein
Vaterland!
Wer dich noch nicht verloren, der hat dich
nicht erkannt.
In deiner ganzen Schönheit prangst du heut
vor mir.
So will ich von dir singen, denn mich verlangt
nach dir!»

Skawiński versagte die Stimme. Die Buchstaben begannen vor seinen Augen zu tanzen; etwas sprengte seine Brust, und eine Welle stieg vom Herzen immer höher und höher, erstickte seine Stimme, schnürte ihm die Kehle zu. Nach einer Weile hatte er sich wieder in der Gewalt und las weiter:

«O Heil'ge Jungfrau, Częstochowas Schirm und
Schild,
Leuchte der Ostrabrama[1]! Du, deren Gnadenbild

---

[1] Stadttor von Wilna, in dem ein als wundertätig verehrtes Muttergottesbild aufbewahrt wird, das Wilna zum Wallfahrtsort macht. Was Częstochowa für Polen, ist Wilna (Ostrabrama) für Litauen.

Schloß Nowogródek und sein treues Volk
bewacht:
Wie mich, als Kind, dein Wunder einst gesund
gemacht,
Als von der weinenden Mutter in deinen Schutz
gegeben,
Ich das erstorbne Aug' erhob zu neuem Leben,
Und konnte gleich zu Fuß in deine Tempel gehn
Gerettet, Gott zu danken für das Heil, das mir
geschehn:
So wird zum Schoß der Heimat dein Wunder uns
wiederbringen!»

Aber eine anschwellende Woge durchbrach den
Damm seines Willens. Der Alte schrie auf und warf
sich auf die Erde; seine schlohweißen Haare ver-
mischten sich mit dem Küstensand. Fast vierzig
Jahre waren verstrichen, seit er seine Heimat zum
letztenmal gesehen hatte, und Gott weiß, wie lange
es her war, daß er seine Muttersprache zuletzt
gehört hatte. Und nun war sie von selbst zu ihm
gekommen, über den Ozean, und hatte ihn in
seiner Einsamkeit auf der anderen Halbkugel der
Erde gefunden, die geliebte, so teure, so schöne
Sprache! Das Schluchzen, das ihn schüttelte, entsprang nicht dem Schmerz, sondern einer plötzlich
aufgeflammten grenzenlosen Liebe, die alles andere nichtig erscheinen ließ.

Mit seinen Tränen bat er die vielgeliebte, die
ferne Heimat um Verzeihung, daß er so alt geworden, daß er mit seinem einsamen Felsen schon so
verwachsen war und sich so vergessen hatte, daß
seine Sehnsucht langsam verblaßt war. Doch nun

war er, wie es im Gedicht heißt, durch ein Wunder heimgeführt. Dies brach ihm das Herz. Eine Minute nach der anderen verging – er blieb liegen. Die Möwen kamen zum Leuchtturm geflogen, sie kreischten, als wären sie um ihren alten Freund besorgt. Zu dieser Zeit pflegte er sie sonst mit seinen Essensresten zu füttern, und darum flogen einige von der Spitze des Turmes zu ihm herab. Dann kamen immer mehr; sie fingen an, ihn sanft zu picken und über seinem Kopf herumzuflattern. Das Geräusch der Flügel weckte ihn. Nachdem er sich ausgeweint hatte, lag auf seinem Gesicht ein fast ruhiger, strahlender Ausdruck, und seine Augen leuchteten beseelt. Mechanisch verteilte er all seine Nahrungsmittel unter die Vögel, die sich mit Geschrei darauf stürzten, er selbst dagegen griff wieder zum Buch. Die Sonne stand jetzt schon fast über den Gärten und den unberührten Wäldern Panamas und versank langsam hinter der Landzunge im anderen Ozean, doch noch war der Atlantik voller Glanz; es war noch ganz hell, und so las er weiter:

«Jetzt trage meine Seele, von Sehnsucht
                            übermannt,
Nach jenen Waldeshöhen, nach jener
                            Wiesenau . . .»

Die Dämmerung verwischte die Buchstaben auf dem weißen Blatt – es war eine kurze Dämmerung, die kaum einen Augenblick lang währte. Der Alte lehnte seinen Kopf an den Felsen und schloß die Augen. Sodann nahm sie, «Częstochowas Schirm und Schild», von seiner Seele Besitz und führte ihn «hin zu den Feldern, die buntfarben schillern von mancherlei Korn». Am Himmel flammten rote und goldene Streifen, und er flog in diesem Licht den geliebten Gefilden entgegen. In seinen Ohren rauschten die Kiefernwälder, murmelten die heimatlichen Flüsse. Er sah alles vor sich, wie es gewesen war. Alles fragte ihn: «Erinnerst du dich noch?» Und ob er sich erinnerte! Er sah weite Felder, Flurraine, Wiesen, Wälder und Dörfer.

Es war Nacht geworden! Um diese Zeit erhellte sein Leuchtturm normalerweise schon die Finsternis des Meeres; doch er war jetzt in seinem Heimatdorf. Das alte Haupt sank ihm auf die Brust, und er träumte.

Die Bilder ziehen vor seinen Augen rasch und etwas verworren vorüber. Sein Elternhaus sieht er nicht, denn der Krieg hat es dem Erdboden gleichgemacht; er sieht weder Vater noch Mutter, denn sie starben, als er noch ein Kind war, aber sonst sieht das Dorf aus, als hätte er es gestern verlassen: eine Reihe von Hütten mit Lichtern in den Fenstern, der Damm, die Mühle, die zwei einander gegenüberliegenden Teiche, aus denen die Froschchöre erschallen. Einst stand er des Nachts mit seinem Pferd im Dorf Wache und lauschte auf feindliche Bewegungen. Jetzt taucht diese Vergangenheit plötzlich aus einer Reihe anderer Traumbilder vor ihm auf. Er ist wieder Ulan und steht auf seinem Posten: Aus der Ferne schaut ihn das Wirtshaus mit seinen leuchtenden Augen an, es singt und klingt. Durch die nächtliche Stille dröhnen das Stampfen der Füße, die Klänge der Geigen und Bässe. «U-ha! U-ha!» Da schlagen die Ulanen mit

241

ihren eisenbeschlagenen Absätzen Feuer, und er
langweilt sich allein auf seinem Pferd! Die Stunden
ziehen träge dahin, schließlich verlöschen die Lichter. Jetzt ist weit und breit nur Nebel, dichter
Nebel. Der Dunst steigt von den Wiesen auf und
hüllt die ganze Welt in eine weißliche Wolke. Man
könnte meinen: ein Ozean. Es sind aber die Wiesen.
Bald wird sich der Wachtelkönig vernehmen lassen und die Rohrdommel im Ried rufen. Die
Nacht ist still und kühl – eine wahrhaft polnische
Nacht. Entfernt rauscht ein dichter, alter Kiefern-
wald, obwohl es windstill ist, wie die Brandung. In
Kürze wird die Morgendämmerung den Osten
erhellen; auch die Hähne krähen schon in den
Höfen. Von Hütte zu Hütte gibt einer dem anderen
den Ton an; gleichzeitig schreien die Kraniche aus
der Höhe. Der Ulan fühlt sich frisch und munter.
Er hat gehört, daß am anderen Tag eine Schlacht
stattfinden wird. Ha, da wird er eben gehen, wie
die anderen gehen werden; mit wehenden Fahnen
und viel Lärm. Sein junges Blut pocht ungestüm,
obwohl ein kühler Nachtwind weht. Doch schon
dämmert es! Die Nacht beginnt dem Morgen zu
weichen; aus den Schatten tauchen Wälder auf,
Büsche, eine Reihe von Hütten, die Mühle; die
Schatten verwandeln sich in Pappeln. Die Pum-
penschwengel knarren wie eine Blechfahne auf
einem Turm. Wie herrlich ist doch die geliebte
Heimat im rosigen Schein des Morgens! Ach, Einzige! Still! Der wachsame Posten hört jemanden
nahen. Sicherlich kommt die Wachablösung...

Plötzlich ertönt eine Stimme über Skawiński:
«He, Alter? Steht auf! Was ist mich Euch?»

Der Alte öffnet die Augen und schaut verwundert auf den vor ihm stehenden Mann. Die letzten Bilder kämpfen in seinem Kopfe mit der Wirklichkeit; schließlich verblassen und verschwinden die Traumbilder. Vor ihm steht Johns, der Hafenwächter.

«Was gibt's?» fragte er. «Seid Ihr krank?»

«Nein.»

«Ihr habt im Leuchtturm kein Feuer angezündet. Ihr fliegt aus dem Dienst. Das Boot von San Geromo ist auf eine Sandbank aufgelaufen. Zum Glück ist niemand ertrunken, sonst würdet Ihr vor Gericht gestellt. Kommt mit mir, den Rest hört Ihr im Konsulat.»

Der Alte erblaßte. Er hatte tatsächlich vergessen, diese Nacht, das Feuer im Leuchtturm anzuzünden.

Ein paar Tage später wurde er an Deck des Schiffes gesehen, das von Aspinwall nach New York fuhr. Der Ärmste hatte seinen Posten verloren. Das unstete Wanderleben lag wieder vor ihm. Der Wind hatte das Blatt von neuem ergriffen, um es über Länder und Meere zu wehen, um nach Belieben sein grausames Spiel mit ihm zu treiben. Der Alte war in diesen wenigen Tagen zum Greis geworden; er war förmlich in sich zusammengesunken. Nur seine Augen hatten ihren früheren Glanz behalten.

Auf den neuen Lebensweg jedoch hatte er sein Buch mitgenommen, das er an seiner Brust trug und von Zeit zu Zeit an sich drückte, als hätte er Angst, daß auch dies ihm verlorengehen könnte.

ANDREW MARVELL

Bermudas

Where the remote *Bermudas* ride
In th' Oceans bosome unespy'd,
From a small Boat, that row'd along,
The listning Winds receiv'd this Song.
    What should we do but sing his Praise
That led us through the watry Maze,
Unto an Isle so long unknown,
And yet far kinder than our own?
Where he the huge Sea-Monsters wracks,
That lift the Deep upon their Backs.
He lands us on a grassy Stage;
Safe from the Storms, and Prelat's rage.
He gave us this eternal Spring,
Which here enamells every thing;
And sends the Fowl's to us in care,
On daily Visits through the Air.
He hangs in shades the Orange bright,
Like golden Lamps in a green Night.
And does in the Pomgranates close,
Jewels more rich than *Ormus* show's.
He makes the Figs our mouths to meet;
And throws the Melons at our feet.
But Apples plants of such a price,
No Tree could ever bear them twice.

ANDREW MARVELL

Bermudas

Wo fern die Bermudas[1] schwebend stehn
Im Schoß des Meeres, ungesehn,
Ein kleines Boot, es rudert hin,
Dies Lied erlauscht' der Wind von ihm:
  «Es drängt uns, dessen Ruhm zu künden,
Der uns geführt aus Wasserschlünden
Zur Insel, lange nicht bekannt,
Doch gastlicher als unser Land.
Wo er manch Meeresuntier schlägt,
Das auf dem Rücken die Tiefe trägt.
Er hat uns auf grüne Flur gehoben,
Fern von des Meers und der Prälaten Toben.
Er gab uns ewigen Frühlings Fest,
Der perlgleich alles schimmern läßt;
Sein Sorgen schickt uns Vögel g'nug,
Zu täglichem Besuch im Flug.
Er hängt der Goldorangen Pracht
In Schatten wie Lichter in grüner Nacht;
Und schließt in Granatäpfeln ein
Juwelen reicher als Hormuz' Stein.
Er hält uns Feigen an den Mund,
Wirft uns zu Füßen Melonen rund,
Pflanzt Äpfel auch, so wundersam,
Kein Baum sie zweimal tragen kann.

---

[1] Kurz nach 1600 wurden die Bermudas Zufluchtsort von religiös Verfolgten, die sich von der englischen Hochkirche und ihren Prälaten abgewendet hatten.

With Cedars, chosen by his hand,
From *Lebanon,* he stores the Land.
And makes the hollow Seas, that roar,
Proclaime the Ambergris on shoar.
He cast (of which we rather boast)
The Gospels Pearl upon our Coast.
And in these Rocks for us did frame
A Temple, where to sound his Name.
Oh let our Voice his Praise exalt,
Till it arrive at Heavens Vault:
Which thence (perhaps) rebounding, may
Eccho beyond the *Mexique Bay.*

Thus sung they, in the *English* boat,
An holy and a chearful Note,
And all the way, to guide their Chime,
With falling Oars they kept the time.

246

Mit Zedern, die er selbst gewählt
Vom Libanon, er's Land bestellt;
Er heißt die hohlen Seen, die schreien,
Den Bernstein gelb ans Ufer speien.
Er warf uns – als besondère Gnade –
Des Evangeliums Perle ans Gestade,
Und hat die Felsen hier erbaut
Als Kirche, ihn zu preisen laut.
O strömte unser Jubelchor
Doch bis zum Himmelsdom empor,
Von wo ein Widerhall vielleicht
Den Golf von Mexiko erreicht!»
    Im englischen Boot so klang ihr Lied
Aus frommem, fröhlichem Gemüt,
Und ihrem Sang den ganzen Tag
Gab rechten Takt der Ruderschlag.

«Johannes auf Patmos». Das zehnte der insgesamt fünfzehn Blätter, die Albrecht Dürer 1498 und 1511 zur «Apokalypse» geschaffen hat. Der Evangelist Johannes soll als Verbannter auf der Insel Patmos die Geheime Offenbarung geschrieben haben (Off. 1,9).

ROBERT LOUIS STEVENSON

Die Insel der Stimmen

Keola war mit Lehua verheiratet, der Tochter Kalamakes, des Weisen von Molokai, und er wohnte unter ihres Vaters Dach. Niemand war so gewitzt wie dieser Seher. Er deutete die Sterne, las in den Eingeweiden der Toten und der Geschöpfe des Bösen; er ging allein zuoberst auf den Berg hinauf, wo die Kobolde hausten, und stellte den Geistern der Ahnen Fallen.

Darum war sein Rat so begehrt wie kein andrer im Königreich Hawaii. Wer klug war, kaufte und verkaufte, heiratete und plante sein ganzes Leben nach seinem Wort; und zweimal bat ihn der König nach Kona, um den Schatz des Kamehameha zu suchen. Auch war niemand so gefürchtet wie er; von seinen Feinden siechten manche dahin unter seinem starken Zauber, andere wurden weggehext, mit Leib und Seele, so daß sich von ihnen kein Knochen mehr fand. Es hieß, er besitze die Gabe oder Kunst der Helden der Vorzeit. Die Leute hatten ihn des Nachts auf den Bergen gesehen, wie er von einem Felsen zum andern schritt; sie hatten ihn durch den Urwald streifen sehen, und Kopf und Schultern ragten über die Bäume.

Kalamake war auch merkwürdig anzusehen. In ihm floß das edelste Blut von Molokai und Maui, er war reiner Abstammung und doch weißhäutiger als irgendein Fremder; sein Haar hatte die Farbe von trockenem Gras, und seine Augen waren rot und stockblind, so daß «blind wie Kalamake, der weiter sieht als morgen» eine häufige Redensart war auf den Inseln.

Von all diesen Taten seines Schwiegervaters hatte Keola ein wenig erzählen hören, etwas mehr ahnte er, und um den Rest kümmerte er sich nicht. Nur etwas beschäftigte ihn. Kalamake sparte nicht an Essen, Trinken und Kleidung und bezahlte alles mit glänzenden neuen Dollars. «Es glänzt wie Kalamakes Dollars» war ebenfalls sprichwörtlich auf den Acht Inseln. Und dabei verkaufte er nichts, baute nichts an und nahm auch keinen Lohn – außer gelegentlich für eine Zauberei –, und konnte man sich einen Quell denken, aus dem so viel Silbergeld floß?

Eines Tages geschah es, daß Keolas Frau in Kaunakakai auf der Leeseite der Insel zu Besuch war und die Männer auf dem Meer draußen fischten. Aber Keola war ein fauler Hund, er lag auf der Veranda und sah zu, wie die Brandung gegen das Ufer schlug und die Vögel um die Klippe flogen. Ein Gedanke aber ließ ihn nicht los – der Gedanke an die glänzenden Dollars. Wenn er zu Bett ging, fragte er sich, warum da so viele waren, und am Morgen beim Erwachen, warum sie alle neu waren; die Sache ging ihm nie aus dem Sinn. Und eben heute hatte er eine Entdeckung gemacht, die ihm zu denken gab. Er glaubte herausgefunden zu haben, wo Kalamake seinen Schatz aufbewahrte, nämlich in einem verschließbaren Schreibtisch an der Salonwand, unter einem Druck Kamehamehas V. und einer Photographie der Königin Viktoria mit ihrer Krone; und eben erst in der vergangenen Nacht war es ihm offenbar gelungen, einen Blick hineinzuwerfen, und was sah er: die Tasche war leer! Und heute kam der Dampfer, er sah schon den Qualm vor Kalaupapa, und bald mußte er hier sein, beladen mit Waren für einen Monat, eingemachtem Lachs, Gin und sonst allen möglichen Köstlichkeiten für Kalamake.

«Wenn er heute seine Ware bezahlt», dachte Keola, «weiß ich sicher, daß der Mann hexen kann und die Dollars dem Teufel aus der Tasche zieht.»

Eben als er das dachte, tauchte sein Schwiegervater hinter ihm auf und verzog das Gesicht. «Ist das der Dampfer?» fragte er.

«Ja», sagte Keola. «Er hält nur noch in Pelekunu, und dann ist er hier.»

«So geht es nicht anders», erwiderte Kalamake, «und ich muß dich ins Vertrauen ziehen, Keola, weil ich gerade keinen Besseren finde. Komm mit ins Haus!»

Sie gingen zusammen in den Salon, der sehr fein war, mit Tapeten, Drucken an den Wänden und im europäischen Stil mit Schaukelstuhl, Tisch und Sofa möbliert. Auch ein Büchergestell und eine Familienbibel mitten auf dem Tisch gab es und an der Wand den verschließbaren Schreibtisch, so daß alle gleich sehen konnten, daß hier ein bedeutender Mann wohnte.

Kalamake hieß Keola die Fensterläden schließen, während er selbst alle Türen zusperrte, den Deckel des Schreibtisches öffnete und ihm ein Paar mit Amuletten und Muscheln besetzte Halsketten, ein Büschel getrockneter Kräuter, dürres Laub und einen grünen Palmwedel entnahm.

«Was ich vorhabe», sagte er, «ist unerhört. Die Alten waren weise und vollbrachten Wunderdinge, darunter auch dieses; aber das war bei Nacht, in der Dunkelheit, bei günstigem Stand der Sterne, in der Wüste. Dasselbe will ich in meinem eigenen Haus tun, am hellichten Tag.» Damit legte er die Bibel unter das Sofakissen, so daß sie nicht mehr hervorguckte, zog nun eine Matte aus wundersam feinem Geflecht unter diesem selben Kissen hervor und häufte die Kräuter und Blätter in eine Blechpfanne mit Sand. Dann hängten er und Keola die Ketten um und stellten sich einander gegenüber auf die Ecken der Matte.

«Es ist soweit», sagte der Hexer, «fürchte dich nicht.»

Er zündete die Kräuter an, murmelte etwas und schwenkte den Palmwedel. Das Licht war erst nur schwach, weil die Läden geschlossen waren, aber bald brannten die Kräuter lichterloh, und die Flammen schlugen Keola entgegen, und der Raum glühte im Feuerschein. Und dann stieg Rauch auf und verwirrte ihm den Kopf und blendete seine Augen, und Kalamakes Gemurmel summte ihm in den Ohren. Und plötzlich ruckte und zuckte es gleichsam schneller als der Blitz an der Matte, auf der sie standen. Im selben Augenblick waren Zimmer und Haus verschwunden, und es verschlug Keola den Atem. Eine Flut von Sonnenlicht ergoß sich ihm über Kopf und Augen, und er sah sich an einen Meeresstrand unter sengender Sonne versetzt, gegen den die Brandung toste. Sprachlos und außer Atem stand er mit dem Magier auf der

Matte, und sie hielten sich aneinander fest und wischten sich mit der Hand über die Augen.

«Was war das?» rief Keola, der, weil er der Jüngere war, sich als erster wieder gefaßt hatte. «Das war wie Sterben.»

«Einerlei», japste Kalamake, «es ist vorbei.»

«Und wo, um Gottes willen, sind wir jetzt?» rief Keola.

«Frag nicht», antwortete der Zauberer. «Da wir hier sind, haben wir etliches zu erledigen, und dem wollen wir uns nun zuwenden. Du gehst jetzt, während ich mich ausruhe, zum Waldrand und bringst mir die Blätter von dem und dem Kraut und dem und dem Baum, die dort in großer Zahl wachsen – drei Handvoll von jedem. Und beeile dich! Wir müssen wieder zurück sein, bevor der Dampfer kommt; unser Verschwinden würde sonst auffallen.» Und er setzte sich keuchend auf den Sand.

Keola lief den Strand aus leuchtendem Sand und Koralle hinauf, der mit eigenartigen Muscheln übersät war, und dachte bei sich: «Warum kenne ich diesen Strand nicht? Ich will wieder herkommen und Muscheln suchen.»

Vor ihm säumten Palmen den Horizont; keine Palmen wie die auf den Acht Inseln, sondern hohe, kräftige, prachtvolle Bäume, an denen die verdorrten Wedel im Grün golden schimmerten, und er dachte bei sich: «Seltsam, daß ich nie auf diesen Hain gestoßen bin. Ich will wieder herkommen und hier schlafen, wenn es warm ist.» Und gleich dachte er: «Wie warm es plötzlich geworden ist!» Denn es war Winter auf Hawaii, und der Tag war

253

kühl gewesen. Und dann dachte er: «Wo sind die grauen Berge? Und wo ist der hohe Felsen mit den hängenden Wäldern und den Vögeln, die um ihn kreisen?» Und je länger er überlegte, desto weniger konnte er sich vorstellen, auf welcher Insel er wohl gelandet war.

Das Kraut wuchs am Rande des Hains, dort, wo der Strand aufhörte, aber der Baum war weiter hinten. Und als Keola darauf zuging, bemerkte er eine junge Frau, die nichts anhatte als einen Gürtel aus Laub.

«Na!» dachte Keola, «auf Kleidung geben die hier nicht besonders acht.» Und er hielt inne, weil er glaubte, sie würde ihn sehen und davonrennen; als er aber merkte, daß sie immer noch geradeaus schaute, blieb er stehen und summte laut. Bei dem Geräusch sprang sie auf. Ihr Gesicht war aschfahl; sie sah hierhin und dorthin, und das Entsetzen der Seele ließ ihr den Mund offenstehen. Aber seltsam, nie ruhte ihr Blick auf Keola.

«Guten Tag», sagte er. «Du brauchst nicht so zu erschrecken, ich fresse dich nicht.» Aber kaum hatte er den Mund aufgemacht, floh die junge Frau in den Busch.

«Das sind merkwürdige Manieren», dachte Keola und rannte ihr, ohne sich lange zu besinnen, nach.

Im Laufen rief das Mädchen die ganze Zeit in einer Sprache, die auf Hawaii nicht gesprochen wurde, obwohl manche Wörter gleich waren, so daß er merkte, daß sie andere rief und warnte. Und schon sah er mehr Leute rennen – Männer, Frauen, Kinder, alle miteinander –, und sie liefen und schrien, als ob es brennen würde. Da bekam er selber Angst, kehrte um und brachte Kalamake die Blätter. Ihm erzählte er alles, was er gesehen hatte.

«Kümmere dich nicht darum», sagte Kalamake. «Es ist wie ein Traum und Schattenspiel. Es wird vergehen und vergessen sein.»

«Es war, als könnten sie mich nicht sehen», sagte Keola.

«Sie konnten dich nicht sehen», antwortete der Hexenmeister.

«Der Zauber macht uns unsichtbar am hellichten Tag. Aber sie hören uns, und darum ist es gut, leise zu reden wie ich.»

Damit legte er Steine im Kreis um die Matte und gab die Blätter in die Mitte.

«Du hast darauf zu achten», sagte er, «daß das Laub gut brennt, und nährst das Feuer langsam. Während es flammt – das dauert nur einen Augenblick –, muß ich meinen Auftrag erfüllen, und dann führt uns dieselbe Macht, mit der wir kamen, wieder zurück, ehe es zu Asche verkohlt. Halte jetzt dein Streichholz bereit, und ruf mich beizeiten, bevor die Flammen verlöschen und ich zurückbleiben muß.»

Sobald das Laub Feuer fing, sprang der Zauberer wie ein Reh aus dem Kreis und raste über den Strand wie ein Hund, der aus dem Wasser kommt. Dabei bückte er sich immer wieder nach Muscheln, und es schien Keola, als glitzerten sie in seiner Hand, wenn er sie aufhob. In der hellen Glut verzehrte sich das Laub rasch, und bald hatte Keola nur noch eine Handvoll übrig, und der Zauberer war weit weg und rannte und blieb stehen.

«Zurück!» schrie Keola. «Zurück! Das Laub ist fast verbrannt.»

Kalamake kehrte um, und war er vorhin gelaufen, so flog er jetzt. Aber so schnell er auch rannte, die Blätter brannten noch schneller, und die Flamme wollte eben verlöschen, als er mit einem gewaltigen Sprung auf der Matte landete. Der Windstoß blies sie aus, und damit waren Strand, Sonne und Meer verschwunden, und sie standen wieder in dem halbdunklen, verriegelten Salon, wurden wieder geschüttelt und geblendet, und auf der Matte zwischen ihnen lag ein Haufen glänzende Dollarstücke. Keola rannte zu den Fensterläden, und da rollte der Dampfer in der Dünung nahe beim Ufer.

In derselben Nacht noch nahm Kalamake seinen Schwiegersohn beiseite und drückte ihm fünf Dollar in die Hand.

«Keola», sagte er, «wenn du klug bist – was ich zwar bezweifle –, nimmst du alles für einen Traum, den du geträumt hast, als du am Nachmittag auf der Veranda schliefst. Ich bin kein Mann der vielen Worte, und meine Helfer haben ein kurzes Gedächtnis.»

Und sonst sagte Kalamake kein Wort und kam auch nie mehr auf die Sache zu sprechen. Aber Keola ging sie nicht aus dem Kopf – und war er vorher schon faul, so tat er jetzt gar nichts mehr.

«Warum sollte ich arbeiten», sagte er sich, «mit einem Schwiegervater, der Muscheln zu Dollars macht?»

Bald war sein Teil aufgebraucht, er gab alles Geld für schöne Kleider aus. Und dann tat es ihm leid: «Ich hätte besser eine Konzertina gekauft», dachte er, «dann hätte ich den ganzen Tag Kurzweil gehabt.» Und er begann sich über Kalamake zu ärgern.

«Das ist doch ein gemeiner Hund», dachte er. «Er liest Dollars auf am Strand, wann er will, und gönnt mir nicht mal eine Konzertina! Aber er soll nur aufpassen: Ich bin kein Kind mehr und so schlau wie er, und sein Geheimnis kenne ich auch.» Darauf beklagte er sich bei seiner Frau Lehua darüber, wie ihr Vater ihn behandle.

«Ich würde Vater in Ruhe lassen», sagte Lehua. «Man stellt sich ihm nicht ungestraft in den Weg.»

«Das kümmert mich so viel!» rief Keola und schnippte mit den Fingern. «Ich habe ihn an der Kandare, und er muß machen, was ich will.» Und er erzählte Lehua die Geschichte.

Aber sie schüttelte den Kopf.

«Du kannst tun und lassen, was du willst», sagte sie, «aber wenn du meinem Vater in die Quere kommst, ist es um dich geschehen. Erinnere dich doch an diesen und jenen; denk an den vornehmen Hua, der Abgeordneter war und jedes Jahr nach Honolulu ging; der verschwand mit Haut und Haar. Denk an Kamau, der so spindeldürr wurde, daß seine Frau ihn mit einer Hand hochheben konnte. Keola in der Hand meines Vaters ist wie ein Neugeborenes; er nimmt dich zwischen Daumen und Zeigefinger und ißt dich wie eine Krabbe auf.»

Nun war zwar Keolas Angst vor Kalamake echt, aber er war auch eitel, und die Worte seiner Frau erzürnten ihn.

«Also gut», sagte er, «wenn du so über mich denkst, will ich dir zeigen, wie sehr du dich irrst.» Und er ging geradewegs zu seinem Schwiegervater, der im Salon saß.

«Kalamake», sagte er, «ich will eine Konzertina.»

«Wahrhaftig?» antwortete Kalamake.

«Ja», sagte er. «Und es ist mir ernst, das sage ich gleich. Ein Mann, der die Dollars am Strand aufliest, wird sich eine Konzertina wohl leisten können.»

«Ich hatte keine Ahnung, daß du soviel Mumm hast», antwortete der Zauberer. «Ich hielt dich für einen zaghaften, unnützen Kerl und kann dir gar nicht sagen, wie mich mein Irrtum freut. Fast beginne ich zu glauben, daß ich einen Gehilfen und Nachfolger in meinem schwierigen Gewerbe gefunden habe. Eine Konzertina willst du? Du sollst die beste von ganz Honolulu haben. Und gleich heute nacht, wenn es dunkel wird, gehen du und ich das Geld holen.»

«Gehen wir zum Strand zurück?» fragte Keola.

«Nein, nein!» erwiderte Kalamake, «ich will dir weitere Geheimnisse anvertrauen. Letztes Mal lehrte ich dich Muscheln sammeln, diesmal sollst du fischen lernen. Bist du kräftig genug, um Pilis Boot ins Wasser zu lassen?»

«Ich glaube schon», antwortete Keola. «Aber warum nehmen wir nicht unseres, das schon flott ist?»

«Weil ich einen Grund habe, der dir vor dem Morgen einleuchten wird», sagte Kalamake. «Pilis Boot ist besser geeignet für meine Zwecke. Treffen

258

wir uns also dort, sobald es dunkel wird, und inzwischen kein Wort darüber, denn es besteht kein Grund, die Familie einzuweihen.»

Honigsüß war Kalamakes Stimme, und Keola hatte Mühe, seine Genugtuung zu verbergen.

«Ich hätte meine Konzertina schon vor Wochen bekommen können», dachte er, «was es braucht auf der Welt, ist lediglich ein wenig Mut.»

Und als er Lehua weinen sah, wollte er ihr schon sagen, es sei alles in Ordnung.

«Nein», besann er sich. «Ich warte, bis ich ihr die Konzertina zeigen kann, bin ja gespannt, was das Küken dann tut. Vielleicht begreift sie dann, daß ihr Mann auch etwas im Kopf hat.»

Sobald es dunkel war, ließen Vater und Schwiegersohn Pilis Boot ins Wasser und setzten das Segel. Die See ging hoch, und ein starker Wind blies von Lee; aber das Boot war schnell, leicht und trocken und flitzte über die Wellen. Der Zauberer hatte eine Laterne, die er anzündete und mit einem Finger am Ring hielt; und die beiden saßen im Heck, rauchten Zigarren, von denen Kalamake immer einen Vorrat hatte, und führten ein Gespräch unter Freunden über die Schwarze Kunst und das viele Geld, das sie ihnen einbrachte, was sie damit zuerst kaufen wollten und was später; und Kalamake redete wie ein Vater.

Dann blickte er um sich und hinauf zu den Sternen und zurück zur Insel, die schon zu drei Vierteln im Meer versunken war, und schien gründlich seine Position zu ermitteln.

«Schau!» sagte er, «Molokai liegt schon weit hinter uns, und Maui ist nur noch ein Dunst, und die drei Sterne dort zeigen mir, daß ich bin, wo ich sein will. Die Gegend hier wird das Totenmeer genannt. Es ist an dieser Stelle ungewöhnlich tief, der Meeresgrund ist übersät von Menschenknochen, und in den Höhlen wohnen Götter und Dämonen. Die Strömung zieht nach Norden, schneller als ein Hai schwimmen kann, und wer hier über Bord geworfen wird, mit dem prescht sie wie ein wilder Gaul bis zum äußersten Rand des Meeres. Bald ist er ermattet und sinkt, und seine Knochen mischen sich unter die andern, und die Dämonen essen seine Seele auf.»

Die Angst packte Keola bei diesen Worten, er blickte auf, und im Sternenlicht und im Schein der Laterne schien mit dem Magier eine Veränderung vorzugehen.

«Ist Euch nicht wohl?» schrie Keola auf.

«Mir schon», sagte der Zauberer, «aber jemandem ist hier sehr unwohl.»

Damit faßte er seine Laterne anders, und, o Wunder, als er den Finger aus dem Ring ziehen wollte, blieb er stecken, der Ring brach entzwei, und seine Hand war dreimal so groß geworden. Bei diesem Anblick schrie Keola und bedeckte sich das Gesicht.

Aber Kalamake hob die Laterne hoch: «Schau erst mein Gesicht!» sagte er – und sein Kopf war so groß wie ein Faß, und er wuchs und wuchs immer weiter wie eine Wolke über dem Berg, und Keola saß brüllend vor ihm, und das Boot schoß über das wogende Meer.

«Nun denn», sagte der Zauberer, «was meinst du zu der Konzertina? Bist du auch sicher, daß du nicht lieber eine Flöte hättest? Nein? Das lob' ich mir, ich mag nämlich keinen Wankelmut in meiner Familie. Aber jetzt sollte ich dieses schäbige Boot wohl lieber verlassen, denn ich nehme ungewöhnlich an Umfang zu, und wenn wir nicht besser aufpassen, sinkt es noch.»

Damit schwang er seine Beine über Bord. Im selben Augenblick, so schnell wie die Gedanken sind, wurde der Mann um das Dreißig- und Vierzigfache größer, so daß er jetzt bis zu den Achselhöhlen im tiefen Meer stand und Kopf und Schultern herausragten wie eine steile Insel, und um seine Brust tobte und toste die Brandung wie um einen Felsen im Sturm. Das Boot trieb noch immer nach Norden, aber er streckte die Hand aus, nahm das Bord zwischen Daumen und Zeigefinger, brach die Planken wie einen Zwieback, und Keola wurde ins Meer gespült. Die Reste des Boots zerbröckelte der Zauberer in der hohlen Hand und warf sie meilenweit durch die Nacht.

«Du entschuldigst, wenn ich die Laterne nehme», sagte er, «ich muß nämlich ein großes Stück waten, das Land ist weit weg und der Meeresgrund uneben, ich spüre die Knochen unter den Zehen.»

Und er wandte sich ab und entfernte sich mit Riesenschritten, und als Keola ins Wellental sank, war er verschwunden; aber sobald er wieder auf den Kamm gehoben wurde, sah er ihn marschieren und immer kleiner werden, die Laterne hoch über dem Kopf haltend; und die Wogen brachen sich schäumend an ihm.

Seitdem diese Inseln aus dem Meer gefischt

worden waren, hatte niemand solche Angst gekannt wie Keola. Er schwamm zwar, aber wie ein junger Hund, den man ersäufen will, und wußte nicht, wie ihm geschah. Er mußte immerzu an das ungeheure Wachstum des Magiers denken, an sein Gesicht, so hoch wie ein Berg, an diese Schultern, so breit wie eine Insel, und an den vergeblichen Ansturm der Wellen. Auch an die Konzertina dachte er, und Scham packte ihn, und an die Knochen der Toten, und die Angst griff nach ihm.

Plötzlich sah er etwas Dunkles vor den Sternen tanzen, darunter ein Licht, ein Leuchten der geteilten See, und er hörte Menschen reden. Er begann laut zu rufen, und eine Stimme antwortete ihm; und einen Augenblick darauf schwebte der Bug eines Schiffes balancierend über ihm auf einer Welle und stieß dann in die Tiefe. Er griff mit beiden Händen in die Wanten, wurde in der Flut begraben und im nächsten Augenblick von Matrosen an Bord gehievt.

Sie gaben ihm Gin und Zwieback und trockene Kleider und fragten ihn, wie er hierhergekommen sei und ob das Licht, das sie gesehen hätten, der Leuchtturm von Lae o Ka Laau sei. Aber Keola wußte, daß die Weißen wie Kinder sind und nur ihre eignen Geschichten glauben, darum erzählte er ihnen von sich so viel, wie ihm gut schien, aber das Licht (von Kalamakes Laterne) schwor er, nicht gesehen zu haben.

Das Schiff war ein Schoner, der Honolulu anlaufen und dann in den südlichen Inseln Handel treiben wollte, und Keola hatte das Glück, daß ein Mann von einer Sturmbö vom Bugspriet gefegt worden war. Reden half nicht weiter, und auf den Acht Inseln zu bleiben wagte Keola nicht. Neuigkeiten verbreiten sich schnell, und alle reden und schwatzen so gerne, daß er sich im Norden von Kauai oder an der Südspitze von Kaü verstecken konnte, und der Magier bekäme in weniger als einem Monat doch Wind davon, und er wäre verloren. Darum tat er, was ihm das Vernünftigste schien, und ließ sich anheuern an Stelle des ertrunkenen Matrosen.

In mancher Hinsicht hatte er es auf dem Schiff nicht schlecht. Das Essen war sehr nahrhaft und reichlich; es gab jeden Tag Zwieback und Pökelfleisch, dazu Erbsensuppe und Pudding aus Mehl und Talg zweimal die Woche, so daß Keola Fett ansetzte. Der Kapitän war gut und die Mannschaft auch nicht ärger als andere Weiße. Schlimm war der Maat und so schwer zufriedenzustellen, wie Keola es noch nie erlebt hatte; er schlug und beschimpfte ihn täglich für das, was er tat, und das, was er nicht tat. Die Schläge, die er austeilte, trafen genau, denn er war stark; und die Worte, die er brauchte, würgten Keola, denn er war aus guter Familie und Ehrerbietung gewohnt. Am schlimmsten aber war, daß Keola sich kein Schläfchen erlauben konnte, ohne daß der Maat wach war und ihn mit dem Tauende aufjagte. Keola sah ein, daß es so nicht weiterging, und beschloß sich abzusetzen.

Sie waren von Honolulu eine Monatsreise entfernt, als sie Land sichteten. Es war eine sternenklare Nacht, das Meer war ruhig, der Himmel wolkenlos, und es ging der Passat, als auf der

Unter den zahlreichen Inseln, auf denen François Rabelais seinen Pantagruel landen läßt, befindet sich «l'Isle Farouche, manoir anticque des Andouilles» (IV. Buch, Kap. XXXV). Gustave Doré hat hier den Augenblick festgehalten, da die Mannschaft den Riesenfisch Physitere an den Strand zieht.

Wetterseite dicht über dem Wasser ein Palmen-
band auftauchte. Kapitän und Maat betrachteten es
durch das Nachtfernrohr, nannten einen Namen
und sprachen darüber neben dem Ruder, das Keola
führte. Es schien eine Insel zu sein, auf die keine
Händler kamen. Der Kapitän wollte auch wissen,
daß sie überhaupt nicht bewohnt sei, was der Maat
jedoch bestritt. «Ich geb' keinen Cent auf das
Handbuch», sagte er. «Ich bin hier einmal auf
dem Schoner ‹Eugenie› vorbeigekommen, in einer
Nacht wie dieser, und da fischten sie mit Fackeln,
und der Strand war voller Lichter wie eine Stadt.»

«Hm, ja», sagte der Kapitän, «steile Küste, das
ist die Hauptsache, und ich seh' auf der Karte keine
Hindernisse davor, drum halten wir uns in Lee
dicht ran. – Abfallen, hast du nicht gehört!» rief er
Keola zu, der so eifrig die Ohren spitzte, daß er das
Ruder vergaß.

Und der Maat fluchte und schwor, ein Kanake
sei zu nichts zu gebrauchen, und wenn er ihn mit
dem Belegnagel erwische, werde Keola noch an
diesen Tag denken.

Dann legten sich Kapitän und Maat im Steuerhaus hin, und Keola blieb sich selbst überlassen.

«Diese Insel ist genau richtig für mich», dachte
er; «wenn es hier keine Händler gibt, bin ich auch
vor dem Maat sicher. Und so weit kann selbst
Kalamake nicht kommen.»

Er steuerte den Schoner immer näher heran.
Dabei mußte er vorsichtig sein, denn bei diesen
Weißen wußte man nie recht, vor allem beim Maat
nicht. Sie konnten tief schlafen, oder wenigstens so
tun, und wenn ein Segel killte, sprangen sie auf die

Füße und fielen mit dem Tauende über einen her. Darum näherte sich Keola langsam, ganz langsam der Insel und hielt die Segel straff. Und schon war das Land nahe vor Bord, und das Meer rundherum rauschte laut.

Jetzt saß der Maat im Steuerhaus plötzlich auf. «Was tust du da?» brüllte er. «Du bringst ja das Schiff auf Grund!»

Und er stürzte sich auf Keola, und Keola stürzte sich über die Reling und klatschte ins sternenhelle Meer. Als er wieder auftauchte, hatte der Schoner abgedreht auf den alten Kurs, der Maat stand selber am Ruder, und Keola hörte ihn fluchen. Das Meer war ruhig im Windschatten der Insel, es war auch warm, und mit seinem Matrosenmesser hatte Keola keine Angst vor den Haien. Unweit vor ihm hörten die Bäume auf; das Land öffnete sich wie eine Hafeneinfahrt, und die Flut nahm ihn auf und trug ihn hinein. Erst war er noch draußen und jetzt schon drinnen, schwamm in einem weiten, seichten Wasser, in dem sich zehntausend Sterne spiegelten, und um ihn herum war das Atoll mit der Palmenkette. Er war erstaunt, denn von einer solchen Insel hatte er nie gehört.

In Keolas Leben an diesem Ort gab es zwei Abschnitte – die Zeit allein und jene, die er mit dem Stamm verbrachte. Zuerst suchte er überall und fand keine Menschenseele, nur einen verlassenen Weiler und Spuren von Feuer. Aber die Asche der Feuerstellen war kalt, Regen hatte sie weggespült, der Wind hatte geweht und manche der Hütten zusammengelegt. Hier ließ er sich nieder, machte sich ein Reibholz und einen Muschelhaken, fischte und briet seinen Fisch, kletterte nach grünen Kokosnüssen und trank die Milch, weil es auf der ganzen Insel kein Wasser gab. Die Tage wurden ihm lang, und die Nächte erschreckten ihn. Er machte eine Lampe aus Kokosschale, fing das Öl der reifen Nüsse auf und brauchte die Faser als Docht, und wenn dann der Abend kam, verriegelte er seine Hütte, zündete seine Lampe an und lag zitternd im Bett bis am Morgen. Manches Mal dachte er bei sich, er läge besser auf dem Grunde des Meeres und seine Gebeine rollten dort mit den andern hin und her.

Die ganze Zeit blieb er auf der Innenseite der Bucht, weil die Hütten an der Lagune lagen, die Palmen dort am besten gediehen und die Lagune selbst reich an schmackhaften Fischen war. Auf die äußere Seite ging er nur einmal, sah sich den Strand kurz an und wandte sich zitternd ab, denn beim Anblick der Muscheln auf dem hellen Sand, der starken Sonne und der Brandung spürte er großes Unbehagen.

«Es kann nicht sein», dachte er, «und doch sieht es ganz so aus. Und was weiß ich schon? Diese Weißen behaupten zwar, sie wüßten, wohin sie segeln, aber es kann ihnen ergehen wie anderen auch. Darum sind wir vielleicht doch im Kreis gesegelt, und ich bin ganz nahe bei Molokai, und dies hier könnte der Strand sein, wo mein Schwiegervater seine Dollars aufliest.»

Von da an war er vorsichtig und blieb im Innern der Insel. Etwa einen Monat später kamen die Einheimischen – in sechs großen Booten. Es waren schöne Menschen, und sie redeten eine Sprache, die

267

ganz anders klang als die auf Hawaii, aber weil so viele Wörter dieselben waren, verstand man sie leicht. Außerdem waren die Männer sehr höflich und die Frauen zutraulich; und sie hießen Keola willkommen und bauten ihm ein Haus und gaben ihm eine Frau; aber am meisten überraschte ihn, daß er nie mit den jungen Männern zur Arbeit geschickt wurde.

Von da an gab es drei Abschnitte. Zuerst war Keola eine Weile sehr traurig und dann eine Weile ziemlich vergnügt. Und zuletzt kam jene dritte Zeit, da auf den vier Meeren niemand mehr Angst hatte als er.

Am ersten Zustand war das Mädchen schuld, das er zur Frau hatte. Er hegte Zweifel hinsichtlich der Insel, und er hätte sich täuschen können hinsichtlich der Sprache, von der er nur wenig gehört hatte, als er mit dem Zauberer auf der Matte herkam. Aber bei seiner Frau war kein Irrtum möglich: es war dasselbe Mädchen, das schreiend vor ihm in den Busch weggelaufen war. Da war er also so weit gesegelt und hätte ebensogut auf Molokai bleiben können; hatte Haus und Frau und all seine Freunde verlassen, nur um seinem Feind zu entkommen, und die Insel, auf der er sich befand, war wiederum das Jagdrevier des Zauberers, der Ort, da er unsichtbar umging. Zu der Zeit hielt er sich vor allem an der Lagunenseite auf und saß, sooft er es wagte, in seiner Hütte versteckt.

Am zweiten Zustand waren Geschichten schuld, die er von seiner Frau und den Häuptlingen gehört hatte. Keola selbst sagte wenig. Er war sich seiner neuen Freunde nie so ganz sicher, weil er

fand, sie seien zu höflich, um harmlos zu sein, und
seit er seinen Schwiegervater näher kennengelernt
hatte, nahm er sich besser in acht. Darum verriet er
ihnen von sich nichts weiter als Name und Abstammung, daß er von den Acht Inseln komme
und wie schön es dort sei, und vom Königspalast
in Honolulu und wie er mit dem König und den
Missionaren gut Freund sei. Dafür stellte er viele
Fragen und erfuhr auch viel. Die Insel, auf der er
war, wurde die Insel der Stimmen genannt; sie
gehörte einem Stamm, der aber eine andere Insel,
drei Segelstunden südwärts, bewohnte. Dort lebte
die Sippe und hatte ihre festen Behausungen, und
es war eine reiche Insel, auf der es Eier, Hühner und
Schweine gab und wo Handelsschiffe mit Rum
und Tabak anlegten. Dorthin war der Schoner
nach Keolas Flucht gefahren, und dort war auch
der Maat den Tod eines weißen Dummkopfs gestorben. Als das Schiff ankam, hatte auf der Insel
anscheinend die ungesunde Zeit angefangen, während der die Fische der Lagune giftig sind und alle,
die davon essen, anschwellen und sterben. Der
Maat wurde gewarnt, und er sah, wie die Schiffe
bereitgemacht wurden, weil die Bewohner zu dieser Zeit ihre Insel verlassen und zu der Insel der
Stimmen segeln; aber er war ein weißer Dumm-
kopf, der nur seine eigenen Geschichten glauben
wollte, und er fing einen Fisch, briet und aß ihn,
und dann schwoll er an und starb, was Keola mit
Befriedigung hörte. Die Insel der Stimmen lag also
fast das ganze Jahr über verlassen, nur ab und zu
kam ein Boot, um Kopra zu holen, und in der
schlechten Zeit, wenn der Fisch auf der Hauptinsel

giftig war, wohnte der ganze Stamm dort. Die Insel war nach einer unheimlichen Erscheinung benannt; anscheinend suchten nämlich unsichtbare Teufel den Strand heim, die man Tag und Nacht in fremden Zungen miteinander reden hörte; und Tag und Nacht loderten am Strand kleine Feuer auf und erloschen wieder, aber warum all dies geschah, wußte niemand.

Keola fragte, ob es auf der Insel, die sie bewohnten, ebenfalls vorkomme, und sie sagten, nein, weder dort noch sonst auf einer der vielleicht hundert Inseln in diesem Meer, nur auf der Insel der Stimmen. Sie sagten ihm auch, daß diese Feuer und Stimmen immer nur am Strand seien und im nahen Wald und man zweitausend Jahre lang an der Lagune leben könnte (wenn man so alt würde), ohne je belästigt zu werden. Sogar am Meer selbst seien die Teufel harmlos, solange man sie in Ruhe lasse. Nur einmal habe ein Häuptling einen Speer gegen eine der Stimmen geworfen, und noch am selben Abend sei er von einer Kokospalme gefallen und gestorben.

Keola überlegte sich die Sache reiflich. Er sah, daß er gerettet war, wenn der Stamm einmal auf die Hauptinsel zurückkehrte, und für den Augenblick war die Lagune sicher genug, aber er wollte wenn möglich noch mehr Sicherheit. Also erzählte er dem Oberhäuptling, er sei einmal auf einer ähnlich geplagten Insel gewesen, deren Bewohner ein Mittel gefunden hätten gegen das Übel.

«Es wuchs ein Baum dort im Busch», sagte er, «und es hieß, die Teufel holten sich davon die Blätter. Also fällten die Bewohner der Insel diese

Bäume, wo sie sie fanden, und die Teufel kamen nicht wieder.»

Sie fragten, was das für ein Baum sei, und er zeigte ihnen den Baum, dessen Blätter Kalamake verbrannt hatte. Sie wollten es kaum glauben, aber die Idee reizte sie. Nacht für Nacht berieten die Alten darüber in ihrer Ratsversammlung, aber der Oberhäuptling hatte (obgleich er ein tapferer Mann war) Angst und erinnerte sie jeden Tag neu an den Häuptling, der einen Speer gegen die Stimmen geworfen hatte und gestorben war, und bei diesem Gedanken kam alles wieder ins Stocken.

Obwohl es ihm noch nicht gelungen war, die Bäume zu vernichten, war Keola doch ganz zufrieden und begann, seine Umgebung zu erforschen und sich seines Lebens zu freuen. Um so zärtlicher war er jetzt auch mit seiner Frau, und das Mädchen gewann ihn herzlich lieb.

Als er eines Tages zu der Hütte kam, lag sie klagend am Boden.

«Nun», sagte Keola, «was ist denn mit dir?»

Sie versicherte ihm, es sei nichts.

Aber in derselben Nacht weckte sie ihn. Die Lampe war beinahe abgebrannt, doch er sah ihrem Gesicht an, daß sie in Sorge war.

«Keola», sagte sie, «leg dein Ohr an meinen Mund, denn ich kann nur flüstern, weil niemand uns hören darf. Geh zwei Tage bevor die Boote bereitgemacht werden auf die andere Seite der Insel und leg dich ins Gestrüpp. Wir wählen den Ort vorher aus, du und ich, und bringen Essen ins Versteck; und ich werde jede Nacht vorbeikommen und singen. Und wenn du mich dann in einer

Nacht nicht hörst, weißt du, daß die Luft rein ist und du dich wieder hervorwagen kannst.»

Keolas Seele erfror.

«Warum das?» rief er. «Ich kann nicht unter Teufeln leben und will nicht allein auf dieser Insel zurückbleiben. Ich sterbe vor Sehnsucht, sie zu verlassen.»

«Du wirst sie nie lebend verlassen, mein armer Keola», sagte das Mädchen; «damit du es weißt, die Leute meines Volkes sind Kannibalen, aber sie sagen es niemandem. Und sie wollen dich töten, bevor wir aufbrechen, weil zu unserer Insel Schiffe kommen, und Donat-Kimaran kommt und spricht für die Franzosen[1], und es gibt auch einen weißen Händler in einem Haus mit Veranda und einen Katecheten. Ein wunderbarer Ort! Der Händler hat Fässer voll Mehl, und einmal kam ein französisches Kriegsschiff in die Lagune und verteilte Wein und Zwieback an alle. Ach, mein armer Keola, wenn ich dich nur mitnehmen könnte, denn meine Liebe zu dir ist groß, und es gibt auf dem weiten Meer keinen schöneren Ort, außer Papeete.»

Jetzt also hatte niemand auf den vier Meeren mehr Angst als Keola.

Er hatte gehört, daß es Menschenfresser auf den Inseln im Süden gebe, und hatte sich immer gefürchtet vor ihnen, und nun klopften sie an seine Tür. Auch hatten Reisende von ihren Gewohnheiten berichtet: wie sie, wenn sie auf einen Menschen Lust bekommen, ihn zuerst herzen und verwöhnen

---

[1] 1838 besetzte Frankreich die östlichen Gesellschaftsinseln, darunter Tahiti; 1887 kamen auch die westlichen Inseln in französischen Besitz.

wie eine Mutter ihr Lieblingskind. Das war auch bei ihm so, darum hatte man ihm ein Haus, Essen und eine Frau gegeben und ihn von jeglicher Arbeit befreit, darum unterhielten sich die Alten und Häuptlinge mit ihm wie mit einer gewichtigen Person. Und er lag auf seinem Bett, haderte mit seinem Los, und das Blut erstarrte ihm in den Adern.

Am nächsten Tag waren die Eingeborenen wieder so höflich, wie es ihre Art war. Sie waren gewandte Redner, erfanden wunderschöne Gedichte und scherzten beim Essen, daß jeder Missionar gestorben wäre vor Lachen. Aber Keola gab herzlich wenig auf ihre feinen Manieren, er sah nur das Blitzen der weißen Zähne in ihrem Mund, und ihm wurde übel dabei. Nach dem Essen ging er und lag wie ein Toter im Busch.

Am nächsten Tag war es dasselbe, und seine Frau folgte ihm nach.

«Keola», sagte sie, «wenn du nicht ißt, wirst du morgen schon gesotten, das sage ich dir. Von den alten Häuptlingen murren einige bereits. Sie denken, du seist krank geworden und fallest vom Fleisch.»

Keola sprang auf und glühte vor Wut.

«Was macht mir das aus», sagte er, «ich stehe zwischen zwei Feuern, und wenn ich schon sterben muß, dann so schnell wie möglich. Aufgefressen werde ich im besten Fall, und dann lieber von Dämonen als von Menschen. Lebe wohl!» Und er ließ sie stehen und lief zum Meer hinunter.

Der Strand lag verlassen da unter der sengenden Sonne, kein Mensch war zu sehen, nur Fußspuren im Sand, und um ihn herum laute und leise Stimmen, kleine Feuer, die aufflammten und wieder erloschen. Alle Sprachen der Erde wurden da gesprochen: Französisch, Holländisch, Russisch, Tamilisch, Chinesisch. Aus jedem Land, das die Schwarze Magie kannte, waren Vertreter der Hexenkunst da und flüsterten Keola ins Ohr. Ein Gewimmel herrschte am Strand wie an einem Jahrmarkt, ohne daß sich jemand blicken ließ, und vor seinen Füßen verschwanden die Muscheln, ohne daß jemand sich danach bückte. Dem Teufel persönlich hätte es wohl vor solcher Gesellschaft gegraut, aber Keola kannte keine Angst mehr und suchte den Tod. Wenn die Feuer aufflammten, stampfte er darauf los wie ein Stier. Geisterstimmen schwirrten durch die Luft, unsichtbare Hände warfen Sand auf die Flammen, und sie verschwanden vom Strand, bevor er sie erreichte.

«Auf jeden Fall ist Kalamake nicht hier», dachte er, «sonst wäre ich schon lange tot.»

Und er ließ sich müde am Waldrand nieder und stützte das Kinn auf die Hände. Das Schauspiel vor seinen Augen ging weiter: Stimmengemurmel am Strand, aufflammende und wieder verlöschende Feuer, Muscheln, die verschwanden und durch neue ersetzt wurden, während er zusah.

«Ein flauer Tag war das, als ich zum erstenmal herkam», dachte er, «mit dem heutigen nicht zu vergleichen.»

Und der Kopf schwirrte ihm beim Gedanken an die Millionen und Abermillionen Dollar und die Hunderte und Aberhunderte von Menschen, die sie einsammelten am Strand und sich damit hö-

her und schneller in die Lüfte schwangen als
Adler.

«Man hat mich schön zum Narren gehalten mit
diesem Gerede von Münzstätten», sagte er, «und
daß dort das Geld gemacht werde, wo es doch klar
ist, daß alle neuen Münzen der Welt an diesem
Strand aufgelesen werden! Aber nächstes Mal weiß
ich es besser!»

Und schließlich, er wußte selbst nicht recht
wann und wie, fiel Keola in Schlaf und vergaß die
Insel und all seine Sorgen.

Am anderen Morgen früh, noch bevor die
Sonne auf war, wurde er von einem Lärm geweckt.
Er hatte Angst, daß ihn der Stamm im Schlaf
überrascht hatte, aber es war nichts dergleichen.
Doch am Strand vor ihm riefen und schrien die
Geisterstimmen durcheinander, und sie schienen
alle an ihm vorbei die Küste hinaufzustürmen.

«Was ist wohl da im Gang?» dachte Keola. Und
es war ihm klar, daß es nichts Gewöhnliches sein
konnte, denn es wurden weder Feuer entfacht noch
Muscheln gesucht, sondern die Geisterstimmen
eilten nur immer den Strand hinauf, bis ihre Rufe
verstummten, und dann kamen andere nach, und
es klang, als ob die Zauberer zornig wären.

«Auf mich sind sie nicht wütend», dachte Keola,
«sie gehen ja dicht an mir vorbei.»

Was einer Hundemeute geschieht oder Pferden
in einem Rennen oder Menschen in der Stadt, die
zu einem Feuer zusammenlaufen, geschah nun
Keola, und bevor er wußte, was er tat und warum,
rannte er wahrhaftig an der Seite der Stimmen.

Schon war er um die erste Landzunge herum

und erblickte die zweite, wo die Zauberbäume, wie er sich erinnerte, im Wald zuhauf wuchsen. Von dort erhob sich ein unbeschreiblicher Lärm, und als sie das Geschrei hörten, steuerten jene, mit denen er rannte, darauf zu. Und dann begann man aus dem Stimmengewirr das Krachen vieler Äxte herauszuhören. Da kam er schließlich auf den Gedanken, der Oberhäuptling habe eingelenkt und seine Männer wollten jetzt die Bäume fällen, und da habe sich die Kunde wie ein Lauffeuer unter den Magiern der Inseln verbreitet, und jetzt kämen sie alle, um sich für ihre Bäume zu wehren. Die Neugier trieb ihn weiter. Er eilte mit den Stimmen über den Strand, kam zum Waldrand und blieb wie angewurzelt stehen. Ein Baum war schon gefällt, andere waren angeschlagen, und darum herum scharte sich der Stamm. Die Männer standen Rücken gegen Rücken im Blut, und reglose Körper lagen am Boden. Blaß vor Angst waren alle Gesichter, und ihre Rufe gellten zum Himmel wie der Schrei eines Wiesels.

Hat der Leser je ein Kind mit einem Holzschwert beobachtet, wenn es für sich allein springt, attackiert und mit der Luft kämpft? Genauso erhoben die Menschenfresser Rücken an Rücken gedrängt ihre Äxte und schlugen zu, schrien und schlugen zu, und siehe da – niemand stritt mit ihnen! Bloß ab und zu sah Keola eine Axt ohne Hand daran gegen sie fliegen, und von Zeit zu Zeit fällte sie einen Krieger, spaltete ihn entzwei oder riß ihn auseinander, und seine Seele entwich mit Geheul.

Eine Weile beobachtete Keola das wunderliche

Treiben wie im Traum, bis ihn ein tödliches Grauen packte vor den Ereignissen, die er mit ansah. Im selben Augenblick entdeckte ihn der oberste Stammeshäuptling, zeigte auf ihn und rief seinen Namen. Jetzt sahen ihn auch die übrigen, rollten die Augen und fletschten die Zähne.

«Ich bin schon zu lange hier», dachte Keola und rannte wieder aus dem Wald, den Strand hinunter, ohne zu achten wohin.

«Keola!» sagte da eine Stimme neben ihm im verlassenen Sand.

«Lehua! Bist du's!» keuchte er und blickte sich vergeblich nach ihr um, obwohl es so aussah, als sei er mutterseelenallein.

«Du gingst vorhin schon an mir vorbei», antwortete die Stimme, «aber du wolltest mich nicht hören. Hol jetzt schnell die Blätter und Kräuter, dann fliehen wir.»

«Bist du mit der Matte da?» fragte er.

«Hier, neben dir», antwortete sie, und er spürte, wie sie ihn umarmte. «Jetzt aber schnell die Blätter und Kräuter, bevor mein Vater zurückkommt!»

Keola rannte um sein Leben und holte den magischen Brennstoff; und Lehua wies ihm die Richtung, stellte seine Füße auf die Matte und fachte das Feuer an. Solange es brannte, scholl aus dem Wald der Schlachtlärm des harten Kampfes, den sich die Zauberer und Menschenfresser lieferten. Die Zauberer, die Unsichtbaren, brüllten wie die Stiere auf dem Berg, und die Männer des Stammes antworteten mit gellenden Schreien, die das Entsetzen ihrer Seele spiegelten. Keola stand da und hörte es mit Schaudern und sah zu, wie Lehuas unsichtbare

Hände die Blätter ausschütteten. Sie war bald zu Ende, und die Flammen züngelten auf und versengten Keola die Hände; und sie beeilte sich und schürte das Feuer mit ihrem Atem. Das letzte Blatt war verbrannt, das Feuer erlosch, und mit einem Ruck waren Keola und Lehua wieder in ihrem Zimmer zu Hause.

Und als Keola seine Frau endlich sehen konnte, war er mächtig froh, mächtig froh auch, wieder zu Hause auf Molokai zu sein, vor einer Schüssel Poi[1] – den machten sie nämlich nicht auf dem Schiff, und auch auf der Insel der Stimmen gab es keinen –, und außer sich vor Freude, daß er den Menschenfressern entwischt war. Etwas anderes gab ihnen aber sehr zu denken, und Lehua und Keola redeten die ganze Nacht darüber und sorgten sich: Kalamake war noch auf der Insel. Wenn es Gott so wollte, daß er dortbleiben würde, war ja alles gut, aber wenn ihm die Flucht zurück nach Molokai gelang, wäre es für seine Tochter und ihren Mann ein schwarzer Tag. Sie redeten von seiner Riesengestalt, und ob er wohl so weit durch das Meer waten könne. Keola wußte inzwischen, wo die Insel lag, nämlich im südlichen Archipel, auch «Archipel der Gefahren» genannt. Sie nahmen also den Atlas hervor und schätzten die Distanz auf der Karte, und es schien ein weiter Weg für einen alten Herrn zu sein. Immerhin mochten sie einem, der hexen konnte wie Kalamake, nicht trauen und beschlossen, einen weißen Missionar um Rat zu fragen.

---

[1] Brei aus vergorenen Tarowurzeln.

Und Keola erzählte alles dem ersten, der vorbeikam. Der Missionar war sehr streng mit ihm, weil er dort unten eine zweite Frau genommen hatte, aber was den Rest anging, schwor er, daß er sich keinen Reim darauf machen könne.

«Wenn du jedoch», sagte er, «dieses Geld deines Schwiegervaters für unehrenhaft erworben hältst, so rate ich dir, einen Teil den Aussätzigen und einen Teil der Missionskasse zu geben. Und was diesen ganzen Hokuspokus betrifft, so behältst du die Geschichte am besten für dich.»

Er aber warnte die Polizei in Honolulu, daß Kalamake und Keola wohl Falschmünzer seien und es nicht schaden könne, sie zu überwachen.

Keola und Lehua folgten seinem Rat und spendeten viele Dollars für die Aussätzigen und die Mission. Und der Rat war gewiß gut, denn seither hat man nie mehr von Kalamake gehört. Aber ob er nun in der Schlacht bei den Bäumen fiel oder immer noch auf der Insel der Stimmen weilt, wer weiß das schon?

MARCO POLO

Die Insel Klein-Java[1]

Aus: «Il Milione»

Von Pentan[2] aus, ungefähr hundert Meilen südost-
wärts, liegt Klein-Java. Aber versteht es richtig: die
Insel ist nicht gar so klein; sie hat einen Umfang
von mehr als zweitausend Meilen. Wahrheitsge-
treu werde ich euch über Klein-Java alles erzählen.

Acht Königreiche, acht gekrönte Könige gibt es
hier. Die Bewohner sind Heiden und haben ihre
eigene Sprache, und was besonders zu bemerken
ist: in jedem Königreich wird eine andere Sprache
gesprochen. Die Insel ist voller Schätze, alle Köstlichkeiten finden sich in Fülle. Aloe [und Rot- und
Ebenholz] kommt vor; Narde gibt es hier und
viele, viele andere Gewürze, die nie zu uns gebracht
werden [wegen der langen, beschwerlichen Reise;
der Handel mit Mangi und Catai hingegen ist
rege]. Ich werde euch die Sitten und Gebräuche
eines jeden Königreiches schildern.

Vorerst muß ich noch etwas ganz Merkwürdiges berichten. Stellt euch vor, diese Insel liegt so
weit im Süden, daß der Polarstern nie, wirklich gar
nie erscheint. Doch wir wollen von der Lebens-
weise der Insulaner reden, und ich beginne mit
dem Königreich Ferlec.

[Dort beteten die Menschen einst Götzen an.]

[1] Entsprechend arabischen Seekarten und Berichten ist damit Sumatra bezeichnet.
[2] Insel südwestlich von Singapur.

280

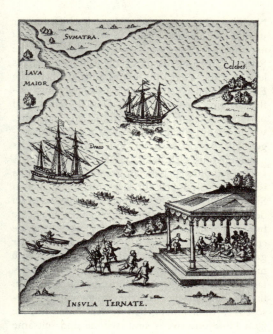

Im November 1521, nach der Ermordung Magellans, gelangten seine Schiffe «Trinidad» und «Victoria» zu den Gewürzinseln (Molukken). Theodore de Brys Stich zeigt, wie die Besatzung auf Ternate an Land geht und willkommen geheißen wird.

Nachdem aber sarazenische Handelsschiffe immer wieder hier anlegten, bekehrten sich die Einwohner mit der Zeit zum Islam. Allerdings nur die Stadtbevölkerung; das Bergvolk ist ungehobelt; es lebt wie die Tiere. Ihr könnt mir glauben: die Eingeborenen in den Bergen verzehren Menschenfleisch; sie essen jede Sorte Fleisch, reines und unreines. Alles mögliche beten sie an. Das erste, was ihnen am Morgen beim Erwachen in die Augen fällt, das beten sie an. Soviel über Ferlec; das nächste Königreich heißt Basman.

Das Königreich Basman grenzt an Ferlec. Das ist wieder ein Reich für sich mit einer eigenen Sprache. Die Menschen kennen kein Gesetz, es sei denn eines, wie es unter Tieren gelten mag. Sie bezeichnen sich als Untertanen des Großkhans; sie entrichten jedoch keine Abgaben, und wegen der großen Entfernung schickt der Kaiser seine Leute nicht hin. Alle Insulaner bezeugen ihren Untertanengehorsam gegenüber dem Großkhan, und hin und wieder machen sie ihm merkwürdige Geschenke. [Manchmal geben sie den Reisenden, die zum Hofe unterwegs sind, schöne und seltsame Dinge als Geschenk für den Kaiser mit; oft lassen sie ihm eine besondere Art schwarzer Hühnerhabichte überbringen.]

Auf Klein-Java leben viele wilde Elefanten und Einhörner, die kaum kleiner als Elefanten sind. Ihr Fell gleicht jenem der Büffel, und Füße haben sie wie Elefanten. Mitten aus der Stirn wächst das dicke schwarze Horn. Mit dem Horn verletzen sie niemanden, hingegen mit der Zunge, denn diese ist voll langer Stacheln. [Wenn sie jemanden angreifen, dann versetzen sie ihm Stöße mit den Knien, bis er hinfällt, danach verwunden sie ihn mit der Zunge.] Das Einhorn hat einen Kopf wie ein wilder Eber und neigt ihn unverwandt bodenwärts. Mit Vorliebe hält es sich im Morast und im Schlamm auf. Zum Ansehen ist es ausgesprochen häßlich. Diese Tiere haben mit unsern Einhörnern gar nichts gemein, von denen man ja erzählt, sie ließen sich von Jungfrauen einfangen. Von diesen Tieren ist in allen Beziehungen das Gegenteil zu sagen. Sehr viel Schwäne und die verschiedensten Fasane brüten auf der Insel. Habichte fliegen hier, schwarz wie Raben; sie sind groß und geschickt im Vogelfang.

Jetzt will ich euch über etwas aufklären. Merkt es euch: alle, die je behauptet haben, sie brächten Zwergmenschen aus Indien, sind Lügner und Betrüger. Ich versichere euch, die sogenannten Zwerge werden auf dieser Insel hergestellt. Ihr werdet gleich hören, wie das vor sich geht. In Wahrheit lebt hier eine Rasse winziger Affen mit menschenähnlichem Gesicht. Die Einheimischen fangen solche Äffchen, scheren sie überall, nur die Bart- und Brusthare lassen sie stehen. [Zur Schur verwenden sie eine bestimmte Salbe. Manchmal stechen sie Löchlein in die Kinnhaut und stecken lange Haare hinein. Sobald die Haut austrocknet, ziehen sich die Löchlein zusammen, und die Barthaare scheinen ganz natürlich gewachsen zu sein. Füße und Hände und gewisse andere Glieder, die den menschlichen Gliedmaßen nicht entsprechen, dehnen sie und spannen sie von Hand, bis sie menschenähnlich sind. Danach lassen die Leute die

Äffchen austrocknen] und behandeln sie derart mit
Kampfer und anderen Mitteln, daß sie zum Schluß
das Aussehen von Menschen haben. Nun kennt ihr
den Schwindel. Denn in ganz Indien und ebenso in
andern wilden Gegenden werden nie solche winzigen Menschen angetroffen, wie man nach jenen
Affenzwergen sich vorstellen könnte.

Über dieses Königreich habe ich weiter nichts
zu berichten. Wir verlassen es und wenden uns
dem Reiche Samatra[1] zu.

Die Männer-Insel und die Frauen-Insel[2]

Wenn man in Kesmacoran in See sticht und fünfhundert Meilen südwärts segelt, erreicht man die
Männer-Insel. Getaufte Christen wohnen dort; sie
leben nach dem Gesetz und den Geboten des Alten
Testaments. Ich sage euch: eine schwangere Frau
rührt der Mann nicht mehr an, bis sie geboren hat.
Nach der Geburt läßt er sie noch weitere vierzig
Tage in Ruhe. Nach Ablauf dieser Zeit wird sie
ihm wieder ganz zu Willen sein. Weder die Ehegat-
tinnen noch andere Frauen wohnen auf der Männer-Insel, sie leben auf der Frauen-Insel. Und nun
stellt euch vor: drei Monate im Jahr, und zwar
immer im März, April und Mai, begeben sich die
Männer auf die Frauen-Insel. Drei Monate leben

---

[1] Zur Zeit Marco Polos kleiner Staat im Nordwesten von
Klein-Java.
[2] Eine von Frauen, von Amazonen, bewohnte Insel im
Indischen Ozean ist ein häufiges Motiv in der morgen- und
abendländischen Literatur.

und schlafen sie dort mit ihren Gattinnen zusammen. Ende Mai kehren die Männer auf ihre Insel zurück und betreiben während neun Monaten ihre Geschäfte; sie gewinnen einen sehr guten Amber.

Die Insulaner ernähren sich von Reis, Milch und Fleisch. Sie sind tüchtige Fischer. Die Gewässer sind sehr ergiebig. Ein Teil des Ertrages wird getrocknet; an Vorräten fehlt es das ganze Jahr nie. Trockenfisch wird aber auch an Fremde verkauft.

Die Inselleute anerkennen keinen Herrn außer den Bischof, der dem Erzbischof von Scotra untersteht. Sie haben ihre eigene Sprache. Die beiden Inseln sind dreißig Meilen voneinander entfernt. Nach ihrer eigenen Aussage könnten die Männer nicht leben, wenn sie das ganze Jahr mit ihren Frauen zusammenwohnten.

Die Frauen auf ihrer Insel ziehen die Kinder auf. Sobald die Knaben vierzehn Jahre alt sind, schicken die Mütter sie zu ihren Vätern auf die andere Insel. Solcherart sind die Beziehungen und Sitten auf den beiden Inseln. Und wahrlich, die Frauen haben nichts anderes zu tun, als für die Kinder zu sorgen und die Früchte des Feldes zu pflücken. [Wenn die Männer herüberkommen, säen sie Getreide. Die Frauen arbeiten auf den Äckern und bringen die Ernte ein.]

Nun habe ich alles ausführlich erzählt. Es gibt sonst nichts Bemerkenswertes mehr; ihr sollt nächstens etwas von Scotra hören.

Die Insel Scotra[1]

Von den beiden Inseln aus segelt man fünfhundert Seemeilen südwärts bis zur Insel Scotra. Die Bewohner sind getaufte Christen; ein Erzbischof steht an ihrer Spitze. Große Mengen Amber werden hier gewonnen. [Amber findet sich im Bauch der Wale, hauptsächlich der Pottwale, das sind die größten Meerfische, die es gibt. Wir werden euch jetzt den Walfischfang in diesen Gewässern schildern. Die Walfänger fangen viele Thunfische; den Grund davon werdet ihr gleich erfahren. Das Thunfleisch ist sehr fettig. Die Männer schneiden das Fleisch in kleine Stücke, schichten sie in große Gefäße oder Töpfe und mischen Salz dazu. Wenn der Vorrat an Pökelfleisch ausreichend ist, besteigen etwa sechzehn Männer ein kleines Schiff, bringen den eingesalzenen Fisch an Bord und stechen in See. Sie haben längliche Stoffknäuel bei sich, die sie aus Lumpen und Tuchfetzen zusammengeknotet haben. Sie tunken die Knäuel in die fettreiche Lake, nehmen sie heraus, binden sie an ein Seil, das am Schiff festgemacht ist, und werfen sie ins Wasser. Dann setzen sie das Segel und kreuzen, von hier nach dort, den ganzen Tag auf hoher See. Überall hinterlassen sie Spuren, denn das Fett der Stoffknäuel bleibt auf der Wasseroberfläche. Es geschieht nun, daß das Schiff in das Gebiet eines Wals gerät oder daß einer irgendwo den Thunfischgeruch wahrnimmt. Der Wal wird unweigerlich dem Schiff nachschwimmen, hundert Meilen sogar,

---

[1] Insel östlich des Golf von Aden.

falls das Schiff so weit gesegelt ist, dermaßen gierig sind die Wale auf Thunfisch. Sobald der Wal in Sichtnähe des Schiffes ist, werfen ihm die Fischer zwei oder drei Fischfleischstücke zu. Der Wal verschlingt sie und wird davon so benebelt wie die Menschen, die sich einen Weinrausch antrinken. Einige Männer klettern jetzt auf den Rücken des Tieres und stoßen ihm eine kurze Eisenlanze mit Widerhaken in den Kopf. Einer hält die Lanze fest, ein anderer schlägt mit dem Holzhammer darauf, bis die Lanze tief in den Schädel dringt. Wegen der Betäubung spürt nämlich der Wal die Menschen fast nicht, und diese können mit ihm anstellen, was sie wollen. Am herausragenden Lanzenende ist ein dickes, gut dreihundert Schritt langes Seil befestigt. In Abständen von fünfzig Schritt sind ein Fäßchen und ein Brettchen angebunden. Auf dem Deckel des Fäßchens ist ein Fähnchen angebracht, auf dem Boden ein Gegengewicht. Das Fäßchen kann also nicht umgedreht werden, und das Fähnchen bleibt immer oben. Das letzte Seilstück ist an einem Begleitboot vertäut, welches mit einigen Walfängern bemannt ist. Sobald der Wal seine Wunde spürt, will er fliehen. Die Männer, die die Lanze in seinen Schädel gehämmert haben, fallen ins Wasser, schwimmen zum Boot und klettern hinauf. Nun wird ein Fäßchen mit einem Fähnchen ins Wasser geworfen, und gleichzeitig werden fünfzig Schritt Seil abgerollt. Wenn der flüchtende Wal taucht, zieht er das angeseilte Boot nach. Sollte das Tier tiefer tauchen, wird ein weiteres Fäßchen nachgeworfen, und immer noch eines und noch eines. Der Wal hat nicht mehr die Kraft, die Fäßchen unters Wasser zu ziehen; er ermüdet, die Wunde schwächt ihn, und er stirbt erschöpft. Das Hauptschiff folgt den Fähnchen, nimmt die Beute ins Schlepptau, fährt zur Heimatinsel oder zu einer Nachbarinsel und verkauft den Fang. Ein einziger Wal bringt gute tausend Pfund ein. Auf diese Art wird der Walfischfang betrieben.]

Die Bewohner von Scotra weben sehr schöne Baumwollstoffe und verfertigen andere Handelsware; ihre ausgezeichneten großen Pökelfische müssen besonders erwähnt werden. Sie leben von Fleisch, Milch und Reis; anderes Getreide kennen sie nicht. Wie die indischen Heiden sind sie gewohnt, nackt zu gehen. Auf Scotra ist der Schiffshandel rege; es wird vieles eingeführt und auch vieles ausgeführt. Jedes Schiff, das nach Aden unterwegs ist, legt hier an.

Der Erzbischof ist nicht dem Papst in Rom unterstellt, sondern einem Erzbischof in Baudac. Der Erzbischof von Baudac ernennt nicht nur jenen von Scotra, sondern noch viele Bischöfe an andern Orten. Er hat gleiche Befugnisse wie der römische Papst. Der Erzbischof von Baudac wird von den Priestern und Prälaten als Papst angesehen; denn ihm allein, und nicht jenem in Rom, sind sie zu Gehorsam verpflichtet.

Und dann sollt ihr noch wissen: viele Piratenschiffe legen nach ihren Raubzügen in Scotra an. Sie bleiben eine Weile hier und verkaufen ihre Beute. Und ich kann euch sagen, sie erzielen einen guten Preis, denn die Christen der Insel wissen sehr wohl, daß das Raubgut von Heiden und Sarazenen und nicht von Christen stammt; darum hindert sie nichts, es zu erwerben. Weiter mögt ihr euch merken: wenn der Erzbischof von Scotra stirbt, muß der Nachfolger in Baudac bestimmt werden, irgendein Beliebiger darf hier das Amt nicht übernehmen. [Es kommt auch vor, daß die Insulaner einen vorschlagen, der dann in Baudac bestätigt wird.]

Vernehmt noch folgendes: die Christen auf Scotra sind die besten Zauberer der Welt. Selbstverständlich ist der Erzbischof gegen die Zauberei, und er schilt und züchtigt die Leute deswegen. Doch vergeblich, denn sie sagen, ihre Vorfahren hätten sich vorzeiten schon in den geheimen Künsten ausgekannt, und darum wollten auch sie nicht davon ablassen. Der Erzbischof vermag nichts gegen ihren Willen; er leidet sehr darunter, daß er ihren Sinn nicht ändern kann. Die Christen der Insel fahren fort mit ihren Zauberkünsten, so wie sie es für richtig halten.

Ich erzähle euch ein wenig davon. Wahrhaftig, die Zauberer bringen allerlei fertig, es mißlingt ihnen selten etwas. [Wenn die Besatzung eines Korsaren den Insulanern übel mitgespielt hat, dann sorgen die Magier dafür, daß das Schiff nicht eher von Stapel laufen kann, bevor der Schaden wiedergutgemacht ist.] Wohl setzt die Mannschaft das Segel, und bei gutem Winde mag das Schiff eine Weile hinausfahren, die Zauberer werden einen Gegenwind herbeirufen, und das Schiff muß kehrtmachen. Die Magier sind Herr über die Winde. Nach ihrem Willen beruhigt sich das Meer, nach ihrem Willen stürmt es und tobt es. Sie vollbringen die unwahrscheinlichsten Wundertaten,

die ich in unserem Buche lieber nicht beschreibe;
denn es geschehen da derart seltsame Dinge, die
von gar niemandem begriffen würden. Wir wenden uns darum von diesen Zaubergeschichten ab
und reden nicht mehr davon.

Über die Insel ist weiter nichts zu berichten; wir
segeln jetzt nach Mogdasio[1].

---
[1] Mogadischu

GOTTFRIED BENN

Palau

«Rot ist der Abend auf der Insel von Palau
und die Schatten sinken –»
singe, auch aus den Kelchen der Frau
läßt es sich trinken,
Totenvögel schrein
und die Totenuhren
pochen, bald wird es sein
Nacht und Lemuren.

Heiße Riffe. Aus Eukalypten geht
Tropik und Palmung,
was sich noch hält und steht,
will auch Zermalmung
bis in das Gliederlos,
bis in die Leere,
tief in den Schöpfungsschoß
dämmernder Meere.

Rot ist der Abend auf der Insel von Palau
und im Schattenschimmer
hebt sich steigend aus Dämmer und Tau:
«niemals und immer»,
alle Tode der Welt
sind Fähren und Furten,
und von Femden umstellt
auch deine Geburten –

einmal mit Opferfett
auf dem Piniengerüste
trägt sich dein Flammenbett
wie Wein zur Küste,
Megalithen zuhauf
und die Gräben und Hallen,
Hammer des Thor im Lauf
zu den Asen zerfallen –

wie die Götter vergehn
und die großen Cäsaren,
von der Wange des Zeus
emporgefahren –
singe, wandert die Welt
schon in fremdestem Schwunge,
schmeckt uns das Charonsgeld
längst unter der Zunge.

Paarung. Dein Meer belebt
Sepien, Korallen,
was sich noch hält und hebt,
will auch zerfallen,
rot ist der Abend auf der Insel von Palau,
Eukalyptenschimmer
hebt in Runen aus Dämmer und Tau:
niemals und immer.

SHICHIRŌ FUKAZAWA[1]

Nanking-Bübchen

Von dieser Inselschifflände aus ziehen sich die Wellen unendlich hin. Bis zum Hafen namens «Nachtlager» braucht man ganze zwei Tage. Heute morgen ist das Schiff mit meinem Enkel Hideo und den andern von hier in Richtung «Nachtlager» ausgelaufen, aber dort noch längst nicht angekommen.

Ich bin jetzt

(da gibt's keinen Ausweg mehr)

mit Hideos jüngerem Bruder Masatsugu bis zu dieser Schifflände geeilt, als wollte ich ihnen nachsetzen.

Dabei habe ich's meinem Sohn Tamekichi so deutlich gesagt, habe ihm Tag für Tag zugeredet, weiß nicht wie oft: «Den Hideo wenigstens schick nicht ins ‹Nachtlager›!»

Hab's ihm so deutlich gesagt. Und doch sang Hideo heute morgen mit den andern:

«Wellengeschaukelt auf und ab»,

sang jenes Lied von den Nanking-Bübchen und fuhr davon.

Bis gestern war es Hideo, der mir mein Eßtisch-

---

[1] Gitarrist, Schriftsteller, Bauer, ist eine der eigenwilligsten Gestalten der modernen japanischen Literatur. Die Erzählung «Nanking-Bübchen», ein Frühwerk, ist in thematischer wie stilistischer Hinsicht (Einarbeitung eines von Fukazawa selbst erfundenen «Volkslieds») eine Vorstudie zu seinem 1956 entstandenen Hauptwerk «Schwierigkeiten beim Verständnis der Narayama-Lieder».

chen brachte. Heute morgen hat es mir der hinkende Masatsugu gebracht.

Vorgestern war es Hideo, der jenen schwarzen Hund verjagte. Immer jagte Hideo den schwarzen Hund weg, wenn er bellend auf seinen Bruder Masatsugu losgehen wollte. Wenn der schwarze Hund den Stock des hinkenden Masatsugu erblickt, fällt er ihn regelmäßig an.

Ein Tag vorher. Ich schlich heimlich hinter den schwarzen Hund. Ich holte mit einem Prügel aus und wollte ihn totschlagen. Aber er entwischte mir.

Noch ein Tag vorher. Bösartige Kinder von der Insel schleppten den schwarzen Hund am Nacken herbei, um ihn auf Masatsugu zu hetzen. Sie machten sich einen Spaß daraus zuzusehen, wie Masatsugu fliehend umherrannte.

Und nochmals ein Tag früher. Jener elende schwarze Hund ging auf den Stock los, den Masatsugu mit sich trug. Masatsugu schlug damit blindlings um sich, daß es nur so zischte. Für die bösen Inselbuben war das ein gefundenes Fressen. Immer war es allein Hideo, den Masatsugu zu Hilfe rief.

«Den Hideo wenigstens schick nicht ins ‹Nachtlager›!» hatte ich doch so dringend gebeten.

Aber heute morgen sang Hideo mit den andern:

«Schaukelndes Schiff ist ein Schiff aus Holz»,

sang jenes Lied von den Nanking-Bübchen und fuhr davon.

Vorgestern war's. Als ich im hintern Zimmer saß, führte mein Sohn Tamekichi mit dem Ver-

mittler, einem Kerl, der Tomo heißt, lange Reden.
Ich hatte keinen Zweifel: es ging darum, Hideo ins
«Nachtlager» zu schicken. Schon dachte ich daran, auch selber mit Tomo ein deutliches Wort zu
reden, aber

(der schert sich keinen Deut darum, was ein
Alter ihm sagt)

Tomo ist eben ein Bursche von dieser Sorte, und
so hielt ich mich still. Ich hatte ja Tamekichi dermaßen dringend gebeten: «Schick ihn nicht, schick
ihn nicht», daß ich wahrhaftig nicht glaubte, er
würde sich von diesem Kerl Tomo überreden lassen.

Ein Tag früher. Tamekichi und meine Schwiegertochter Tomi hatten Krach miteinander. Auch
hier war der hinkende Masatsugu der Anlaß. Tomi
stritt sich mit Tamekichi und sagte, er solle doch
bitte, bitte den Hideo wenigstens um Masatsugus
willen nicht ins «Nachtlager» schicken.

Tamekichis Einwand ist immer derselbe: «Warum hat man nur einen solchen Krüppel aufgezogen!»

so sagt er, ungeachtet daß er sein Vater ist. Aber
was nützt es, einem solches vorzuhalten, da es nun
einmal soweit gekommen ist!

Ich geriet ebenfalls in Zorn und sagte: «Also gut,
mach mit ihm, was du willst!»

Dabei hob ich Masatsugu auf und streckte ihn
Tamekichi entgegen. Ich selber bin ein alter Mann.
Wie will denn Tamekichi den Masatsugu, sein
eigenes Kind Masatsugu, sonst versorgen? Mir jedenfalls fällt nichts anderes ein. Ist doch Hideo der
einzige, der sich um Masatsugu kümmern kann.

Wenn auf der Insel der Winter kommt, dann muß auf dieser baumlosen Insel das bißchen Kohle, das man sich hie und da mal leisten kann, im «Nachtlager» gekauft und hergeschafft werden. Mit dem Reis ist es genau gleich. Der Sohn und die Schwiegertochter gehn während des Inselwinters ins «Nachtlager», um zu verdienen; Kinder aber und alte Leute wie ich, die haben keine andere Wahl, als auf der Insel zu bleiben.

«Da, tu, was du willst!»

Ich strecke ihm also Masatsugu entgegen, aber auch Tamekichi weiß sich keinen Rat.

«Darum hab' ich ja damals gesagt, ich wolle mit ihm aufräumen, oder etwa nicht?»

Bestimmt kommt er mir dann immer wieder mit diesem Vorwurf; immer drängt er mich in die Ecke: «...ihn so groß werden lassen ... und was jetzt...»

Damit hält er mir vor, daß ich ihn aufgezogen habe. Hideo, der sich um Masatsugu kümmerte, ist heute morgen ins «Nachtlager» abgefahren, dies obwohl ich so dringend gebeten hatte: «Den Hideo wenigstens schick nicht ins ‹Nachtlager›!»

Aber heute morgen sang Hideo mit den andern:

«Nanking-Bübchen die haben Kraft»,

sang jenes Lied von den Nanking-Bübchen und fuhr davon.

Heute morgen machten an dieser Schifflände Kinder und Mütter großen Lärm. Das Schiff vom «Nachtlager» hatte hier angelegt, um Hideo und seine Kameraden abzuholen, und alle vollführten einen Riesenlärm. Ich fürchtete mich davor, zur

Lände zu gehen, hielt meinen Kopf im Stroh des Schuppens vergraben. Auch dieses Jahr wurden die Kinder wie immer einzeln in Nanking-Säcke gesteckt. Damit die Kinder die Trennung von ihren Müttern nicht bemerken, werden sie in einem Augenblick, da sie nicht achtgeben, schwups, von einem Nanking-Sack wie von einem Netz aufgefischt und verschluckt. Im selben Augenblick erhält die Mutter jedesmal einen Geldbeutel in die Hand gedrückt. Und eh' man sich's versieht, wandern die Nanking-Säcke schon einer nach dem andern aufs Schiff. Nach der Überführung ins «Nachtlager» braucht man die Knaben dann ein Leben lang als Schiffsjungen in der Fischerei.

Auch Hideo ist heute morgen auf diese Weise weggekommen. Ich fürchtete mich davor, zur Lände zu gehen, hielt meinen Kopf im Stroh des Schuppens vergraben.

Vorhin saß Tamekichi, dieser Kerl, vor dem Süßkartoffel-Schnaps, den das Schiff mitgebracht hatte. Er hatte ihn schön ordentlich auf ein Eßtischchen gestellt. Ich stieß das Tischchen mit dem Fuß weg und brüllte: «Verkauft hast du ihn!»

Aber Tamekichi sagte nur: «Was soll's, jetzt noch so tun, als hättest du nichts gewußt und mit solchem Zeug anfangen...»

Das also sagte er, sagte es gerade, als wäre ich einverstanden gewesen, ihn zu verkaufen.

Heute morgen kollerten die mit Kindern vollgestopften Nanking-Säcke auf dem Schiff umher.

«Laß mich raus!» schrie aus einem Sack eine losheulende Stimme.

Da brüllte der Vermittler Tomo, damit die andern

Kinder das Weinen nicht hören sollten: «Ihr alle, singt das Lied, singt jenes Lied, so laut ihr könnt!»

Dann machte er selber den Anfang, begann vorzusingen:

«Wellengeschaukelt auf und ab»

Und darauf fielen die Kinder ein:

«Wellengeschaukelt auf und ab
schaukelndes Schiff ist ein Schiff aus Holz
Nanking-Bübchen die haben Kraft
alle sind stark ja heisassa
  ja heisassa»

Immer wenn sie einsetzen, wiegen sich die Köpfe in den Säcken drin im Liedtakt nach rechts oder links. Auch heute morgen haben Hideo und die andern gesungen. Es ist jedes Jahr das gleiche. Ich hielt meinen Kopf im Stroh des Schuppens vergraben. Die Mütter verstecken sich jeweils dicht an der Flanke des Schiffs, sie rücken alle zusammen und geben keinen Laut von sich.

Ich bin jetzt mit Masatsugu bis zu dieser Schiffslände geeilt, als wollte ich ihnen nachsetzen. Heute morgen ist das Schiff mit Hideo und den andern in Richtung «Nachtlager» ausgelaufen.

Lang ist's her. Masatsugu war damals ein Säugling. Seine Beine kamen einem irgendwie seltsam vor. Das eine Bein war steif wie ein Stock. Als man es erkannte, sagte mein Sohn Tamekichi: «Den kann man weder verkaufen noch zur Arbeit verdingen.»

Und dann sagte er noch: «Den darf man nicht groß werden lassen!»

DAS LIED VON DEN NANKING-BÜBCHEN

Fukazawa Shichirō

Auch die Schwiegertochter Tomi war dieser Meinung.

Tamekichi sagte: «Ich geh' und werfe ihn vom Ausguckfelsen hinab ins Meer...»

Ich hob den Masatsugu also auf den Arm und

wollte ihn dem Tamekichi übergeben. Aber da streckte der Säugling seine Händchen aus und kniff mir kräftig in die Backen. Und danach brachte ich es nicht mehr über mich, Masatsugu wegzugeben. Drum ist er so groß geworden.

Jetzt ist es an mir zu tun, was damals hätte getan werden müssen. Welle reiht sich an Welle, und diese Wellen setzen sich fort bis zum Schiff von Hideo.

Ich steige mit Masatsugu auf den Armen ins Meer. Es ist seicht, das Wasser reicht nur bis an die Knie. Ich gehe nach und nach weiter hinaus.

Masatsugu klammert sich fest an meine Brust und fragt: «Großpapa, kommt das gut?»

Ich erwidere: «Keine Sorge. Wir gehen, wohin Hideo gegangen ist.»

Ich rücke weiter vor. Das Wasser wird tiefer, reicht mir bis zu den Hüften.

Masatsugu fängt wieder an: «Ich mag nicht! Wir wollen zurück!»

«Masatsugu, ich geh' ja auch mit!», und indem ich das sage, packe ich ihn mit der rechten Hand am linken Kragen, dann rasch mit der linken Hand am rechten Kragen. Meine Arme kreuzen sich schräg, ziehen mit einem Ruck an und würgen ihn. Masatsugu weicht mit dem Nacken nach hinten. Dann packt er mit beiden Händen meine Backen. Er krallt sich in meinen Backen fest und krümmt sich mit weißen Augen hintenüber. Sein Kopf taucht ins Wasser, die Wellen brechen sich an seinem Kopf. Ich ziehe noch kräftiger zusammen. So halte ich ihn umklammert. Mein Atem geht immer schwerer.

300

FRANCIS BACON

[Reise und Landung. Eine Insel im Stillen Ozean]
Aus: «Neu-Atlantis»

Wir segelten von Peru, wo wir uns ein ganzes Jahr lang aufgehalten hatten, ab und steuerten auf China und Japan zu. Wir hatten Lebensmittel für zwölf Monate bei uns. Fünf Monate lang und länger erfreuten wir uns günstiger Winde von Osten, bald milderer, bald kräftigerer. Dann aber drehte sich der Wind und blies viele Tage lang von Westen her so stark, daß wir nur langsam vorankommen

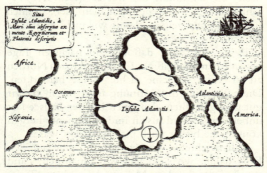

Eine (noch nach Süden orientierte) Karte aus «Mundus Subterraneus», 1644. Athanasius Kircher folgt Platons Angaben, wonach die sagenhafte Insel «außerhalb der Meerenge» (von Gibraltar?) lag und «größer als Asien und Libyen zusammen» gewesen sei.

konnten und gelegentlich an Umkehr dachten. Aber bald erhoben sich wieder starke und heftige Südwinde mit geringer Neigung nach Osten. Diese trieben uns, die wir uns so weit wie möglich dagegenstemmten, nach Norden. Zu dieser Zeit gingen unsere Lebensmittel, obwohl wir sie sparsam ausgegeben hatten, fast zu Ende.

Als wir uns daher inmitten der gewaltigsten Wasserwüste des Erdkreises ausgesetzt sahen, ohne Lebensmittel, hielten wir uns für so gut wie verloren und erwarteten den nahen Tod. Dennoch erhoben wir unsere Herzen und Stimmen zu Gott im Himmel, der «seine Wunder in der größten Not erzeigt» (Ps. 106,24). Ihn baten wir bei seiner Barmherzigkeit, er möge, wie er zu Anfang der Welt «die Sammlung der Wasser» (Gen. 1,10) befahl und «das Trockene erscheinen» ließ, so auch uns jetzt Land zeigen, damit wir nicht zugrunde gingen.

Es geschah aber, daß wir am nächsten Tage gegen Abend in mäßiger Entfernung nach Norden zu so etwas wie eine dichte Wolke bemerkten. Diese flößte uns die Hoffnung auf Land ein, da wir gut genug wußten, daß jener Teil der Südsee fast unbekannt sei und Inseln und Kontinente bergen könnte, die bisher noch nicht entdeckt waren.

Daher richteten wir jene ganze Nacht lang den Kurs dahin, wo sich, wie wir annahmen, Land gezeigt hatte. Und am Morgen des nächsten Tages wurde es offenbar, daß das, was wir gesehen hatten, tatsächlich Land gewesen war, und zwar flaches und waldreiches; deshalb war es uns so dunkel erschienen.

Und nach anderthalb Stunden Fahrt landeten wir in einem sicheren Hafen, dem Hafen einer zwar nicht großen, aber schön angelegten Stadt, die von der Seeseite einen prächtigen Anblick bot.

Wir aber schätzten kurz die Entfernung bis zum Lande ab, nahmen Kurs auf die Küste und bereiteten alles zur Landung vor. Sogleich aber sahen wir einige Einwohner der Stadt mit Stäben in den Händen, die uns durch Winkzeichen warnten, an Land zu kommen, jedoch ohne Geschrei oder wildes Gebaren. Daher überlegten wir, nicht wenig enttäuscht, was zu machen sei.

STEFAN GEORGE

Der Herr der Insel

Die fischer überliefern daß im süden
Auf einer insel reich an zimt und öl
Und edlen steinen die im sande glitzern
Ein Vogel war der wenn am boden fußend
Mit seinem schnabel hoher stämme krone
Zerpflücken konnte · wenn er seine flügel
Gefärbt wie mit dem saft der Tyrer-schnecke
Zu schweren niedrem flug erhoben: habe
Er einer dunklen wolke gleichgesehn.
Des tages sei er im gehölz verschwunden ·
Des abends aber an den strand gekommen ·
Im kühlen windeshauch von salz und tang
Die süße stimme hebend daß delfine
Die freunde des gesanges näher schwammen
Im meer voll goldner federn goldner funken.
So habe er seit urbeginn gelebt ·
Gescheiterte nur hätten ihn erblickt.
Denn als zum erstenmal die weißen segel
Der menschen sich mit günstigem geleit
Dem eiland zugedreht sei er zum hügel
Die ganze teure stätte zu beschaun gestiegen ·
Verbreitet habe er die großen schwingen
Verscheidend in gedämpften schmerzeslauten.

H. G. WELLS

Die Äpyornis-Insel

Der Mann mit dem Narbengesicht beugte sich über den Tisch und musterte mein Bündel.

«Orchideen?» fragte er.

«Ein paar», sagte ich.

«Zypripedien?» fragte er.

«In der Hauptsache», sagte ich.

«Irgendwas Neues? Nein? Das dachte ich mir. Ich hab' die Inseln vor fünfundzwanzig ... nein, siebenundzwanzig Jahren abgeklappert. Wenn Sie da irgendwas Neues finden ... na ja, dann ist's wirklich funkelnagelneu! Viel hab' ich nicht übriggelassen!»

«Ich bin kein Sammler», sagte ich.

«Ich war damals noch jung», fuhr er fort. «Herrgott! Wie bin ich herumgerast!» Er blickte mich abschätzend an. «Zwei Jahre war ich in Ostindien und sieben in Brasilien. Dann ging ich nach Madagaskar.»

«Ein paar Forscher kenn' ich dem Namen nach», sagte ich und machte mich auf eine weitschweifige Geschichte gefaßt. «Für wen haben Sie gesammelt?»

«Die Dawsons. Haben Sie je den Namen Butcher gehört?»

«Butcher? Butcher?» Irgendwo hatte ich den Namen schon gehört. Dann fiel es mir ein – der Fall Butcher gegen Dawson. «Donnerwetter!» sagte ich, «Sie sind der Mann, der mit ihnen prozessiert hat – um vier Jahre Gehalt? Der auf eine öde Insel verschlagen worden ist.»

«Zu dienen!» sagte der Mann mit der Narbe und verbeugte sich. «Komischer Fall, was? Auf der einen Seite ich, der ich auf besagter Insel ein kleines Vermögen machte und nicht einmal was leistete dafür, und auf der anderen Seite sie, einfach außerstande, mir zu kündigen! Der Gedanke hat mir, während ich dort war, oft Spaß gemacht! Ich stellte lange Rechnungen darüber auf – in riesigen ornamentalen Ziffern – rings über die ganze Insel.»

«Wie kam es denn dazu?» sagte ich. «So ganz genau kann ich mich nicht mehr auf den Fall besinnen.»

«Tja ... Sie haben vom Äpyornis gehört?»

«Das will ich meinen! Erst vor ein oder zwei Monaten erzählte mir Andrews von einer neuen Spezies, an der er gerade arbeitete. Knapp bevor ich abreiste. Sie haben, wie es scheint, einen Schenkelknochen gefunden – fast ein Elle lang. Das Ding muß ein Ungetüm gewesen sein!»

«Da haben Sie schon recht», sagte der Mann mit der Narbe. «Es war ein Ungetüm. Sindbads Vogel ‹Rock› war nichts als ein Abklatsch davon. Wann haben sie denn die Knochen gefunden?»

«Vor drei oder vier Jahren ... 1891, glaub’ ich. Warum?»

«Warum? Weil ich sie gefunden hab – Herrgott, ja, das ist jetzt fast zwanzig Jahre her. Wenn die Dawsons sich nicht so blödsinnig angestellt hätten wegen des Gehalts, so hätten sie das schönste Monopol darauf haben können ... Meine Schuld war’s

306

wahrhaftig nicht, daß das verdammte Boot sich
losriß . . .»

Er machte eine Pause. «Ich vermute, es wird
derselbe Platz sein. Eine Art Sumpf, ungefähr
neunzig Meilen nördlich von Antananarivo. Kennen Sie vielleicht zufällig die Gegend? Man muß im
Boot an der Küste entlangfahren. Sie erinnern sich
nicht mehr daran?»

«Nein. Ich nicht. Aber ich glaube, Andrews
sagte etwas von einem Sumpf.»

«Das muß derselbe sein. An der Ostküste. Und
es ist irgendwas im Wasser, was die Dinge vor dem
Vermodern bewahrt. Es riecht wie Kreosot, es erinnerte mich an Trinidad. Haben sie auch noch
Eier gefunden? Ein paar von den Eiern, die ich
fand, waren anderthalb Fuß lang. Der Sumpf geht
rundherum, müssen Sie wissen, und schneidet gerade dieses Stückchen ab. Meist Salzwasser, übrigens . . . Na ja . . . War das ein Leben! Die Dinger
selber fand ich ganz zufällig. Wir suchten Eier – ich
und zwei Eingeborene, in einem von ihren drolli-
gen, zusammengebundenen Kanus, und dabei fanden wir auch die Knochen. Wir hatten ein Zelt mit
und Lebensmittel für vier Tage; und an einer von
den trockeneren Stellen ließen wir uns häuslich
nieder. Jetzt noch – wenn ich bloß daran denke –
kommt mir der Teergeruch von damals in die
Nase! Eine ganz eigene Art von Arbeit ist es. Man
durchsucht den Schlamm mit eisernen Stangen,
wissen Sie. Und gewöhnlich zerschlägt man dabei
die Eier. Möcht' wissen, wie lang es her ist, daß
diese Äpyornisse eigentlich gelebt haben. Die Mis-
sionare behaupten, unter den Eingeborenen exi-

stieren noch Legenden aus der Zeit, als sie lebten; aber selber hab' ich nie eine derartige Geschichte gehört.* Eins ist sicher: die Eier, die wir fanden, waren frisch, als wären sie eben erst gelegt worden. Frisch! Während wir sie zum Boot hinuntertrugen, ließ einer von meinen Schwarzen eines auf einen Stein fallen, und es zerbrach. Wie hab' ich den Kerl angeschnauzt! Aber es war einfach himmlisch, als wär' es eben erst gelegt worden – nicht eine Spur von Geruch –, und dabei war die Mutter seit – wer weiß – vierhundert Jahren tot! Behauptete, ein Insekt habe ihn gebissen. Übrigens ... um wieder auf meine Geschichte zu kommen: Wir hatten den ganzen Tag damit verbracht, im Morast zu graben und die paar Eier unbeschädigt herauszukriegen, und wir waren alle ganz überzogen mit scheußlichem, schwarzem Schlamm, und ich war natürlich sehr übler Laune. Soviel ich weiß, waren es die einzigen Eier, die unzerbrochen, ohne auch nur einen Sprung, gefunden worden sind. Später sah ich mir einmal die an, die sie im Naturgeschichtlichen Museum in London haben; alle waren sie voller Sprünge und zusammengeleimt. Meine waren unbeschädigt; und ich hatte vor, daheim ein ganz schönes Geschäft mit ihnen zu machen. Natürlich ägerte ich mich über den blödsinnigen Kerl, der die Frucht einer Arbeit von drei Stunden einfach fallen ließ – wegen eines bloßen Insekts. Ich gab's ihm auch ziemlich deutlich zu verstehen.»

---

* Soviel man weiß, hat kein Europäer je einen Äpyornis gesehen außer Macer, der Madagaskar im Jahre 1745 bereiste und angeblich einen gesichtet haben will. (Anm. des Autors)

Der Mann mit der Narbe zog eine Tonpfeife heraus. Ich schob ihm meinen Tabakbeutel hin. Geistesabwesend stopfte er seine Pfeife.

«Und wie war's denn mit den anderen? Haben Sie die nach Hause gebracht? Ich erinnere mich nicht mehr...»

«Das ist eben das Merkwürdige an der Geschichte. Noch drei andere hatte ich. Ganz frische Eier. Na schön! Wir legten sie ins Boot, und ich ging ins Zelt hinauf, um Kaffee zu kochen, und ließ meine beiden Schwarzen drunten am Strand. Der eine beschäftigte sich mit seinem Insektenstich, und der andere half ihm dabei. Der Gedanke, daß die Kerle sich die seltsame Lage, in der ich mich befand, zunutze machen und einen Streit vom Zaun brechen würden, kam mir überhaupt nicht. Aber ich denke mir, daß das Insektengift und die Hiebe, die ich ihm gegeben habe, den einen wild machten – er war immer ein rachsüchtiger Kerl gewesen –, und der überredete den andern.

Ich weiß noch – ich saß da und rauchte und kochte Wasser auf einer Spiritusmaschine, die ich auf derartigen Expeditionen immer mitnahm. Dabei bewunderte ich den Sumpf im Sonnenuntergang. Ganz schwarz und blutigrot war er, lauter Streifen, ein wundervoller Anblick. Dahinter stieg die Hügellandschaft grau und dunstig auf, darüber lag ein Himmel, rot wie der Schlund eines Hochofens. Und fünfzig Meter hinter mir waren diese verfluchten Schwarzen und beschlossen ohne jede Rücksicht auf die friedvolle Stille, mit dem Boot durchzugehen und mich einfach zurückzulassen – mit Lebensmitteln für drei Tage, einem Leinenzelt und einem kleinen Krug Wasser! Ich hörte auf einmal eine Art Bellen hinter mir, und da waren sie auch schon in ihrem Kanu – ein miserables Boot – etwa zwanzig Meter vom Land entfernt. Mir wurde sofort klar, was los war. Mein Gewehr lag im Zelt, und außerdem hatte ich keine Kugeln, sondern bloß Vogelschrot. Das wußten sie. Aber ich hatte einen kleinen Revolver in der Tasche, und den riß ich heraus, während ich zum Strand hinunterrannte.

‹He! Zurück!› rief ich, den Revolver schwingend.

Sie plapperten irgendwas, und der Mann, der das Ei zerbrochen hatte, rief ganz laut hurra! Ich zielte auf den andern, weil er unverwundet war und das Ruder führte, und verfehlte ihn. Sie lachten. Trotzdem, ich ließ mich nicht beirren. Ich wußte, daß ich ruhig bleiben mußte. Ich zielte wieder auf ihn, und diesmal sprang er mit dem Knall hoch! Er lachte diesmal auch nicht. Beim drittenmal traf ich ihn in den Kopf, er ging über Bord und mit ihm das Ruder. Es war ein ganz außergewöhnlich glücklicher Schuß für einen Revolver. Fünfzig Meter weit muß es immerhin gewesen sein. Er versank im Nu. Ob erschossen oder einfach betäubt und ertrunken, das weiß ich nicht. Dann fing ich an, hinter dem andern Kerl dreinzurufen, er möchte doch zurückkommen; aber er verkroch sich in dem Kanu und wollte nicht. So schoß ich denn schließlich mit dem Revolver auf ihn, traf ihn aber nicht.

Wie ein Narr bin ich mir vorgekommen – das kann ich Ihnen sagen! Da stand ich am verfluchten,

öden Strand, hinter mir nichts als Sumpf und vor
mir nichts als das flache Meer in seiner Nach-
Sonnenuntergangs-Kälte und das schwarze Kanu,
das langsam und sicher aufs Meeer hinaustrieb. Ich
kann Ihnen sagen, ich habe die Dawsons und Jam-
rachs und Museen und überhaupt alles zu allen
Teufeln gewünscht! Ich brüllte hinter dem Nigger
her, zurückzukommen, bis meine Stimme nur
noch ein Kreischen war.

Es half nichts – ich mußte ihm nachschwimmen
und sehen, wie ich mit den Haien fertig wurde. Ich
öffnete mein Klappmesser und nahm es zwischen
die Zähne, zog meine Kleider aus und watete hinein. Sobald ich im Wasser war, verlor ich das Kanu
aus den Augen, aber ich hielt dem Gefühl nach
darauf zu, so gut ich konnte. Ich hoffte, der Mann
würde zu dumm sein, ordentlich zu steuern, und es
würde in derselben Richtung weitertreiben. Bald
tauchte es auch so ungefähr gegen Südwest wieder
über dem Horizont auf. Die Nachglut des Sonnen-
untergangs war jetzt vollständig vorüber, und die
Schatten der Nacht krochen herauf. Die Sterne
schimmerten durch das Blau. Ich schwamm wie
ein Preisschwimmer, obwohl meine Arme und
Beine bereits nach kurzer Zeit zu schmerzen begannen.

Na, jedenfalls erreichte ich ihn, als die Sterne alle
so nach und nach heraus waren. Als es dunkler
wurde, fing ich an, allerhand glühende Körper im
Wasser zu sehen, Phosphoreszenz, wissen Sie.
Manchmal machte es mich ganz schwindlig. Ich
wußte kaum, was Sterne waren und was Phosphoreszenz und ob ich auf dem Kopf schwamm

oder auf den Beinen. Das Kanu war schwarz wie die Sünde und das Wellengekräusel unter seinem Bug wie flüssiges Feuer. Natürlich hütete ich mich, gleich hineinzuklettern. Erst mußte ich sehen, was er trieb. Er schien in einen Klumpen zusammengekauert vorne im Boot zu liegen, das Heck ragte ganz aus dem Wasser. Das Ding drehte sich, während es dahintrieb, langsam um sich selber – so eine Art Walzer, wissen Sie. Ich schwamm zum Heck und zog es herunter – ich erwartete natürlich, er würde aufwachen. Dann fing ich an hineinzuklettern – immer mit dem Messer in der Hand und auf einen Überfall gefaßt. Aber er regte sich überhaupt nicht. Schließlich saß ich im Heck des kleinen Kanus und trieb über die stille, phosphoreszierende See, über mir das ganze Heer der Sterne, und wartete, daß irgend etwas geschehen würde.

Nach einer langen Weile rief ich ihn beim Namen, aber er antwortete nicht. Ich war zu müde, um mich der Gefahr auszusetzen, zu ihm hinzugehen. So saßen wir eben da. Ich vermute, ich bin ein- oder zweimal eingedöst. Als der Morgen dämmerte, sah ich, daß er mausetot war und ganz gedunsen und blaurot. Meine drei Eier und die Knochen lagen mitten im Kanu, die Wasserflasche und ein bißchen Kaffee und Biskuits in eine Zeitung eingewickelt zu seinen Füßen und eine Zinnflasche mit Methylspiritus unter ihm. Es war kein Ruder da, oder überhaupt irgend etwas außer der Spiritusflasche, was man statt dessen hätte benützen können; ich beschloß also, mich treiben zu lassen, bis man mich auflesen würde. Ich nahm eine kurze Leichenschau vor, tippte auf irgendeinen

Skorpion oder ein unbekanntes Insekt und warf ihn dann über Bord.

Darauf trank ich einen Schluck Wasser, aß ein paar Biskuits und sah mich um. Ein Mann, der so auf dem Hund ist, wie ich es damals war, sieht vermutlich überhaupt nicht weit; jedenfalls war keine Spur mehr von Madagaskar oder irgendeinem andern Festland zu sichten. Ich sah ein Segel in südwestlicher Richtung gehen, das aussah wie ein Schoner, aber der Rumpf erschien überhaupt nicht über dem Horizont. Nach und nach stieg die Sonne immer höher und fing an, auf mich herunterzubrennen. Herrgott! Mir kochte fast das Gehirn! Ich versuchte, meinen Kopf ins Wasser zu stecken; aber nach einer Weile fiel mein Blick auf die Zeitung, und ich legte mich flach ins Kanu und breitete sie über mich. Wundervolle Erfindung, die Zeitungen! Ich hatte noch nie vorher eine gründlich gelesen; aber es ist merkwürdig, auf was der Mensch alles verfallen kann, wenn er allein ist, wie ich's war. Ich glaube, ich hab' diesen alten, famosen «Cape Argus» wohl zwanzigmal gelesen. Der Teer, mit dem das Kanu verschmiert war, rauchte geradezu vor Hitze und warf große Blasen.

Zehn Tage lang trieb ich so», sagte der Mann mit der Narbe. «Eine Kleinigkeit, wenn man's so erzählt, nicht? Jeder Tag glich dem vorhergehenden. Außer morgens und abends hielt ich nicht einmal Ausschau – die Hitze war zu höllisch! Nach den ersten drei Tagen sah ich überhaupt keine Segel mehr, und die paar, die ich sah, bemerkten mich nicht. Ungefähr in der sechsten Nacht fuhr ein Schiff an mir vorüber, kaum eine halbe Meile entfernt, alle Lichter waren angezündet und die Luken offen; wie eine große Feuerfliege sah es aus. An Bord war Musik. Ich stand auf und schrie und kreischte hinüber. Am zweiten Tag brach ich eins von den Äpyornis-Eiern an – kratzte an einem Ende die Schale weg, Stück für Stück, und versuchte es und freute mich, als ich fand, daß man es gut essen konnte. Es schmeckte ein bißchen herb – ich meine nicht schlecht, sondern so ähnlich wie Enteneier. Auf der einen Seite des Dotters war eine Art kreisrunder Fleck, ungefähr sechs Zoll im Durchmesser, mit blutigen Streifen drin und einer weißen, leiterartigen Stelle, die mir sonderbar vorkam; aber ich begriff damals nicht, was sie bedeutete, und war auch keineswegs geneigt, wählerisch zu sein. Mit Zwieback und einem Schluck Wasser reichte mir das Ei drei Tage lang. Daneben kaute ich Kaffeebohnen – recht erfrischend und belebend. Das zweite Ei öffnete ich ungefähr am achten Tag, und ich war ganz bestürzt.»

Der Mann mit der Narbe hielt einen Augenblick inne. «Ja», sagte er dann, «es entwickelte sich. Ich kann mir vorstellen, daß Sie das nur schwer glauben können. Mir ging es so, obwohl ich das Ding vor mir sah. Da war nun das Ei vielleicht dreihundert Jahre lang in dem kalten, schwarzen Schlamm versunken gelegen. Aber ein Irrtum war ausgeschlossen. Der – wie sagt man? – Embryo war da, mit seinem dicken Kopf und gekrümmtem Rücken und dem sichtbaren Herzschlag in der Kehle. Der Dotter war ganz verschrumpelt, und alles war mit großen dünnen Häuten bedeckt. Da saß ich und brütete die Eier des größten aller ausgestorbe-

nen Vögel aus, in einem kleinen Kanu mitten im
Indischen Ozean! Wenn der alte Dawson das gewußt hätte! Das war schon vier Jahresgehälter
wert! Was meinen Sie?

Na, einerlei – ich mußte das kostbare Zeug
aufessen, bis auf den letzten Krümel, eh' ich das
Riff erblickte; und ein paar von den Bissen waren
scheußlich unangenehm. Das dritte ließ ich unbeschädigt. Ich hielt es gegen das Licht, aber die
Schale war zu dick, als daß ich auch nur einen
schwachen Schimmer hätte sehen können von
dem, was drinnen vor sich ging. Und obgleich ich
mir einbildete, Blut pulsieren zu hören, konnte das
auch ein Sausen in meinen eigenen Ohren sein, wie
wenn man an einer Muschel horcht.

Dann tauchte das Atoll auf. Es schien, als steige
es ganz plötzlich dicht neben mir aus dem Sonnenaufgang auf. Ich trieb geradewegs darauf zu, bis ich
nur noch ungefähr eine halbe Meile vom Ufer
entfernt war; dann wechselte die Strömung, und
ich mußte mit den Händen und mit Stücken der
Äpyornis-Eierschalen nach Leibeskräften rudern,
um an Land zu kommen. Na, jedenfalls kam ich
hin. Es war ein gewöhnliches Atoll, eine Korallen-
insel im Umfang von ungefähr vier Meilen, mit
ein paar Bäumen und einer Quelle, und die Lagune
war voll von Papageifischen. Ich schaffte das Ei an
Land und legte es an einen geschützten Ort, wo die
Flut es nicht erreichen konnte und die Sonne drauf
schien, um ihm jede Möglichkeit zu verschaffen;
darauf zog ich das Kanu auf den Strand und ging
auf Entdeckungsreisen. Merkwürdig, wie lang-
weilig solch ein Atoll ist! Sobald ich eine Quelle

gefunden hatte, schien alles Interesse erschöpft zu sein. Als ich ein Junge war, dachte ich, nichts könnte schöner und abenteuerlicher sein als eine Robinson-Crusoe-Geschichte; aber das Ding war so eintönig wie ein Predigtbuch. Ich wanderte umher und suchte mir meine Nahrung und dachte dabei an allerhand; aber ich kann Ihnen sagen, ich langweilte mich fast zu Tode, noch ehe der erste Tag um war. Wissen Sie, ich hatte Glück gehabt – noch am selben Tag schlug das Wetter um. Gegen Norden zog ein Gewitter auf, das auch die Insel streifte; in der Nacht kam ein Platzregen, und der Sturm heulte und tobte über mich hin. Wissen Sie – viel hätte es nicht dazu gebraucht, das Kanu umzukippen.

Ich schlief unter dem Kanu, und das Ei lag glücklicherweise weiter oben am Ufer im Sand. Das erste, woran ich mich erinnere, war ein Wasserguß über meinen Körper und ein Lärm, als ob hundert Kieselsteine gleichzeitig gegen das Boot prasselten. Ich hatte eben von Antananarivo geträumt, und ich richtete mich auf und rief nach Intoshi, um sie zu fragen, was zum Henker denn los wäre, und tastete nach dem Stuhl, wo die Streichhölzer immer lagen. Dann fiel mir ein, wo ich war. Phosphoreszierende Wellen rollten heran, als wollten sie mich auffressen, sonst war die Nacht um mich her pechschwarz. Der Sturm heulte. Die Wolken waren ganz tief, und der Regen strömte herab, als ob der Himmel versänke und sie droben über dem Firmament das Wasser ausschöpften. Eine große Woge kam zischend, wie eine feurige Schlange, auf mich zugerollt; da riß ich aus. Gleich darauf fiel mir das Kanu ein, und als das Wasser fauchend zurückstürzte, lief ich wieder hinunter; aber das Ding war fort. Darauf kam mir der Gedanke an das Ei, und ich tappte in der Finsternis hin. Es war völlig in Ordnung und außer Reichweite selbst der höchsten Wellen; und ich setzte mich daneben und streichelte es wie einen guten Kameraden. Herrgott! War das eine Nacht!

Vor Tagesanbruch war der Sturm vorüber. Als es anfing zu dämmern, war kein Wolkenfetzchen mehr am Himmel, und am ganzen Strand lagen zersplitterte Bootsplanken – sozusagen das aufgelöste Skelett meines Kanus. Na, das gab mir jedenfalls was zu tun; ich baute daraus und aus zwei oder drei beieinanderstehenden Bäumen eine Hütte. Und just an diesem Tag war das Ei ausgebrütet.

Ausgebrütet, Verehrtester – während ich meinen Kopf darauf gebettet hatte und schlief! Ich hörte ein Krachen und fuhr auf – und da sah ich: das eine Ende des Eis war aufgepickt, und ein kleiner, brauner Kopf guckte mich draus an. – ‹Donnerwetter!› sagte ich. ‹Grüß Gott!› Und unter einiger Schwierigkeit kam er heraus.

Am Anfang war er ein netter, freundlicher, kleiner Kerl – so ungefähr von der Größe einer kleinen Henne –, ganz ähnlich wie die meisten jungen Vögel, bloß größer. Sein Gefieder war zuerst schmutzigbraun – mit einer Art grauer Kruste darauf, die sehr bald abfiel; eigentlich keine Federn, sondern eher flaumiges Haar. Ich kann gar nicht sagen, wie froh ich war, als ich ihn sah! Glauben Sie mir – Robinson Crusoe schildert seine Einsamkeit nicht annähernd schrecklich genug! Jedenfalls war

es eine interessante Gesellschaft. Er guckte mich
an, zwinkerte und rollte die Augen wie ein Huhn;
er zirpte und fing an herumzupicken, als ob das rein
gar nichts wäre, mit dreihundert Jahren Verspä-
tung ausgebrütet zu werden. ‹Freut mich, deine
Bekanntschaft zu machen, Freitag!› sagte ich, denn
natürlich war es für mich, sobald ich entdeckte, daß
das Ei im Kanu sich weiterentwickelte, eine ab-
gemachte Sache gewesen, daß er Freitag heißen
würde, wenn er überhaupt auskröche. Seine Er-
nährung machte mir ein bißchen Sorge; ich gab
ihm darum gleich ein tüchtiges Stück Papageifisch.
Er nahm's und riß den Schnabel auf – wollte mehr!
Das freute mich; denn so, wie die Umstände nun
einmal lagen – wenn er besonders wählerisch gewesen wäre, hätte ich ihn schließlich eben doch
aufessen müssen.

Sie können sich gar nicht denken, was für ein
interessanter Vogel dieses Äpyornis-Küken war.
Gleich von Anfang an lief es hinter mir drein. Er
stand neben mir und wartete, während ich in der
Lagune fischte, und nahm sich seinen Anteil von
allem, was ich fing. Dabei war er auch ganz verständig. Es gab da gewisse eklige grüne, warzige
Dinger, so ungefähr wie eingemachte Essiggur-
ken, die am Strand herumlagen; einmal probierte
er eins davon, und das bekam ihm schlecht. Von da
ab würdigte er die Dinger keines Blickes mehr.

Und wie er wuchs! Man sah ihn förmlich wachsen! Da ich nie ein besonderer Gesellschaftsmensch
gewesen war, behagte mir seine ruhige, freundliche Art ganz ausgezeichnet. Fast zwei Jahre lang
waren wir beide miteinander so glücklich, wie man

überhaupt sein konnte auf unserer Insel. Geschäfts-
sorgen hatte ich keine – ich wußte ja, mein Gehalt
lag bei Dawsons und brachte Zinsen. Ab und zu
sahen wir ein Segel, aber in unsere Nähe kam nie
eines. Ich schaffte mir einen Zeitvertreib, indem
ich die Insel mit Ornamenten aus allerhand man-
nigfaltigen Seesternen und Muscheln dekorierte.
Überall, auf dem ganzen Atoll herum, schrieb ich
‹Äpyornis-Insel› – in großen Buchstaben, so ungefähr wie man's in der Heimat an Bahnhöfen mit
farbigen Steinen gemacht sieht, mit mathemati-
schen Berechnungen und allerhand Zeichnungen.
Wie oft lag ich da und beobachtete meinen geliebten Vogel, wie er herumstelzte und wuchs und
wuchs; und dachte dabei, wie ich mir ein Vermögen verdienen würde, wenn ich ihn ausstellte – falls
ich überhaupt je wieder von hier wegkäme. Nach
der ersten Mauser wurde er schön: er bekam einen
Schopf und einen blauen Bart und einen ganzen
Strauß grüner Federn hinten. Dann sann ich oft
nach, ob eigentlich die Dawsons ein Recht auf ihn
hätten oder nicht. In der Regenzeit und bei stürmi-
schem Wetter lagen wir gemütlich in der Schutz-
hütte, die ich aus dem alten Kanu gezimmert hatte,
und ich erzählte ihm allerhand Märchen über
meine Leute daheim. Und nach dem Sturm wanderten wir miteinander um die Insel herum und
sahen, ob irgendwas angetrieben worden war. Es
war ein rechtes Idyll, das kann man wohl sagen.
Hätt' ich bloß ein bißchen Tabak gehabt – es wäre
einfach ein Paradies gewesen!

Es ging ungefähr aufs Ende des zweiten Jahres
zu, als die Sache nicht mehr so recht stimmte in

unserem kleinen Paradies. Freitag war jetzt ungefähr vierzehn Fuß hoch bis zum Schnabel, mit einem breiten, großen Kopf – etwa wie der Kopf einer Spitzhacke – und zwei riesigen braunen, gelbumränderten Augen, die nebeneinanderstanden wie Menschenaugen – nicht seitlich wie bei Hühnern. Sein Gefieder war prächtig, weniger im Halbtrauerstil des Straußes, sondern eher wie ein Kasuar, was Farbe und Feinheit anbelangt. Und dann – auf einmal – fing er an, den Kamm gegen mich aufzustellen und sich aufzuplustern und alle Anzeichen eines bösartigen Temperaments zu zeigen...

Schließlich kam dann eine Zeit, in der ich beim Fischen ziemliches Pech hatte; und da fing er an, mit einem seltsam nachdenklichen Ausdruck um mich herumzulaufen. Ich dachte erst, er hätte vielleicht Seegurken oder sonst was gefressen; aber tatsächlich war es die reine Unzufriedenheit, die ihn plagte. Ich war selber auch hungrig, und als ich schließlich einmal einen Fisch fing, wollte ich ihn für mich allein. Wir waren beide an jenem Morgen schlecht aufgelegt. Er pickte nach dem Fisch und packte ihn, und ich gab ihm einen kleinen Knuff an den Kopf, damit er ihn fahrenlassen sollte – da fuhr er auf mich los. Donnerwetter!»

Der Mann deutete auf seine Narbe. «Das da hat er mir ins Gesicht gehauen! Und dann schlug er nach mir aus. Wie ein Fußtritt von einem Pferd war es. Ich stand auf, und weil ich sah, daß er nicht aufhören würde, machte ich, daß ich fortkam. Ich hielt die Hände vors Gesicht, aber er rannte auf seinen langen, hageren Beinen schneller als ein

Rennpferd und schlug immerzu wie ein Schmiede-
hammer auf mich ein und hämmerte mit seiner
Spitzhacke unentwegt auf meinen Hinterkopf. Ich
lief zur Lagune und watete schließlich bis an den
Hals hinein. Als er ans Wasser kam, blieb er stehen
– er konnte es nicht leiden, wenn seine Füße naß
wurden – und fing an zu schreien, ungefähr wie ein
Pfau, bloß noch unmelodischer. Dann stolzierte er
am Ufer auf und ab. Ich muß gestehen – ich kam
mir sehr klein vor, als ich sah, wie das liebe Fossil
sich so aufspielte. Mein Kopf und Gesicht bluteten
und – na ja, mein ganzer Körper war übersät mit
Wunden und Schrammen.

Ich beschloß, über die Lagune zu schwimmen
und ihn eine Weile allein zu lassen, bis die Sache
wieder ins Gleichgewicht gekommen wäre. Ich
kletterte auf die höchste Palme, und da saß ich und
überlegte mir die Geschichte. Ich glaube, in meinem ganzen Leben hat mich nichts so gekränkt wie
das. Einfach die brutale Undankbarkeit dieses Ge-
schöpfs. Ich war ihm mehr als ein Bruder gewesen,
hatte ihn ausgebrütet und aufgezogen. Ein großer,
plumper, vorsintflutlicher Vogel! Und ich – ein
menschliches Lebewesen – der Erbe von Jahrtau-
senden Zivilisation und wer weiß was alles!

Ich dachte, nach einer Weile würde er schon von
selbst anfangen, die Dinge in diesem Licht zu sehen
und sich wegen seines Benehmens ein bißchen zu
schämen. Ich dachte, wenn ich vielleicht bald ein
paar anständige Fische fangen und mich ihm dann
ganz beiläufig nähern und sie ihm anbieten würde,
so würde er vernünftig werden. Es dauerte eine
ganze Weile, bis ich lernte, wie rachsüchtig und

unversöhnlich so ein vorsintflutlicher Vogel sein kann! Einfach aus Bosheit!

Ich will nichts weiter sagen von all den kleinen Anstrengungen, die ich machte, um den Vogel wieder freundlich zu stimmen. Ich kann's einfach nicht. Noch heute werde ich schamrot beim bloßen Gedanken an all die Demütigungen und Zurückweisungen, die diese verdammte Kuriosität mir zufügte. Ich versuchte es mit Gewalt. Ich warf von sicherer Entfernung aus mit Korallenstücken nach ihm; aber er verschlang sie bloß. Ich schleuderte mein offenes Messer nach ihm und verlor es fast, obwohl es zu groß war, als daß er es hätte verschlucken können. Ich versuchte ihn auszuhungern und hörte auf zu fischen; aber er pickte während der Ebbe den ganzen Strand nach Würmern ab und fütterte sich auf die Art durch. Die Hälfte meiner Zeit verbrachte ich bis zum Hals im Wasser, die andere Hälfte auf irgendeiner Palme. Eine davon war nicht hoch genug, und als er mich darauf erwischte, feierte er wahre Orgien an meinen Waden. Es wurde unerträglich. Ich weiß nicht, ob Sie je versucht haben, auf einer Palme zu schlafen. Es war ein Alptraum. Und dann – bedenken Sie doch – die Schande! Auf der einen Seite dieses ausgestorbene Biest, das wie ein ungnädiger Herzog auf der Insel herumstelzte – und auf der andern Seite ich, der nicht einmal den Fuß auf die Erde setzen durfte! Ich habe oft geweint vor Ärger und Ermüdung! Ich schrie es ihm ins Gesicht, daß ich keine Lust hätte, mich von so einem verdammten Anachronismus auf einer öden Insel schikanieren zu lassen. Ich forderte ihn auf, sich doch einen

Seefahrer aus seinem eigenen Zeitalter heraus-
zupicken. Aber er fletschte bloß seinen Schnabel
und bedrohte mich. Scheußlicher, riesiger Vogel –
nichts als Beine und Hals!

Wie lang das so weiterging, möchte ich gar nicht
sagen. Ich hätte ihn schon eher umgebracht, wenn
ich bloß gewußt hätte wie. Na, jedenfalls fand ich
schließlich ein Mittel, ihn unschädlich zu machen.
Es ist ein südamerikanischer Trick. Ich band alle
meine Angelschnüre zusammen – mit Seegras und
ähnlichem – und machte so eine Art solider Leine,
vielleicht zwölf Meter lang oder noch mehr; und an
den Enden befestigte ich zwei Korallenklumpen.
Ich brauchte eine ganze Weile dazu, denn dazwischen mußte ich immer wieder in die Lagune oder
auf eine Palme flüchten – je nachdem. Schließlich
schwang ich die Leine so schnell wie möglich über
dem Kopf und warf sie nach ihm. Das erstemal
verfehlte ich ihn; aber das zweitemal schlang sich
der Strick prächtig um seine Beine, immer wieder
und wieder... Plumps! Er fiel um. Ich stand dabei
bis zur Hüfte in der Lagune; und sobald er am
Boden lag, war ich auch schon aus dem Wasser und
sägte mit meinem Messer an seinem Hals...

Noch jetzt mag ich gar nicht daran denken. Wie
ein Mörder kam ich mir dabei vor, so zornig ich
auch auf ihn war. Als ich so über ihn gebeugt stand
und ihn auf dem weißen Sand bluten sah, und seine
schönen, großen Beine zuckten und schlugen im
letzten Todeskampf... es war nicht schön!

Mit dieser Tragödie kam die Einsamkeit wie ein
Fluch über mich. Großer Gott! Sie können sich gar
keinen Begriff davon machen, wie ich Heimweh

hatte nach dem Vogel! Ich saß neben dem Kadaver und betrauerte ihn, und es fröstelte mich ordentlich, wenn ich über das öde, stumme Riff blickte. Ich dachte daran, was für ein lustiges, kleines Tier er gewesen war als frisch geschlüpftes Küken, und erinnerte mich an tausend heitere Streiche, die er mir gespielt hatte, ehe alles schiefging. Ich dachte, wenn ich ihn bloß verwundet hätte, hätte ich ihm vielleicht so nach und nach ein besseres Verständnis beibringen können. Wenn ich irgendwie die Möglichkeit gehabt hätte, die Korallenfelsen aufzugraben, hätte ich ihn gern beerdigt. Mir war ganz zumute, als wäre er menschlich gewesen. Ich konnte, so wie die Verhältnisse lagen, gar nicht daran denken, ihn aufzuessen; so warf ich ihn in die Lagune, und die kleinen Fische pickten ihn sauber ab. Nicht einmal die Federn behielt ich zurück. Dann kam eines Tages irgendein Kerl, der in einer Jacht draußen herumsegelte, auf den Gedanken, nachzusehen, ob mein Atoll noch existierte.

Er kam wirklich keinen Augenblick zu früh. Ich war ganz krank vor lauter Einsamkeit und wußte bloß noch nicht, ob ich einfach ins Wasser gehen sollte, um der Sache auf die Art ein Ende zu machen, oder lieber von den grünen Seegurken-Dingern essen sollte.

Ich verkaufte dann die Knochen an einen Mann namens Winslow – ein Händler in der Nähe des Britischen Museums –, der behauptet, er habe sie an den alten Havers weiterverkauft. Havers scheint gar nicht begriffen zu haben, daß sie so besonders groß waren, und so wurde man erst nach seinem

Tode auf sie aufmerksam. Man nannte sie dann Äpyornis ... wie denn noch?»

«*Aepyornis vastus*», sagte ich. «Komisch – vor kurzem hat mir einer meiner Freunde davon gesprochen. Als sie einen Äpyornis mit einem drei Fuß langen Schenkelknochen fanden, glaubten sie, sie hätten das Höchste erreicht und nannten ihn *Aepyornis maximus*. Darauf brachte irgend jemand einen vier Fuß und sechs Zoll langen Schenkelknochen ans Licht, und den nannten sie *Aepyornis titan*. Schließlich, nachdem der alte Havers gestorben war, fand man Ihren *vastus* in seiner Sammlung, und zuletzt tauchte noch ein *vastissimus* auf.»

«Ja, das hat mir Winslow ebenfalls erzählt», sagte der Mann mit der Narbe. «Und wenn man noch mehr Äpyornisse findet, meint er, wird sicher irgendeinen besonders schlauen Wissenschaftler der Schlag treffen. Immerhin – es war doch ein merkwürdiges Erlebnis, nicht wahr?»

WILLIAM BUTLER YEATS

The Lake Isle of Innisfree

I will arise and go now, and go to Innisfree,
And a small cabin build there, of clay and
                                        wattles made:
Nine bean-rows will I have there, a hive for
                                        the honey-bee,
And live alone in the bee-loud glade.

And I shall have some peace there, for peace comes
                                        dropping slow,
Dropping from the veils of the morning to where
                                        the cricket sings;
There midnight's all a glimmer, and noon a
                                        purple glow,
And evening full of the linnet's wings.

I will arise and go now, for always night and
                                        day
I hear lake water lapping with low sounds by
                                        the shore;
While I stand on the roadway, or on the
                                        pavements grey,
I hear it in the deep heart's core.

WILLIAM BUTLER YEATS

Die See-Insel von Innisfree

Nun steh' ich auf und gehe, nach Innisfree ich geh',
Dort mach' ich eine Hütte, aus Lehm und Rohr
                                        gebaut:
Dort will ich Bohnen reihen, ein Bien'korb steht
                                        im Klee,
Und allein sein im Schlag, der von Bienen laut.

Dort werd' ich Frieden spüren, denn der fällt lang-
                                        sam ein,
Herab von Morgenschleiern, hin wo die Grille
                                        singt;
Mittnacht ist dort ganz Flimmer, Mittag ein Pur-
                                        purschein,
Und Abend voll von des Hänflings Schwing.

Nun steh' ich auf und gehe, denn stets bei Nacht
                                        und Tag
Hör' ich Seewasser lecken am Strand mit dunklem
                                        Ton;
Wenn auf der Straß' ich stehe, auf grauem Steinbe-
                                        lag,
Im Kern des Herzens hör' ich's schon.

ALFRED LORD TENNYSON

The Voyage of Maeldune

(Founded on an Irish Legend. A. D. 700)

I

I was the chief of the race – he had stricken my
    father dead –
But I gathered my fellows together, I swore I
    would strike off his head.
Each of them looked like a king, and was noble in
    birth as in worth,
And each of them boasted he sprang from the
    oldest race upon earth.
Each was as brave in the fight as the bravest hero
    of song,
And each of them liefer had died than have done
    one another a wrong.
He lived on an isle in the ocean – we sailed on a
    Friday morn –
He that had slain my father the day before I was
    born.

II

And we came to the isle in the ocean, and there
    on the shore was he.
But a sudden blast blew us out and away through a
    boundless sea.

ALFRED LORD TENNYSON

Maeldunes Seefahrt

(Nach einer irischen Legende aus dem Jahre 700)

I

Ich war Oberhaupt unserer Sippe – er hatt' meinen
    Vater erschlagen –
Doch ich sammelte meine Gefährten, ich schwur,
    ihm den Kopf abzuschlagen.
Ein jeder sah aus wie ein König, war edler Geburt
    und Gesinnung,
Und jeder prahlte, er sei dem ältesten Stamm auf
    Erden entsprossen.
Im Kampf war ein jeder so mutig wie der mutigste
    Held in der Sage,
Und jeder wär' lieber gestorben, als Unrecht zu
    tun einem andern.
Er lebte auf einer Insel im Meer – wir segelten früh
    eines Freitags –
Er, der meinen Vater erschlagen am Tag vor mei-
    ner Geburt.

II

Und wir kamen an bei der Insel, und dort am Ufer
    war *er*.
Doch es trieb eine plötzliche Bö uns ab und hinaus
    ins endlose Meer.

III

And we came to the Silent Isle that we never had
    touched at before,
Where a silent ocean always broke on a silent
    shore,
And the brooks glittered on in the light without
    sound, and the long waterfalls
Poured in a thunderless plunge to the base of the
    mountain walls,
And the poplar and cypress unshaken by storm
    flourished up beyond sight,
And the pine shot aloft from the crag to an unbe-
    lievable height,
And high in the heaven above it there flickered a
    songless lark,
And the cock couldn't crow, and the bull couldn't
    low, and the dog couldn't bark.
And round it we went, and through it, but never a
    murmur, a breath –
It was all of it fair as life, it was all of it quiet as
    death,
And we hated the beautiful Isle, for whenever we
    strove to speak
Our voices were thinner and fainter than any flit-
    termouse-shriek;
And the men that were mighty of tongue and could
    raise such a battle-cry
That a hundred who heard it would rush on a
    thousand lances and die –
O they to be dumbed by the charm! – so flustered
    with anger were they
They almost fell on each other; but after we sailed
    away.

III

Und bei der Stummen Insel kamen wir an – wir
    hatten sie nie berührt –,
Wo ein stummes Meeer sich ohn' Unterlaß bricht
    an stummem Gestade,
Und die Bäche glitzerten hin im Licht, ohne Laut,
    und die langen Fälle
Gossen im Sturz ohne Donner ihr Wasser zum Fuß
    der Bergwälle.
Und Pappeln, Zypressen, von Sturm ungeschüt-
    telt, schwangen fern sich ins Blau,
Und die Kiefer schoß von den Klippen empor als
    riesiger Bau,
Und eine Lerche flatterte liedlos hoch oben im
    Äther, dem hellen,
Und der Hahn konnt' nicht krähen, der Ochse
    nicht muhen, der Hund nicht bellen.
Und wir machten die Runde, durchstreiften die
    Mitte, doch nirgends ein Hauch –
Das Ganze war schön wie das Leben, das Ganze
    war still wie der Tod.
Und uns graut' vor der schönen Insel, denn brach-
    ten wir je ein Wort heraus,
So klang's dünner und schwächer als das Piepsen
    der Fledermaus.
Und die Männer, sonst mächtig der Rede und fähig
    zu Kampfgeschrei,
Daß, wenn hundert es hörten, sie auf tausend
    Lanzen sich stürzten und starben,
Die sollten verstummen durch Zauber – und zorn-
    entbrannt
Fielen sie einander fast an; doch da segelten wir fort
    von dem Land.

IV

And we came to the Isle of Shouting, we landed,
   a score of wild birds
Cried from the topmost summit with human
   voices and words;
Once in an hour they cried, and whenever their
   voices pealed
The steer fell down at the plow and the harvest died
   from the field,
And the men dropt dead in the valleys and half of
   the cattle went lame,
And the roof sank in on the hearth, and the dwel-
   ling broke into flame;
And the shouting of these wild birds ran into the
   hearts of my crew,
Till they shouted along with the shouting and
   seized one another and slew;
But I drew them the one from the other; I saw that
   we could not stay,
And we left the dead to the birds and we sailed with
   our wounded away.

V

And we came to the Isle of Flowers: their breath
   met us out on the seas,
For the Spring and the middle Summer sat each
   on the lap of the breeze;
And the red passion-flower to the cliffs, and the
   dark-blue clematis, clung,
And starred with a myriad blossom the long con-
   volvulus hung;

Die keltische Feenmythologie, in der die «Insel der Freude» eine wichtige Rolle spielt, gestaltete Meerfahrten zu Schiffermärchen, wie sie in den Imrama, wörtlich «Umherrudereien», bewahrt sind. Dazu ist die Seefahrt von Maeldune ebenso zu zählen wie die christliche Legende des heiligen Brandan, der mit zwölf Mönchen nach Westen fuhr, um das «Land der Verheißung» zu suchen, und von einer Wunderinsel zur andern gelangt. – Der Holzschnitt (Augsburg 1476) zeigt Brandan im Wald, «der war grün und minniglich». Als die Mönche ein Feuer anzünden und ihr Essen zubereiten wollen, bewegt sich die Insel, die Männer retten sich mit knapper Not; der Fisch aber taucht unter und schwimmt davon.

Ein grausiges Ungeheuer ist auf die Mönche zugekommen, «das war vornen ein Mann und hinten ein Fisch und tat, als ob es den Kiel wollt umwerfen». Da fiel Brandan auf die Knie und bat Gott um Schutz. Das Ungeheuer tauchte unter, aber das Meer sott den ganzen Tag, und die Mönche verstanden, daß es eines der neun Fegefeuer war. (Schmuckblatt aus dem 16. Jahrhundert)

IV

Und wir gingen an Land bei der Insel des Schrei-
ens, und mit Menschenworten und -stimmen
Schrie eine Raubvogelschar herab von den höch-
sten Zinnen.
Sie schrien in der Stunde einmal, und wo ihre
Stimme gellte,
Sank der Stier hin am Pflug, und die Ernte verdarb
auf dem Felde.
Tot fielen die Menschen um in den Tälern, es
begannen Tiere zu lahmen,
Und das Dach stürzt' ein überm Herd, und die
Wohnstatt stand plötzlich in Flammen.
Und meiner Mannschaft drang das Geschrei ins
Herz, bis sie's nicht mehr ertrugen,
Bis sie selber mitschrien, einander packten, einan-
der erschlugen.
Und ich riß den einen vom andern; es war hier zum
Bleiben kein Ort,
Und wir ließen die Toten den Vögeln, mit den
Verwundeten fuhren wir fort.

V

Und wir kamen zur Blumeninsel: übers Meer
schwebten schon ihre Düfte,
Denn Frühling und Mittsommer saßen im Schoß
der Lüfte;
Und es klammert sich dunkelblau die Klematis,
zartblau die Passionsblume ans Gestein,
Und besternt mit unzähligen Blüten hüllten Win-
denranken es ein;

And the topmost spire of the mountain was lilies
    in lieu of snow,
And the lilies like glaciers winded down, running
    out below
Through the fire of the tulip and poppy, the blaze
    of gorse, and the blush
Of millions of roses that sprang without leaf or
    a thorn from the bush;
And the whole isle-side flashing down from the
    peak without ever a tree
Swept like a torrent of gems from the sky to the
    blue of the sea;
And we rolled upon capes of crocus and vaunted
    our kith and our kin,
And we wallowed in beds of lilies, and chanted the
    triumph of Finn,
Till each like a golden image was pollened from
    head to feet
And each was as dry as a cricket, with thirst in the
    middle-day heat.
Blossom and blossom, and promise of blossom,
    but never a fruit!
And we hated the Flowering Isle, as we hated the
    isle that was mute,
And we tore up the flowers by the million and
    flung them in bight and bay,
And we left but a naked rock, and in anger we
    sailed away.

Und wie von Schnee war der höchste Gipfel von
Lilien weiß,
Und die Lilien wanden sich in die Tiefe wie Glet-
schereis
Hinein in das Feuer von Tulpen und Mohn, das
Brennen des Ginsters, das Glühn
Eines Rosenmeers ohne Blätter und Stacheln, das
über den Büschen schien.
Und vom Gipfel an floß der ganze Inselhang
baumlos und gleißend daher
Wie ein Wildbach aus Edelgestein vom Himmel
zum blauen Meer;
Prahlend mit unseren Ahnen, rollten auf Krokus-
kissen wir hin,
Und uns wälzend in Lilienbeeten, sangen wir die
Siege von Finn[1],
Bis jeder, gleich einer Goldfigur, von Pollen be-
deckt war von Kopf bis Fußspitze
Und wie ein Grashüpfer dürr war vor Durst in der
Mittagshitze.
Blüte auf Blüte, Versprechen von Blüte, doch nie
eine Frucht!
Und wir rissen die Blumen millionenweis ab und
schmissen sie in die Bucht,
Und uns graut' vor der Insel der Blumen wie vor
der ohne Ton,
Und wir ließen nur nackten Fels und segelten
wütend davon.

---

[1] Gälischer Fürst, der nach der irischen Legende im
3. Jh. n. Chr. lebte. Finn (Fingal) und sein Sohn Ossian bilden
den Mittelpunkt eines ausgedehnten irischen Sagenkreises.

VI

And we came to the Isle of Fruits: all round from
    the cliffs and the capes,
Purple or amber, dangled a hundred fathom of
    grapes,
And the warm melon lay like a little sun on the
    tawny sand,
And the fig ran up from the beach and rioted over
    the land,
And the mountain arose like a jewelled throne
    through the fragrant air,
Glowing with all-coloured plums and with golden
    masses of pear,
And the crimson and scarlet of berries that flamed
    upon bine and vine,
But in every berry and fruit was the poisonous
    pleasure of wine;
And the peak of the mountain was apples, the
    hugest that ever were seen,
And they prest, as they grew, on each other, with
    hardly a leaflet between,
And all of them redder than rosiest health or than
    utterest shame,
And setting, when Even descended, the very sun-
    set aflame;
And we stayed three days, and we gorged and we
    maddened, till every one drew
His sword on his fellow to slay him, and ever they
    struck and they slew;
And myself, I had eaten but sparely, and fought till
    I sundered the fray,
Then I bad them remember my father's death, and
    we sailed away.

VI

Und wir kamen zur Insel der Früchte: rundum von
    Klippen und Graten
Wiegten sich, purpurn und ambragelb, Trauben in
    langen Kaskaden,
Und die warme Melone lag wie ein Sönnchen auf
    dem rötlichen Sand,
Und die Feige stieg auf vom Gestade und
    schwärmte aus übers Land,
Und der Berg ragt' wie ein Thron von Juwelen
    empor durch die süße Luft,
Vielfarbig glühend von Pflaumen und Birnen in
    goldenem Duft,
Vom Karmin und vom Scharlach der Beeren an
    Ranken und Hecken entflammt,
Doch die vergiftende Lust des Weins bargen sie
    allesamt.
Und die Bergspitze bildeten Äpfel, so groß wie sie
    keiner je sah,
Und sie drückten einander im Wachsen, kaum ein
    Blättchen dazwischen war da,
Und alle, noch röter als rosigste Wangen und
    äußerste Scham,
Entzündeten noch die Sonne im Sinken, als endlich
    der Abend kam;
Und wir blieben drei Tage, wir schlangen und
    schwelgten, bis jeder, entbrannt,
Auf den nächsten sich stürzte, ihn schlug mit dem
    Schwert in der Hand;
Und ich, ich hatte nur mäßig gegessen, ich focht
    und wehrte dem Mord,
Macht' sie eingedenk meines Vaters, und wir
    segelten fort.

VII

And we came to the Isle of Fire: we were lured
    by the light from afar,
For the peak sent up one league of fire to the
    Northern Star;
Lured by the glare and the blare, but scarcely could
    stand upright,
For the whole isle shuddered and shook like a man
    in a mortal affright;
We were giddy besides with the fruits we had
    gorged, and so crazed that at last
There were some leaped into the fire; and away we
    sailed, and we past
Over that undersea isle, where the water is clearer
    than air:
Down we looked: what a garden! O bliss, what
    a Paradise there!
Towers of a happier time, low down in a rainbow
    deep
Silent palaces, quiet fields of eternal sleep!
And three of the gentlest and best of my people,
    whate'er I could say,
Plunged head down in the sea, and the Paradise
    trembled away.

VIII

And we came to the Bounteous Isle, where the
    heavens lean low on the land,
And ever at dawn from the cloud glittered o'er us
    a sunbright hand,
Then it opened and dropt at the side of each man,
    as he rose from his rest,

VII

Und wir kamen zur Feuerinsel: ihr Licht lockt' uns
    schon von fern,
Denn der Gipfel sandt' eine Feuersäule empor zum
    Nördlichen Stern;
Verlockt von dem Lodern und Sausen, konnten
    doch kaum den Körper wir recken,
Denn es zittert' und bebte die Insel wie ein Mensch
    in tödlichem Schrecken,
Dazu war uns übel vom Schmausen der Früchte
    und der Geist so verstört, daß am Ende
Manche ins Feuer sich stürzten; und wir fuhren
    davon; ein Gelände
Tief unten erblickten wir dann im Wasser, wie Luft
    so klar;
Wir schauten hinunter: ein Garten, o Wonne, ein
    Paradiesgarten gar!
Burgen aus glücklicheren Zeiten, weit unten in
    schillernder Tiefe
Stille Paläste, stilles Gefild, wo man ewig schliefe!
Und drei von den besten und edelsten unter uns,
    nicht achtend mein Wort,
Warfen kopfvoran sich ins Meer, und das Paradies
    zitterte unter uns fort.

VIII

Und wir kamen zur Spendenden Insel, der Him-
    mel lehnt tief übers Land,
Wenn's Tag ward, blinkte stets aus dem Dunst
    über uns eine Strahlenhand,
Sie ging auf, und warf jedem Mann, erwacht aus
    der Ruh,

Bread enough for his need till the labourless day
    dipt under the West,
And we wandered about it and through it. O never
    was time so good!
And we sang of the triumphs of Finn, and the boast
    of our ancient blood,
And we gazed at the wandering wave as we sat
    by the gurgle of springs,
And we chanted the songs of the Bards and the
    glories of fairy kings;
But at length we began to be weary, to sigh, and to
    stretch and yawn,
Till we hated the Bounteous Isle and the sunbright
    hand of the dawn,
For there was not an enemy near, but the whole
    green Isle was our own,
And we took to playing at ball, and we took to
    throwing the stone,
And we took to playing at battle, but that was
    a perilous play,
For the passion of battle was in us, we slew and we
    sailed away.

IX

And we past to the Isle of Witches and heard their
    musical cry –
'Come to us, O come, come' in the stormy red
    of a sky
Dashing the fires and the shadows of dawn on the
    beautiful shapes,
For a wild witch naked as heaven stood on each
    of the loftiest capes,
And a hundred ranged on the rock like white sea-
    birds in a row,

Brot genug für den untätigen Tag bis zum Abend
    zu;
Und wir wanderten rundum, durchstreiften die
    Mitte. O nie hatten wir's so gut!
Und wir besangen Finns Siege, wir rühmten unser
    adliges Blut,
Und wir schauten die ziehenden Wellen, gelagert
    am gurgelnden Bach,
Und riefen in Bardenliedern den Glanz von Elfen-
    königen wach;
Doch endlich wurden wir's müde, wir seufzten,
    gähnten, dehnten die Glieder:
Uns graut' vor der Spendenden Insel, und die
    Strahlenhand war uns zuwider,
Denn die grüne Insel war ganz unser eigen, Feind
    gab's ringsumher keinen,
Und wir versuchten ein Ballspiel, wir versuchten
    das Werfen von Steinen,
Und wir versuchten ein Kampfspiel, doch dies
    brachte gefährlichen Lohn,
Denn die Kampflust war in uns, wir erschlugen,
    und fuhren davon.

IX

Und wir fuhren weiter zur Insel der Feen und
    hörten in holdem Klang
Sie rufen: «Kommt her, o kommt her zu uns»,
    unter stürmischem Himmelsbrand,
Der mit Röte und Schatten des Morgens die herr-
    lichen Formen bewarf,
Denn eine Wildfee, nackt wie der Himmel, stand
    auf jedem Bergsöller scharf,
Und Hunderte lagen wie Seevögel weiß auf die
    Felsen gereiht,

And a hundred gambolled and pranced on the
    wrecks in the sand below,
And a hundred splashed from the ledges, and
    bosomed the burst of the spray,
But I knew we should fall on each other, and
    hastily sailed away.

X

And we came in an evil time to the Isle of the
    Double Towers,
One was of smooth-cut stone, one carved all over
    with flowers,
But an earthquake always moved in the hollows
    under the dells,
And they shocked on each other and butted each
    other with clashing of bells,
And the daws flew out of the Towers and jangled
    and wrangled in vain,
And the clash and boom of the bells rang into the
    heart and the brain,
Till the passion of battle was on us, and all took
    sides with the Towers,
There were some for the clean-cut stone, there
    were more for the carven flowers,
And the wrathful thunder of God pealed over us
    all the day,
For the one half slew the other, and after we sailed
    away.

XI

And we came to the Isle of a Saint who had sailed
    with St Brendan of yore,
He had lived ever since on the Isle and his winters
    were fifteen score,

Und Hunderte tollten und tanzten am Strand zwischen Wracks aus vergangener Zeit.
Und ein Hundert klatscht' von den Simsen, sich
brüstend gegen Gischt und Strom,
Doch ich wußte, wir würden uns töten, und segelte
eilig davon.

X

Und wir kamen in schlimmer Zeit zur Insel der
Beiden Türme,
Einer aus glatt behauenem Stein, der andere mit
geschnitzten Blumen bedeckt,
Und der eine prallt' auf den andern und stieß ihn
mit Glockengestürme,
Denn ein Erdbeben grollte stets unterm Grund,
darin jeder steckt',
Und die Dohlen flogen heraus aus den Türmen
und zankten und stritten ohne Gewinn,
Und das Gellen und Dröhnen der Glocken drang
hinein ins Herz und den Sinn,
Bis die Kampflust uns überwältigt', für einen
Turm nahm jeder Partei,
Manche für den mit dem glatten Stein, manche für
den mit der Schnitzerei,
Und das zornige Donnern Gottes wich den ganzen
Tag nicht vom Ort,
Denn die eine Hälfte erschlug die andere, und wir
segelten wiederum fort.

XI

Und an eines Heiligen Insel landeten wir, der einst
Sankt Brandan begleitet
Und seitdem auf der Insel lebte, und Gott hatt' ihm
ein hohes Alter bereitet,

And his voice was low as from other worlds, and
    his eyes were sweet,
And his white hair sank to his heels and his white
    beard fell to his feet,
And he spake to me, 'O Maeldune, let be this
    purpose of thine!
Remember the words of the Lord when he told us
    "Vengeance is mine!"
His fathers have slain thy fathers in war or in single
    strife,
Thy fathers have slain his fathers, each taken a life
    for a life,
Thy father had slain his father, how long shall the
    murder last?
Go back to the Isle of Finn and suffer the Past to be
    Past.'
And we kissed the fringe of his beard and we
    prayed as we heard him pray,
And the Holy man he assoiled us, and sadly we
    sailed away.

XII

And we came to the Isle we were blown from, and
    there on the shore was he,
The man that had slain my father. I saw him and let
    him be.
O weary was I of the travel, the trouble, the strife
    and the sin,
When I landed again, with a tithe of my men, on
    the Isle of Finn.

Und seine Stimme war leis wie aus anderer Welt,
  und sein Auge gab milden Gruß,
Und sein weißes Haar fiel bis zur Ferse, und sein
  weißer Bart berührt' seinen Fuß,
Und er sprach zu mir: «O Maeldune, verzichte auf
  deine Sache!
Gedenke der Worte des Herrn, der uns sagte: ‹Mein
  ist die Rache›,
Seine Väter haben deine Väter erschlagen, im Krieg
  oder Einzelgefecht,
Deine Väter haben *seine* Väter erschlagen und ein
  Leben mit einem Leben gerächt,
Dein Vater hat seinen Vater erschlagen, wie lang
  soll euch Mord noch entzwein?
Kehr zurück zur Insel Finn und laß Vergangenes
  vergangen sein.»
Und wir küßten ihm den wallenden Bart, und er
  gab uns die Absolution,
Und wir beteten mit des Heiligen Worten und
  segelten sinnend davon.

XII

Und wir kamen zur Insel, von der die Bö uns
  vertrieb, und dort stand *er* am Ufer allein,
Der Mann, der meinen Vater erschlug. Ich sah ihn
  und ließ ihn sein.
O wie war ich erschöpft von der Fahrt, der Mühsal,
  dem Kampf und dem sündigen Sinn,
Als ich, mit einem Zehntel der Mannschaft, Anker
  warf vor der Insel Finn.

MICHAIL PRISCHWIN

Die rettende Insel

Wir brauchten nicht lange auf die Überschwemmung zu warten. In einer Nacht nach einem starken, sehr warmen Regen stieg das Wasser auf einmal um einen Meter, und die bis dahin unsichtbare Stadt Kostroma zeigte sich mit ihren weißen Gebäuden so deutlich, als wäre sie unter Wasser gewesen und erst jetzt ans Tageslicht gekommen. Ebenso hob sich auch das hohe Ufer der Wolga, das sich vorher in der weißen Schneelandschaft verloren hatte, mit seinem gelben Lehm und Sand vom Wasser ab.

Einzelne Dörfer auf kleinen Hügeln waren ringsherum von Wasser umgeben und ragten wie Ameisenhaufen heraus.

In dem großen Überschwemmungsgebiet der Wolga sah man hier und dort Flecken trockenen Landes. Manche waren kahl, andere mit Sträuchern oder hohen Bäumen bestanden. Auf fast allen diesen Inseln drängten sich verschiedene Arten von Enten, und auf einer Landzunge saßen in langer Reihe nebeneinander graue Wildgänse und betrachteten sich im Wasser. Dort, wo das Land vollständig vom Wasser überflutet war, ragten nur die Spitzen des Waldes wie dichte Borsten heraus. Auf allen Zweigen saßen Tiere, mitunter so dicht beieinander, daß ein kleiner Weidenzweig wie eine große Weintraube aussah.

Eine Wasserratte schwamm auf uns zu. Sie kam

wahrscheinlich von weit her und hielt sich, da sie müde geworden war, an einem kleinen Erlenzweig fest. Beinahe hätte eine leichte Bewegung des Wassers die Ratte von ihrem Platz weggespült. Aber sie kletterte am Zweig hinauf und setzte sich in eine Gabelung. Hier war sie sicher. Das Wasser erreichte sie nicht. Nur selten berührte eine niedrige Welle ihren Schwanz, und dabei entstanden Kreise auf dem Wasser, die sich fortbewegten. Aber auf einem ziemlich hohen Baum, der augenscheinlich auf einem Hügel unter Wasser stand, saß eine gierige, hungrige Krähe und spähte nach Beute aus. Sie hätte die Wasserratte in der Gabelung nicht wahrnehmen können, aber die von der Berührung des Schwanzes mit dem Wasser entstandenen kreisförmigen Wellen waren es, die der Krähe den Aufenthaltsort der Ratte verrieten. Nun begann ein Kampf auf Leben und Tod.

Einige Male fiel die Ratte, von den Schnabelhieben der Krähe getroffen, ins Wasser, kletterte in ihre Gabelung hinauf und fiel wieder ins Wasser. Und siehe da, beinahe wäre es der Krähe gelungen, ihre Beute zu packen, aber die Ratte wollte nicht die Beute der Krähe werden. Sie sammelte ihre letzten Kräfte und biß die Krähe, daß deren Flaumfedern flogen, als hätte sie eine Ladung Schrotkörner versetzt bekommen. Die Krähe wäre beinahe ins Wasser gefallen, und nur mit Mühe hielt sie sich in der Luft. Ganz verwirrt setzte sie sich auf ihren Baum und begann, eifrig ihre Federn zu ordnen und die Wunden auf ihre Art zu behandeln. Ab und zu schaute sie sich voll Schmerz nach der Ratte um, die sie nicht vergessen konnte, gleichsam als ob sie sich selbst fragte: «Was ist das nur für eine Ratte? So etwas ist mir doch noch nie passiert!»

Unterdessen hatte die Wasserratte nach diesem Sieg vergessen, überhaupt an die Krähe zu denken. Sie richtete ihre perlenförmigen Augen auf das ersehnte Ufer und biß ein Zweiglein ab, faßte es mit den Vorderpfoten wie mit Händen, drehte und benagte es. Sie nagte den Zweig ringsherum vollständig ab und warf ihn ins Wasser. Mit einem neuen Zweig, den sie abbiß, ließ sie sich gleich ins Wasser hinab und nahm ihn ins Schlepptau. Das alles beobachtete die hungrige Krähe und verfolgte die tapfere Ratte mit den Augen bis zu unserem Ufer.

Einmal saßen wir am Ufer und beobachteten, wie aus dem Wasser Spitzmäuse, Wühlmäuse, Wasserratten, kleine Fischottern, Wiesel und Hasen herauskamen. Eichhörnchen kamen ebenfalls in Scharen angeschwommen und hielten dabei alle ohne Ausnahme ihre Schwänze in die Höhe.

Als Hausherren der Insel empfingen wir jedes Tierchen und nahmen es fürsorglich wie einen Verwandten auf, betrachteten es und ließen es dann laufen. Aber wir irrten uns, wenn wir meinten, daß wir alle unsere Gäste kannten. Wir machten eine neue Bekanntschaft. Sinotschka sagte plötzlich: «Guckt mal, was dort mit unseren Enten passiert!»

Unsere Enten hatten wir von Wildenten aufziehen lassen, und wir nahmen sie auf die Jagd mit. Die Enten schreien und locken ihre wilden Verwandten herbei, die dann leicht unsere Beute werden. Wir warfen einen Blick auf die Enten und bemerkten, daß sie viel dunkler aussahen und außerdem viel dicker geworden waren.

Wovon denn nur?

Wir gingen, um des Rätsels Lösung zu finden, zu den Enten hin. Da zeigte es sich, daß unsere Enten von einer zahllosen Menge von kleinen Spinnen, Käfern und anderen Insekten für zwei rettende Inseln gehalten worden waren, die sie auf der Suche nach Land gefunden hatten. Sie waren auf die Enten hinaufgeklettert und meinten, daß sie endlich eine sichere Zufluchtsstätte gefunden hätten und die gefährliche Wanderung auf dem Wasser beendet sei. Es waren ihrer so viele, daß die Enten vor unseren Augen immer dicker und dicker wurden.

So wurde unser Ufer eine Insel der Rettung für alle großen und kleinen Tiere.

OSKAR LOERKE

Die Erschaffung der Insel

Mein schlagendes Herz trug der Kiel
Zu einer Insel, die noch nicht war.
Denn, hört ich auch von dem Eilande viel:
Ehmals und Einst, die sind gleich zwei Winden
ein Paar.

Ich sah, – nichts war im Abendmeer,
Kein Abendvogel flog irgendwoher.

So räumst du denn im Wasser die Stelle ein
Und zirkst sie ab, du süßeste Begierde,
Und weißt, es wird hier fürder keine Leere sein.

Im fliederfarbnen Dunste rafft es sich,
Aus blau und rosa Schleiern schafft es sich
Und badet auf in bernsteingelber Zierde.

Gegründet wächst es härter schon hervor
Wie Feld und Schluchten, aber noch umflossen,
Umschlüpft von schattendem Gedankenflor,
Der Schnecke und dem Fuß der Ziege noch
verschlossen.

Dann wölkt es oben braun wie Wipfelfinsternis,
Gebirge tastet ahnungsvoll herunter,
Am harten Widerstand wird unten Brandung
munter,
Schnell dunkelnd wächst die Form und ist schon
ganz gewiß.

In steilen Felsenfalten, wo das Meeresraunen
Gedankenhaft im losen Schatten hängt,
Saust Lebenszeit mit Ahnungen und Launen,
Die, während noch der Kiel verzieht, das Land
                                    beschenkt.

Mir ist, ich hätte im weitoffnen Augenblicke,
Da alle Flügel noch im selben Schlage ragen,
Von Anbeginne wandeln sehn die langsamen
                                    Geschicke,
Betäubt, als hätte ich ein Buch voll Bildern
                                    überschlagen.

Und der Geschicke letzte Nachfahrn wohnen
Im deutlichen Alltag jetzt, und der ruht auf
                                    Ruinen,
Verwitternd über Weingerank und Mispelkronen.
An Monden zählt das Wachstum nun, und müh-
                                    sam ist das Dienen.

Und legst du an vor ausgetretnen Stufen,
Und steigst du auf zu warmen hellen Schenken, –
Der Wein vergaß die tausend Sonnen, die ihn
                                    schufen.
Gleichaltrig uns ist alles, was wir denken.

CORRADO ALVARO

Das sagenumwobene Inselreich

Als ich in Milazzo auf den Zug nach Palermo wartete, hatte ich ganz anderes im Kopf, als auf Erkundungsfahrt zu gehen. Ich lernte im Hotel zwei Bewohner der Äolischen Inseln kennen, und die Unterhaltung kam in Gang. Nach dem Abendessen schlenderten wir am kakteenbepflasterten Weststrand entlang und sahen hinaus aufs verlassene, unterm Nordwestwind schäumende Meer und zu den starren, klar gezogenen Inselumrissen, fern über wogenden Wellen. Einer der Begleiter weckte meine Neugier, denn auf dem Spaziergang durch die Gärten von Milazzo hielt er an jedem Streifchen Erde an, erkannte die alltäglichsten Pflanzen wieder und jubelte begeistert ihre Namen. Den ganzen Abend redete er davon, unbedingt Kerzen, Obst, Geschirr, Streichhölzer, Briefmarken kaufen zu wollen, als rüste er sich für den Rückzug in eine Einöde. Ich beschloß, ihn um den Plan einer Reise durch die äolische Inselwelt zu bitten, wobei ich zu verstehen gab, daß ich den Besuch bei ihm auf jeden Fall ausschlösse und sein Heim nie und nimmer um das Licht einer jener Kerzen brächte, die er mit so großer Voraussicht in Milazzo erstanden hatte. Er zählte, glaube ich, im Geist die Stunden, die es auf seiner Insel zu erhellen galt.

Voller Unruhe, als ginge es zu den Inseln der Seligen, schiffte ich mich – im Regen – am nächsten

354

Strombolino. Eine der zehn kleineren Liparischen (Äolischen) Inseln. Aquatinta aus: J. Houel, «Voyage pittoresque des isles de Sicile, de Malte et de Lipari», 1782.

Morgen ein. Achtern lagen zwei Kränze aus Rosen, es war aber nicht auszumachen, wer auf den Äolischen Inseln gestorben war. Ein mageres, zappeliges Männchen aus Stromboli schwor, als das Schiff Fahrt aufnahm, noch ein Tag in Milazzo und er wäre vor Langeweile umgekommen. Mit jeder Umdrehung der Schiffsschraube ächzte das Schiff, dichter feiner Regen netzte achtern die Blumenkränze. Dann, plötzlich, hinter der Landspitze, riß der Himmel auf, und mit einem Mal bot sich das Meer pechschwarz und brausend.

Wie emporgetrieben aus dem Meer, zeichnete sich in der Ferne das Inselreich mit seinen steil abfallenden sieben Bergen ohne Küstensaum ab, die sich, je nach Drehung des Schiffes, untereinander zu vertauschen und zu verlagern schienen.

Zuerst erkannte man zur Linken den Krater von Vulcano. Rechts tauchten nacheinander die anderen Inseln auf: Panaria, ein Wal mit weit aufgerissenem Maul, zwei spitze weiße Riffe in der reißenden Strömung der Meerenge; Stromboli mit seiner für die Windrichtung verräterischen Rauchfahne: Schirokko. Mittendrin Lipari mit seinen orientalischen Häusern aus weißem Bimsstein, über denen sich ein weißer, gleichmäßig durchlöcherter Berg wie ein riesiger Bienenkorb türmte. Die steil abfallenden, vom Meer zernagten und zerteilten Inseln hatten scharfe Umrißlinien, daß es schien, sie ritzten den kristallharten, leuchtenden Himmel. In dem Ritz war der Himmel ein zittrig schimmernder Strich. Einmütig wie Sternbilder lagen die vier Inseln da; und von Sternbildern hatten sie Starrheit und Alter und etwas Staunenswürdiges an sich: das Leben der Erde und der Elemente gebärdete sich auf ihnen beherrschend, eigenständig und erhaben über jede Lebensspur des Menschen, der auf allen meerwärtigen Klippen Heiligenbilder in Tabernakeln aufgestellt hat.

Es mutet an, als lebte das Land ein blindes, triebhaftes Leben. Nicht daß es, so über Abgründen fest verankert, untergehen könnte. Aber daß es sich verschöbe, sich eine neue Schicht ausrollte, über die vorhandenen, die sich wie Decken, eine über der anderen, farblich voneinander abheben und zwischen denen nichts mehr ans Leben vormals dort lebender Menschen erinnert. Ein immer neues, zu erschaffendes Land mit Häusern aus Bimsstein, die, nach Art gut abgedichteter Gefäße, Flachdächer verschließen: auf die schlagen ihre Erbauer ein, bis das Haus, von Riesenknöcheln abgeklopft, wie ein ungeheures Tongefäß tönt. Die Inselbewohner treffen die abscheulichsten Annahmen über den natürlichen Lauf der Dinge und begreifen gleichwohl sich selbst, die Gegenwärtigen, als außerhalb der jahrhundertealten Gesetze stehend. Nicht die Gegenwärtigen, die Nachfahren bedroht dies gärende Land. Sie fürchten es wie einen Gebieter, der die ganze Macht in seiner Person vereint.

An einer Anlegestelle von Lipari sehen Menschen aus allen, in den weißen Bimssteinberg gehöhlten Fenstern. Um die dem Gestein beigebrachten Öffnungen laufen merkwürdige Rahmungen aus verschiedenen Schichten, von denen eine, leuchtend, leicht, aus Bimssteinschaum ist. Dichter Staub verhüllt eine Häusergruppe am Fuß des Berges. In dem Staub tauchen, gesenkten Hauptes, Gestalten auf und verschwinden wieder. Weiß die Dächer, die Fensterbretter, staubweiß die Kehlungen der Fenster und Türen. Mühlsteine zermahlen den Bimsstein, der steigt in Wolken auf, dringt überall ein, trocknet die spärlichen Pflanzen ringsum aus, setzt sich in jede Pore, treibt aufs grünspanbläuliche Meer. Als das Schiff anlegt, kommt jemand ans Ufer und denkt wieder zurück an die glücklichen Ortschaften auf dem Festland, wo das Wasser klar aus den Quellen sprudelt und die Pflanzen grün werden.

Der Herr über Vulcano wohnt in Lipari. Ihm gehört der Höllenpfuhl der Insel, der Teil, der den Schwefelwasserstoffgestank über dem Meer verbreitet und den über die gesamte Hafenbucht hin,

wie hohe, bösartige Blumen, Dampfschwaden aus
Schwefel und Kohlendioxyd umwehen.

Der Dämpfewald überwuchert die Insel und
bevölkert sie mit unentwegtem Geraschel. Bei jedem Schritt platzt die Erde auf wie aufgedrückt
von einem Samenkorn, bei dem sich eine gelbliche,
glatte Wunde geöffnet hat und den Dampfschwaden ausstößt. Ein Teil der Insel, unterhalb des
lavabedeckten Berges, ist schwarzer Boden: die
Bauern der nächstgelegenen Inseln haben ihn unter
sich aufgeteilt und fahren mit ihrem Kahn hin, um
nach dem Rechten zu sehen: ein schwermütiger
Wein wächst auf ihm und es gibt dort die einzige
Süßwasserquelle im ganzen Inselreich. Danach
fällt das Land, kahl bis auf ein paar hinfällige
Pflanzen, im salzigen Sumpf ab und steigt, sich rot
färbend, in einem makellosen Kegel wieder an.
Aus diesem ganzen giftigen Schattenreich gewinnt
nun der Eigentümer, mittels uranfänglicher Ver-
fahrensweisen, ein bißchen Schwefel. Die Menschen, die dieser Mühsal nachgehen, kehren zer-
lumpt, barfuß, zerbissen vom tausendmäuligen
Dämpfewald zurück. Der Herr reitet auf seiner
schwarzen Eselin im Trab den nackten Hang hinunter über sein Land, das seine Geheimnisse noch
nicht sämtlich preisgegeben hat. Ein verbreitetes
Gerücht auf den Inseln besagt, es weise Spuren von
Gold auf. Die Menschen, die barfuß in der Winter-
sonne über dem Golf von Lipari stehen, warten
auf Schatzsucher. Ich erinnere mich an einen der
Kahnführer, der mich nach Vulcano übersetzte: er
hüpfte am Strand entlang, griff immer wieder mit
den Händen in die Steine, schleuderte sie wild um

Die Insel Vulcano aus der Vogelschau.
Aquatinta aus: J. Houel, «Voyage pittoresque», 1782.

sich her und schrie: «Das ist Geld!» Er kam mir vor wie ein stämmiger, bis zur Nasenspitze behaarter Bacchus; ein Bacchus, der vormals nach Amerika ausgewandert war.

Im Morgengrauen langten wir in unserem schiffbrüchigen Boot an, knapp dahingleitend über Felsklippen, auf die das Meer schlägt und die in jener Stellung erstarrt sind, der beinah ein Wille zur Bewegung innewohnt und unvollendeten Kunstwerken und vulkanischem Land eigentümlich ist.

Die beiden Männer in meiner Begleitung, der behaarte Bacchus und ein rachitischer Zyklop, der aus jeder Pore Blut verspritzt, befinden über Felsklippen und Meer: «Heute sieht es lammfromm aus; aber manchmal, das kann ich Ihnen sagen, ist es zum Heulen.» Der Zyklop jault wie ein träumender Hund.

Beim Anblick dieser ins Meer gestürzten Felsen – und man meint, unaufhörliches Tosen zu hören – kann es an die Zyklopen und den erblindeten, in Zorn entbrannten Polyphem gemahnen. Die vom Wind gegeißelten Bäumchen, Zeltstützen für den Himmel, stehen dazu in jenem erstaunlichen Bezug zur antiken Kunst, klein im Verhältnis zur Wunderlichkeit ihres Atems und ihrer Bedeutung.

Schwarzgekleidet auf dem Rücken seines schwarzen Zwergesels, kommt der Herr der Insel den aschfarbigen Abhang heruntergetrabt. Seine langen Beine mit grauen hohen Gamaschen schleifen über den Boden. Er steigt ab und zeigt mir seinen ehemaligen Wohnsitz, eine Villa, die er hat aufgeben müssen. Die Fenster des Hauses stehen offen, und es ist unbewohnt. Die schmiedeeisernen

Balkone baumeln. Ich greife nach der Umzäunung. Die Eisensparren sind morsch und zerbröckeln mir in den Händen. Jetzt fällt mir auf, daß die Gitter im Erdgeschoß, die Geländer und Kragsteine der Balkone zerfallen. Durch ein Zimmer im Erdgeschoß fährt mich, wie ein urplötzlich auftauchendes Tier, der Pesthauch eines Schwefelmauls an.

Da ruft mich Bacchus, der Kahnführer, von weitem. Auf der Außentreppe eines Häuschens, im Schutz vor dieser gärenden Welt stehen drei Frauen, einzige Bewohnerinnen auf dem östlichen Inselabfall, und reichen mir ein Weinglas. Die jüngste, einer Rittererzählung entsprungen, tritt vor, und für einen Augenblick sehe ich ihr Gesicht, das sich in der duftenden, heißen Flüssigkeit widerspiegelt. Mir will scheinen, als tränke ich ihre Gesichtszüge, Züge einer heruntergekommenen Zauberin.

FRIEDRICH HÖLDERLIN

Der Archipelagus

Kehren die Kraniche wieder zu dir, und suchen
            zu deinen
Ufern wieder die Schiffe den Lauf? umatmen
            erwünschte
Lüfte dir die beruhigte Flut, und sonnet der Delphin,
Aus der Tiefe gelockt, am neuen Lichte den
            Rücken?
Blüht Ionien? ist's die Zeit? denn immer im
            Frühling,
Wenn den Lebenden sich das Herz erneut und die
            erste
Liebe den Menschen erwacht und goldner Zeiten
            Erinnrung,
Komm' ich zu dir und grüß' in deiner Stille dich,
            Alter!

Immer, Gewaltiger! lebst du noch und ruhest im
            Schatten
Deiner Berge, wie sonst; mit Jünglingsarmen
            umfängst du
Noch dein liebliches Land, und deiner Töchter,
            o Vater!
Deiner Inseln ist noch, der blühenden, keine
            verloren.
Kreta steht und Salamis grünt, umdämmert von
            Lorbeern,
Rings von Strahlen umblüht, erhebt zur Stunde
            des Aufgangs

Delos ihr begeistertes Haupt, und Tenos und
                              Chios
Haben der purpurnen Früchte genug, von
                              trunkenen Hügeln
Quillt der Cypriertrank, und von Kalauria fallen
Silberne Bäche, wie einst, in die alten Wasser des
                              Vaters.
Alle leben sie noch, die Heroenmütter, die Inseln,
Blühend von Jahr zu Jahr, und wenn zu Zeiten,
                              vom Abgrund
Losgelassen, die Flamme der Nacht, das untre
                              Gewitter,
Eine der Holden ergriff, und die Sterbende dir in
                              den Schoß sank,
Göttlicher! du, du dauertest aus, denn über den
                              dunkeln
Tiefen ist manches schon dir auf- und unter-
                              gegangen.

Auch die Himmlischen, sie, die Kräfte der Höhe,
                              die stillen,
Die den heiteren Tag und süßen Schlummer und
                              Ahnung
Fernher bringen über das Haupt der fühlenden
                              Menschen
Aus der Fülle der Macht, auch sie, die alten
                              Gespielen,
Wohnen, wie einst, mit dir, und oft am
                              dämmernden Abend,
Wenn von Asiens Bergen herein das heilige
                              Mondlicht
Kömmt und die Sterne sich in deiner Woge
                              begegnen,

Leuchtest du von himmlischem Glanz, und so,
wie sie wandeln,
Wechseln die Wasser dir, es tönt die Weise der
Brüder
Droben, ihr Nachtgesang, im liebenden Busen
dir wieder.
Wenn die Allverklärende dann, die Sonne des
Tages,
Sie, des Orients Kind, die Wundertätige, da ist,
Dann die Lebenden all im goldenen Traume
beginnen,
Den die Dichtende stets des Morgens ihnen
bereitet,
Dir, dem trauernden Gott, dir sendet sie froheren
Zauber,
Und ihr eigen freundliches Licht ist selber so
schön nicht
Denn das Liebeszeichen, der Kranz, den immer,
wie vormals,
Deiner gedenk, doch sie um die graue Locke dir
windet.
Und umfängt der Äther dich nicht, und kehren
die Wolken,
Deine Boten, von ihm mit dem Göttergeschenke,
dem Strahle
Aus der Höhe dir nicht? dann sendest du über
das Land sie,
Daß am heißen Gestad die gewittertrunkenen
Wälder
Rauschen und wogen mit dir, daß bald, dem wan-
dernden Sohn gleich,
Wenn der Vater ihn ruft, mit den tausend Bächen
Mäander

Seinen Irren enteilt und aus der Ebne Kayster
Dir entgegenfrohlockt, und der Erstgeborne, der
Alte,
Der zu lange sich barg, dein majestätischer Nil itzt
Hochherschreitend aus fernem Gebirg, wie im
Klange der Waffen,
Siegreich kömmt, und die offenen Arme der
Sehnende reichet.

Dennoch einsam dünkest du dir; in schweigender
Nacht hört
Deine Weheklage der Fels, und öfters entflieht dir
Zürnend von Sterblichen weg die geflügelte
Woge zum Himmel.
Denn es leben mit dir die edlen Lieblinge
nimmer,
Die dich geehrt, die einst mit den schönen Tempeln
und Städten
Deine Gestade bekränzt, und immer suchen und
missen,
Immer bedürfen ja, wie Heroen den Kranz, die
geweihten
Elemente zum Ruhme das Herz der fühlenden
Menschen.

Sage, wo ist Athen? ist über den Urnen der
Meister
Deine Stadt, die geliebteste dir, an den heiligen
Ufern,
Trauernder Gott! dir ganz in Asche zusammen-
gesunken,
Oder ist noch ein Zeichen von ihr, daß etwa der
Schiffer,

Wenn er vorüberkommt, sie nenn' und ihrer
gedenke?
Stiegen dort die Säulen empor und leuchteten
dort nicht
Sonst vom Dache der Burg herab die Götter-
gestalten?
Rauschte dort die Stimme des Volks, die
stürmischbewegte,
Aus der Agora nicht her, und eilten aus freudigen
Pforten

Im 6. Buch rettet sich Odysseus nach dem von Poseidon
gesandten Sturm auf die Phäaken-Insel Scheria und nähert sich der Königstochter Nausikaa. Die Insel wurde im
Altertum mit Korfu gleichgesetzt, sie ist jedoch rein
mythisch. – «Wäsche trocknet, Frauen singen, darob
Odysseus, der in der Nähe schläft, erwacht.» Holzschnitt
aus: Homerus, «Odyssee», durch Simon Scheidenreisser
verteutscht, mit Argumenten und Scholiis erkläret.
Augsburg 1537.

Dort die Gassen dir nicht zu gesegnetem Hafen
                              herunter?
Siehe! da löste sein Schiff der fernhinsinnende
                              Kaufmann,
Froh, denn es wehet' auch ihm die beflügelnde
                              Luft und die Götter
Liebten so, wie den Dichter, auch ihn, dieweil er
                              die guten
Gaben der Erd ausglich und Fernes Nahem vereinte.
Fern nach Cypros ziehet er hin und ferne nach
                              Tyros,
Strebt nach Kolchis hinauf und hinab zum alten
                              Ägyptos,
Daß er Purpur und Wein und Korn und Vliese
                              gewinne
Für die eigene Stadt, und öfters über des kühnen
Herkules Säulen hinaus, zu neuen seligen Inseln
Tragen die Hoffnungen ihn und des Schiffes
                              Flügel, indessen
Anders bewegt, am Gestade der Stadt ein
                              einsamer Jüngling
Weilt und die Woge belauscht, und Großes
                              ahndet der Ernste,
Wenn er zu Füßen so des erderschütternden
                              Meisters
Lauschet und sitzt, und nicht umsonst erzog ihn
                              der Meergott.

Denn des Genius Feind, der vielgebietende Perse,
Jahrlang zählt' er sie schon, der Waffen Menge,
                              der Knechte,
Spottend des griechischen Lands und seiner
                              wenigen Inseln,

Und sie deuchten dem Herrscher ein Spiel, und noch,
                              wie ein Traum, war
Ihm das innige Volk, vom Göttergeiste gerüstet.
Leicht aus spricht er das Wort und schnell, wie der
                              flammende Bergquell,
Wenn er furchtbar umher vom gährenden Ätna
                              gegossen,
Städte begräbt in der purpurnen Flut und blühende
                              Gärten,
Bis der brennende Strom im heiligen Meere sich
                              kühlet,
So mit dem Könige nun, versengend, städte-
                              verwüstend,
Stürzt von Ekbatana daher sein prächtig
                              Getümmel;
Weh! und Athene, die herrliche, fällt; wohl
                              schauen und ringen
Vom Gebirg, wo das Wild ihr Geschrei hört,
                              fliehende Greise
Nach den Wohnungen dort zurück und den
                              rauchenden Tempeln;
Aber es weckt der Söhne Gebet die heilige Asche
Nun nicht mehr, im Tal ist der Tod, und die
                              Wolke des Brandes
Schwindet am Himmel dahin, und weiter im
                              Lande zu ernten,
Zieht, vom Frevel erhitzt, mit der Beute der Perse
                              vorüber.

Aber an Salamis' Ufern, o Tag an Salamis'
                              Ufern!
Harrend des Endes stehn die Athenerinnen, die
                              Jungfraun,

Stehn die Mütter, wiegend im Arm das gerettete
                              Söhnlein,
Aber den Horchenden schallt von Tiefen die
                              Stimme des Meergotts
Heilweissagend herauf, es schauen die Götter des
                              Himmels
Wägend und richtend herab, denn dort an den
                              bebenden Ufern
Wankt seit Tagesbeginn, wie langsamwandelnd
                              Gewitter,
Dort auf schäumenden Wassern die Schlacht, und
                              es glühet der Mittag,
Unbemerket im Zorn, schon über dem Haupte
                              den Kämpfern.
Aber die Männer des Volks, die Heroenenkel, sie
                              walten
Helleren Auges jetzt, die Götterlieblinge denken
Des beschiedenen Glücks, es zähmen die Kinder
                              Athenes
Ihren Genius, ihn, den todverachtenden, jetzt
                              nicht.
Denn wie aus rauchendem Blut das Wild der
                              Wüste noch einmal
Sich zuletzt verwandelt erhebt, der edleren Kraft
                              gleich,
Und den Jäger erschröckt; kehrt jetzt im Glanze
                              der Waffen,
Bei der Herrscher Gebot, furchtbargesammelt
                              den Wilden,
Mitten im Untergang die ermattete Seele noch
                              einmal.
Und entbrannter beginnt's; wie Paare ringender
                              Männer

Fassen die Schiffe sich an, in die Woge taumelt
                das Steuer,
Unter den Streitern bricht der Boden, und Schiffer
                und Schiff sinkt.

Aber in schwindelnden Traum vom Liede des
                Tages gesungen,
Rollt der König den Blick; irrlächelnd über den
                Ausgang
Droht er, und fleht, und frohlockt, und sendet,
                wie Blitze, die Boten.
Doch er sendet umsonst, es kehret keiner ihm
                wieder.
Blutige Boten, Erschlagne des Heers, und
                berstende Schiffe,
Wirft die Rächerin ihm zahllos, die donnernde
                Woge,
Vor den Thron, wo er sitzt am bebenden Ufer,
                der Arme,
Schauend die Flucht, und fort in die fliehende
                Menge gerissen,
Eilt er, ihn treibt der Gott, es treibt sein irrend
                Geschwader
Über die Fluten der Gott, der spottend sein eitel
                Geschmeid ihm
Endlich zerschlug und den Schwachen erreicht' in
                der drohenden Rüstung.

Aber liebend zurück zum einsamharrenden Strome
Kommt der Athener Volk und von den Bergen
                der Heimat
Wogen, freudig gemischt, die glänzenden Scharen
                herunter

Ins verlassene Tal, ach! gleich der gealterten
                              Mutter,
Wenn nach Jahren das Kind, das verloren-
                              geachtete, wieder
Lebend ihr an die Brüste kehrt, ein erwachsener
                              Jüngling,
Aber im Gram ist ihr die Seele gewelkt und die
                              Freude
Kommt der hoffnungsmüden zu spät und müh-
                              sam vernimmt sie,
Was der liebende Sohn in seinem Danke geredet;
So erscheint den Kommenden dort der Boden
                              der Heimat.
Denn es fragen umsonst nach ihren Hainen die
                              Frommen,
Und die Sieger empfängt die freundliche Pforte
                              nicht wieder,
Wie den Wanderer sonst sie empfing, wenn er
                              froh von den Inseln
Wiederkehrt' und die selige Burg der Mutter
                              Athene
Über sehnendem Haupt ihm fernherglänzend
                              heraufging.
Aber wohl sind ihnen bekannt die verödeten
                              Gassen
Und die trauernden Gärten umher und auf der
                              Agora,
Wo des Portikus Säulen gestürzt und die
                              göttlichen Bilder
Liegen, da reicht in der Seele bewegt, und der
                              Treue sich freuend,
Jetzt das liebende Volk zum Bunde die Hände
                              sich wieder.

Bald auch suchet und sieht den Ort des eigenen
Hauses
Unter dem Schutt der Mann; ihm weint am Halse,
der trauten
Schlummerstätte gedenk, sein Weib, es fragen die
Kindlein
Nach dem Tische, wo sonst in lieblicher Reihe
sie saßen,
Von den Vätern gesehen, den lächelnden Göttern
des Hauses.
Aber Gezelte bauet das Volk, es schließen die alten
Nachbarn wieder sich an, und nach des Herzens
Gewohnheit
Ordnen die luftigen Wohnungen sich umher an
den Hügeln.
So indessen wohnen sie nun, wie die Freien, die
Alten,
Die, der Stärke gewiß und dem kommenden Tage
vertrauend,
Wandernden Vögeln gleich, mit Gesange von
Berge zu Berg einst
Zogen, die Fürsten des Forsts und des weit-
umirrenden Stromes.
Doch umfängt noch, wie sonst, die Muttererde,
die treue,
Wieder ihr edel Volk, und unter heiligem Himmel
Ruhen sie sanft, wenn milde, wie sonst, die Lüfte
der Jugend
Um die Schlafenden wehn, und aus Platanen
Ilissus
Ihnen herüberrauscht, und neue Tage verkündend,
Lockend zu neuen Taten, bei Nacht die Woge
des Meergotts

372

Fernher tönt und fröhliche Träume den
                              Lieblingen sendet.
Schon auch sprossen und blühn die Blumen
                              mählig, die goldnen,
Auf zertretenem Feld, von frommen Händen
                              gewartet,
Grünet der Ölbaum auf, und auf Kolonos'
                              Gefilden
Nähren friedlich, wie sonst, die Athenischen
                              Rosse sich wieder.

Aber der Muttererd und dem Gott der Woge zu
                              Ehren
Blühet die Stadt itzt auf, ein herrlich Gebild, dem
                              Gestirn gleich
Sichergegründet, des Genius Werk, denn Fesseln
                              der Liebe
Schafft er gerne sich so, so hält in großen
                              Gestalten,
Die er selbst sich erbaut, der immerrege sich
                              bleibend.
Sieh! und dem Schaffenden dienet der Wald, ihm
                              reicht mit den andern
Bergen nahe zur Hand der Pentele Marmor und
                              Erze,
Aber lebend, wie er, und froh und herrlich
                              entquillt es
Seinen Händen, und leicht, wie der Sonne, gedeiht
                              das Geschäft ihm.
Brunnen steigen empor und über die Hügel in
                              reinen
Bahnen gelenkt, ereilt der Quell das glänzende
                              Becken;

373

Und umher an ihnen erglänzt, gleich festlichen
                              Helden
Am gemeinsamen Kelch, die Reihe der Wohnun-
                              gen, hoch ragt
Der Prytanen Gemach, es stehn Gymnasien offen,
Göttertempel entstehn, ein heiligkühner Gedanke
Steigt, Unsterblichen nah, das Olympion auf in
                              den Äther
Aus dem seligen Hain; noch manche der
                              himmlischen Hallen!
Mutter Athene, dir auch, dir wuchs dein
                              herrlicher Hügel
Stolzer aus der Trauer empor und blühte noch
                              lange,
Gott der Wogen und dir, und deine Lieblinge
                              sangen
Frohversammelt noch oft am Vorgebirge den
                              Dank dir.

O die Kinder des Glücks, die frommen! wandeln
                              sie fern nun
Bei den Vätern daheim, und der Schicksalstage
                              vergessen,
Drüben am Lethestrom, und bringt kein Sehnen
                              sie wieder?
Sieht mein Auge sie nie? ach! findet über den
                              tausend
Pfaden der grünenden Erd, ihr göttergleichen
                              Gestalten!
Euch das Suchende nie, und vernahm ich darum
                              die Sprache,
Darum die Sage von euch, daß immertrauernd
                              die Seele

Vor der Zeit mir hinab zu euern Schatten entfliehe?
Aber näher zu euch, wo eure Haine noch wachsen,
Wo sein einsames Haupt in Wolken der heilige
                    Berg hüllt,
Zum Parnassos will ich, und wenn im Dunkel
                    der Eiche
Schimmernd, mir Irrenden dort Kastalias Quelle
                    begegnet,
Will ich, mit Tränen gemischt, aus blüten-
                    umdufteter Schale
Dort, auf keimendes Grün, das Wasser gießen,
                    damit doch,
O ihr Schlafenden all! ein Totenopfer euch werde.

Odysseus kehrt reich beschenkt nach Ithaka zurück. Er wird von den Phäaken im Schlaf auf einem leinenen Teppich mit seinen Schätzen auf eines der wunderbaren Schiffe gebracht, die ohne Steuer und Ruder das Meer durcheilen. Holzschnitt zum 13. Buch. Augsburg 1537.

Dort im schweigenden Tal, an Tempes
                              hangenden Felsen,
Will ich wohnen mit euch, dort oft, ihr
                              herrlichen Namen!
Her euch rufen bei Nacht, und wenn ihr zürnend
                              erscheinet,
Weil der Pflug die Gräber entweiht, mit der
                              Stimme des Herzens
Will ich, mit frommem Gesang euch sühnen,
                              heilige Schatten!
Bis zu leben mit euch, sich ganz die Seele gewöhnet.
Fragen wird der Geweihtere dann euch manches,
                              ihr Toten!
Euch, ihr Lebenden auch, ihr hohen Kräfte des
                              Himmels,
Wenn ihr über dem Schutt mit euren Jahren
                              vorbeigeht,
Ihr in der sicheren Bahn! denn oft ergreifet das
                              Irrsal
Unter den Sternen mir, wie schaurige Lüfte, den
                              Busen,
Daß ich spähe nach Rat, und lang schon reden sie
                              nimmer
Trost den Bedürftigen zu, die prophetischen
                              Haine Dodonas,
Stumm ist der delphische Gott, und einsam
                              liegen und öde
Längst die Pfade, wo einst, von Hoffnungen leise
                              geleitet,
Fragend der Mann zur Stadt des redlichen Sehers
                              heraufstieg.
Aber droben das Licht, es spricht noch heute zu
                              Menschen,

Schöner Deutungen voll und des großen
                              Donnerers Stimme
Ruft es: denket ihr mein? und die trauernde
                              Woge des Meergotts
Hallt es wieder: gedenkt ihr nimmer meiner, wie
                              vormals?
Denn es ruhn die Himmlischen gern am
                              fühlenden Herzen;
Immer, wie sonst, geleiten sie noch, die
                              begeisternden Kräfte,
Gerne den strebenden Mann und über Bergen
                              der Heimat
Ruht und waltet und lebt allgegenwärtig der
                              Äther,
Daß ein liebendes Volk in des Vaters Armen
                              gesammelt,
Menschlich freudig, wie sonst, und Ein Geist
                              allen gemein sei.
Aber weh! es wandelt in Nacht, es wohnt, wie
                              im Orkus,
Ohne Göttliches unser Geschlecht. Ans eigene
                              Treiben
Sind sie geschmiedet allein, und sich in der
                              tosenden Werkstatt
Höret jeglicher nur und viel arbeiten die Wilden
Mit gewaltigem Arm, rastlos, doch immer und
                              immer
Unfruchtbar, wie die Furien, bleibt die Mühe der
                              Armen.
Bis, erwacht vom ängstigen Traum, die Seele
                              den Menschen
Aufgeht, jugendlich froh, und der Liebe
                              segnender Othem

Wieder, wie vormals oft, bei Hellas' blühenden
Kindern,
Wehet in neuer Zeit und über freierer Stirne
Uns der Geist der Natur, der fernherwandelnde,
wieder
Stilleweilend der Gott in goldnen Wolken
erscheinet.
Ach! und säumest du noch? und jene, die
göttlichgebornen,
Wohnen immer, o Tag! noch als in Tiefen der
Erde
Einsam unten, indes ein immerlebender Frühling
Unbesungen über dem Haupt den Schlafenden
dämmert?
Aber länger nicht mehr! schon hör' ich ferne des
Festtags
Chorgesang auf grünem Gebirg und das Echo
der Haine,
Wo der Jünglinge Brust sich hebt, wo die Seele
des Volks sich
Stillvereint im freieren Lied, zur Ehre des Gottes,
Dem die Höhe gebührt, doch auch die Tale sind
heilig;
Denn, wo fröhlich der Strom in wachsender
Jugend hinauseilt,
Unter Blumen des Lands, und wo auf sonnigen
Ebnen
Edles Korn und der Obstwald reift, da kränzen
am Feste
Gerne die Frommen sich auch, und auf dem Hügel
der Stadt glänzt,
Menschlicher Wohnung gleich, die himmlische
Halle der Freude.

Denn voll göttlichen Sinns ist alles Leben
geworden,
Und vollendend, wie sonst, erscheinst du wieder
den Kindern
Überall, o Natur! und, wie vom Quellengebirg,
rinnt
Segen von da und dort in die keimende Seele
dem Volke.
Dann, dann, o ihr Freuden Athens! ihr Taten in
Sparta!
Köstliche Frühlingszeit im Griechenlande! wenn
unser
Herbst kömmt, wenn ihr gereift, ihr Geister alle
der Vorwelt!
Wiederkehret und siehe! des Jahrs Vollendung ist
nahe!
Dann erhalte das Fest auch euch, vergangene Tage!
Hin nach Hellas schaue das Volk, und weinend
und dankend
Sänftige sich in Erinnerung der stolze Triumphtag!

Aber blühet indes, bis unsre Früchte beginnen,
Blüht, ihr Gärten Ioniens! nur, und an die Athens
Schutt
Grünen, ihr Holden! verbergt dem schauenden
Tage die Trauer!
Kränzt mit ewigem Laub, ihr Lorbeerwälder! die
Hügel
Eurer Toten umher, bei Marathon dort, wo die
Knaben
Siegend starben, ach! dort auf Chäroneas Gefilden,
Wo mit den Waffen ins Blut die letzten Athener
enteilten,

Fliehend vor dem Tage der Schmach, dort, dort
                              von den Bergen
Klagt ins Schlachttal täglich herab, dort singet
                              von Ötas
Gipfeln das Schicksalslied, ihr wandelnden
                              Wasser, herunter!
Aber du, unsterblich, wenn auch der Griechen-
                              gesang schon
Dich nicht feiert, wie sonst, aus deinen Wogen,
                              o Meergott!
Töne mir in die Seele noch oft, daß über den
                              Wassern
Fruchtlosrege der Geist, dem Schwimmer gleich,
                              in der Starken
Frischem Glücke sich üb', und die Göttersprache,
                              das Wechseln
Und das Werden versteh', und wenn die reißende
                              Zeit mir
Zu gewaltig das Haupt ergreift und die Not und
                              das Irrsal
Unter Sterblichen mir mein sterblich Leben
                              erschüttert,
Laß der Stille mich dann in deiner Tiefe gedenken.

JAN NERUDA

Der Vampir

Der Ausflugsdampfer brachte uns aus Konstantinopel zum Ufer der Insel Prinkipo; dort stiegen wir
aus. Unsere Gesellschaft war nicht sehr groß. Eine
polnische Familie, Vater, Mutter, Tochter und deren Bräutigam, dann nur noch wir zwei. Ach ja,
damit ich's nicht vergesse, in Konstantinopel hatte
sich uns auf der hölzernen Brücke, die über das
Goldene Horn führt, auch noch ein Grieche ange-
schlossen, ein junger Mensch; wohl Maler, der
Mappe nach zu schließen, die er unter dem Arm
hatte. Sein langes schwarzes Haar wallte ihm bis
zur Schulter, sein Gesicht war blaß, seine schwarzen Augen saßen tief in den Augenhöhlen. Anfangs
interessierte er mich, besonders seiner Gefälligkeit
wegen und auch wegen seiner Kenntnis der ört-
lichen Verhältnisse. Aber er sprach zuviel, und so
wendete ich mich von ihm schließlich ab.

Um so angenehmer wirkte die polnische Familie. Der Vater und die Mutter waren biedere, gute
Leute, der Bräutigam ein eleganter junger Mann
von offener Art und gepflegten Umgangsformen.
Sie fuhren nach Prinkipo, um hier die Sommermo-
nate zu verbringen, sicherlich der Tochter wegen,
die ein wenig kränkelte. Das schöne bläßliche
Mädchen hatte entweder eine schwere Krankheit
gerade hinter sich oder die schwere Krankheit
breitete sich in ihr erst aus. Sie stützte sich auf ihren
Bräutigam, setzte sich immer wieder hin, und ein

häufiges, trockenes Hüsteln unterbrach ihr Flüstern. Immer, wenn sie husten mußte, verlangsamte ihr Begleiter schonungsvoll den Schritt. Er sah sie mitfühlend an, und sie blickte zu ihm auf, als wollte sie sagen: «Es ist nichts – ich bin glücklich!» Sie glaubten an Gesundheit und Glück.

Auf die Empfehlung des Griechen, der sich gleich auf der Mole von uns getrennt hatte, quartierte sich die Familie in einem Gasthaus auf der Anhöhe ein. Der Wirt war Franzose, und sein ganzes Haus war nach französischer Art schön und bequem eingerichtet.

Wir frühstückten gemeinsam, und als die Mittagshitze etwas nachgelassen hatte, begaben wir uns alle in den Pinienhain auf dem Hügel, um uns durch den Ausblick dort ein wenig zu erfrischen. Kaum hatten wir uns eine günstige Stelle ausgesucht und Platz genommen, tauchte der Grieche wieder auf. Er grüßte flüchtig, sah sich um und setzte sich wenige Schritte von uns hin. Dann öffnete er seine Mappe und begann zu zeichnen.

«Ich glaube, daß er absichtlich so nah am Felsen sitzt, damit wir nicht auf seine Zeichnung sehen können», sagte ich.

«Wir müssen ja nicht hinsehen», meinte der junge Pole, «vor uns haben wir genug zu sehen.» Und nach einer Weile fügte er hinzu: «Mir scheint, daß er uns als Staffage benutzt – na wenn schon!»

Wir hatten wahrlich genug zu sehen. Es gibt keinen schöneren und glücklicheren Winkel auf der Welt als dieses Prinkipo! Die politische Märtyrerin Irene, eine Glaubensgenossin Karls des Großen, hatte hier einen Monat «in Verbannung» ver-

382

lebt – dürfte ich einen einzigen Monat meines Lebens hier verbringen, ich wär für mein restliches Leben glücklich durch die Erinnerung! Schon diesen einzigen Tag, den ich hier verbringe, werde ich nie vergessen.

Die Luft war klar wie ein Diamant, und sie war weich, köstlich, daß meine ganze Seele auf ihr in die Ferne schwebte. Rechts hinter dem Meer ragten die braunen Gipfel Asiens, links schimmerte bläulich die steile Küste Europas. Das nahe Chalki, eine der neun Inseln des «Prinzenarchipels», stieg mit seinen Zypressenwäldern wie ein trauriger Traum zur stillen Anhöhe auf, gekrönt von einem riesigen Gebäude – einem Asyl für die Armen im Geiste.

Das Wasser des Marmarameeres kräuselte ganz leicht und schillerte in allen Farben wie ein gleißender Opal. In der Ferne war das Meer so weiß wie Milch, näher zu uns rosarot, danach, zwischen den beiden Inseln, wie glühendes Orange, und unter uns bereits so herrlich grünblau wie ein durchsichtiger Saphir. Das Meer war allein mit seiner Schönheit, nirgends sah man größere Schiffe, nur zwei winzige Boote mit englischer Beflaggung tummelten sich vor der Küste; das eine war ein kleiner Dampfer, nicht größer als ein Schilderhaus, das zweite hatte in etwa zwölf Ruderer, und während sich deren Ruder gleichzeitig nach oben hoben, rann von den Ruderblättern flüssiges Silber hinab. Zwischen beiden trieben zutrauliche Delphine ihr Spiel und sprangen in weiten Bogen über die Wasseroberfläche. Am blauen Himmel tauchten ab und zu reglose Adler auf, zogen weite Kreise und maßen den Abstand zwischen den beiden Erdteilen.

Der Berghang unter uns war über und über mit blühenden Rosen bedeckt, deren Duft die Luft ganz durchdrungen hatte. Vom Kaffeehaus am Meer klang Musik herüber, gedämpft durch die Entfernung.

Die Wirkung war ergreifend. Wir verstummten alle und sogen uns mit unserem ganzen Wesen an diesem paradiesischen Bild fest. Die junge Polin lag auf dem Rasen und lehnte den Kopf gegen die Brust des Geliebten. Das blasse Oval ihres sanften Gesichtes gewann etwas mehr an Farbe, und aus ihren blauen Augen rollten plötzlich Tränen. Der Bräutigam verstand, neigte sich und küßte Träne für Träne ab. Auch die Mutter fing zu weinen an – und ich – ich fühlte mich recht seltsam dabei.

«Hier *müssen* Geist und Körper gesunden», hauchte das Mädchen. «Welch glückliches Land!»

«Weiß Gott ... ich habe keine Feinde, wenn ich aber welche hätte, hier würde ich ihnen vergeben!» sagte der Vater mit zitternder Stimme.

Und wieder verstummten alle. Allen war so schön, so unbeschreiblich süß zumute! Jeder fühlte in sich eine ganze Welt von Glück, und jeder hätte sein Glück mit der ganzen Welt geteilt. Das Gefühl war bei allen gleich, deshalb störten wir einander nicht. Wir hatten nicht einmal gemerkt, daß der Grieche nach einiger Zeit aufgestanden war, seine Mappe zugeklappt hatte und sich mit einem flüchtigen Gruß wieder entfernte. Wir blieben.

Nach einigen Stunden schließlich, als der ferne Horizont sich in ein dunkles Lila gehüllt hatte, eine im Süden zauberhaft schöne Farbe, gemahnte die Mutter zum Aufbruch. Wir erhoben uns und gingen hinunter zum Gasthaus, frei und elastisch schreitend wie sorglose Kinder.

Im Gasthaus nahmen wir auf der hübschen Veranda Platz.

Kaum hatten wir uns hingesetzt, hörten wir unter der Veranda ein Streiten und Schimpfen. Unser Grieche war mit dem Wirt in Streit geraten, und so hörten wir zum Vergnügen hin.

Das Vergnügen hielt nicht lange an. «Wenn ich hier nicht auch andere Gäste hätte», brummte der Wirt und stieg auf der Treppe zu uns hinauf.

«Bitte, mein Herr», fragte der junge Pole den Wirt, «wer ist dieser Mann, wie heißt er?»

«Äh... wer weiß, wie dieser Kerl heißt», knurrte der Wirt und blickte giftig nach unten, «wir nennen ihn Vampir.»

«Den Maler?»

«Ein sauberes Handwerk! Er malt nur Leichen! Kaum ist jemand in Konstantinopel oder hier in der Gegend gestorben, am gleichen Tag hat der da schon das Bild der Leiche fertig. Der Kerl malt das im voraus – und irrt sich dabei nie, wie ein Geier!»

Die alte Polin schrie entsetzt auf – in ihren Armen lag die Tochter, kreideweiß, ohnmächtig.

Und schon war der Bräutigam die Treppe hinabgesprungen, packte mit einer Hand den Griechen an der Brust, und mit der zweiten griff er nach der Mappe. Geschwind liefen wir ihm nach. Beide Männer wälzten sich bereits im Sand.

Der Inhalt der Mappe lag verstreut, und auf einem der Blätter, mit Bleistift gezeichnet, der Kopf der jungen Polin – die Augen geschlossen, rings um die Stirn Myrte.

CHARLES BAUDELAIRE

Un voyage à Cythère

Aus: «Les Fleurs du Mal»

Mon cœur, comme un oiseau, voltigeait tout joyeux
Et planait librement à l'entour des cordages;
Le navire roulait sous un ciel sans nuages,
Comme un ange enivré d'un soleil radieux.

Quelle est cette île triste et noire? – C'est Cythère,
Nous dit-on, un pays fameux dans les chansons,
Eldorado banal de tous les vieux garçons.
Regardez, après tout, c'est une pauvre terre.

– Ile des doux secrets et des fêtes du cœur!
De l'antique Vénus le superbe fantôme
Au-dessus de tes mers plane comme un arome,
Et charge les esprits d'amour et de langueur.

Belle île aux myrtes verts, pleine de fleurs écloses,
Vénérée à jamais par toute nation,
Où les soupirs des cœurs en adoration
Roulent comme l'encens sur un jardin de roses

Ou le roucoulement éternel d'un ramier!
– Cythère n'était plus qu'un terrain des plus maigres,
Und désert rocailleux troublé par des cris aigres.
J'entrevoyais pourtant un objet singulier!

CHARLES BAUDELAIRE

Eine Reise nach Cythera

Aus: «Die Blumen des Bösen»

Mein Herz schwang vogelleicht sich freudig auf
und nieder und schwebte frei rings um das Tauwerk hin; das Schiff zog unter wolkenlosem Himmel seine Bahn, gleich einem ganz von Sonne
trunkenen Engel.

Was für eine Insel ist dies, schwarz und traurig? –
Das ist Cythera, war die Anwort, ein vielbesunge-
nes Land, das schale Eldorado aller alten Junggesel-
len. Schaut nur; genau besehen, ein ärmlicher Er-
denfleck.

– Eiland der süßen Heimlichkeiten und der Feste
des Herzens! Der Venus altes Hochbild schwebt
nachgeisternd noch auf deinen Meeren wie ein
Duft und macht die Seelen liebesiech und sehn-
suchtsvoll.

Du schönes Eiland, von Myrten übergrünt, voll
aufgeschloßner Blüten, verehrt auf immer von
allen Völkern, wo anbetend die Herzensseufzer
hinziehn wie Weihrauch über einem Rosengarten

Oder wie im Gehölz das stete Gurren eines Tau-
bers! – Cythera war nur noch der kargsten Stätten eine, felsig und öde, verstört von schrillen
Schreien. Dennoch bot es meinen Augen einen
sonderbaren Gegenstand!

Ce n'était pas un temple aux ombres bocagères,
Où la jeune prêtresse, amoureuse des fleurs,
Allait, le corps brûlé de secrètes chaleurs,
Entre-bâillant sa robe aux brises passagères;

Mais voilà qu'en rasant la côte d'assez près
Pour troubler les oiseaux avec nos voiles blanches,
Nous vîmes que c'était un gibet à trois branches,
Du ciel se détachant en noir, comme un cyprès.

De féroces oiseaux perchés sur leur pâture
Détruisaient avec rage un pendu déjà mûr,
Chacun plantant, comme un outil, son bec impur
Dans tous les coins saignants de cette pourriture;

Les yeux étaient deux trous, et du ventre effondré
Les intestins pesants lui coulaient sur les cuisses,
Et ses bourreaux, gorgés de hideuses délices,
L'avaient à coups de bec absolument châtré.

Sous les pieds, un troupeau de jaloux quadrupèdes,
Le museau relevé, tournoyait et rôdait;
Une plus grande bête au milieu s'agitait
Comme un exécuteur entouré de ses aides.

Habitant de Cythère, enfant d'un ciel si beau,
Silencieusement tu souffrais ces insultes
En expiation de tes infâmes cultes
Et des péchés qui t'ont interdit le tombeau.

Kein Tempel war dies, von seinem Hain umschattet, wo die junge Priesterin, nach Blumen sich zu bücken, wandelte und, ihren Leib, den heimlich glühenden, zu kühlen, halb ihr Gewand den weichen Hauchen auftat;

Vielmehr, als wir der Küste nah genug vorüberstrichen, um das Gevögel mit unsern weißen Segeln aufzuscheuchen, sahen wir, daß es ein Galgen war, der mit drei Armen schwarz sich vor dem Himmel abhob, zypressengleich.

Grimmige Vögel, die auf ihrem Fraße hockten, zerfetzten wütend einen schon mürben Toten, der dort hing; jeder trieb wie ein Werkzeug den besudelten Schnabel tief in alle blutigen Winkel dieser Fäulnis;

Die Augen waren zwei Löcher, und aus dem geborstenen Bauch floß schwer das Eingeweide auf die Schenkel, und seine Schergen, von gräßlichen Genüssen feist, hatten mit Schnabelhieben ihn ganz entmannt.

Zu Füßen strich ihm und kreiste mit erhobener Schnauze neidisch eine Horde Vierbeiner hin; ein größeres Tier in ihrer Mitte gebärdete sich wie ein Henker, der unter seinen Knechten seines Amtes waltet.

Einwohner Cytheras, so schönen Himmels Kind, du littest schweigend diese Schmach, auf daß du deine Frevelkulte büßtest und die Sünden, um deretwillen dir das Grab verweigert ward.

Ridicule pendu, tes douleurs sont les miennes!
Je sentis, à l'aspect de tes membres flottants,
Comme un vomissement, remonter vers mes dents
Le long fleuve de fiel des douleurs anciennes;

Devant toi, pauvre diable au souvenir si cher,
J'ai senti tous les becs et toutes les mâchoires
Des corbeaux lancinants et des panthères noires
Qui jadis aimaient tant à triturer ma chair.

– Le ciel était charmant, la mer était unie;
Pour moi tout était noir et sanglant désormais,
Hélas! et j'avais, comme en un suaire épais,
Le cœur enseveli dans cette allégorie.

Dans ton île, ô Vénus! je n'ai trouvé debout
Qu'un gibet symbolique où pendait mon image...
– Ah! Seigneur! donnez-moi la force et le courage
De contempler mon cœur et mon corps sans dégoût!

Du lächerlich Gehenkter, deine Qualen sind die
meinen! Ich fühlte, beim Anblick deiner schwan-
kenden Glieder, gleich einem Brechreiz zu den
Zähnen aufsteigen wieder den langen Gallefluß der
alten Schmerzen;

Vor dir, du armer Teufel, des ich gern gedenke,
fühlte ich alle Schnäbel, alle Kiefer der hackenden
Raben und schwarzen Panther, die einst mit solcher Wollust mich zerfleischten.

– Herrlich war der Himmel und spiegelglatt das
Meer; für mich war alles schwarz hinfort und
blutig, ach! und wie unter dichtem Leichentuch lag
mir das Herz begraben in diesem Sinnbild.

Auf deiner Insel, o Venus! fand ich aufrecht ragend
nur bedeutsam einen Galgen, an dem ich selbst im
Bilde hing... – Ah! Herr! verleih mir Kraft und
Mut, mein Herz und meinen Körper ohne Ekel zu
betrachten!

THOMAS MORUS

——

[Die Lage der Insel Utopia]

Aus: «Utopia»

Die Insel der Utopier dehnt sich in der Mitte, wo
sie am breitesten ist, zweihundert Meilen weit aus,
ist eine weite Strecke lang nicht viel schmäler und
spitzt sich dann gegen die beiden Enden hin allmählich zu. Die Küsten bilden einen wie mit dem
Zirkel gezogenen Kreisbogen von fünfhundert
Meilen Umfang und geben der ganzen Insel die
Gestalt des zunehmenden Mondes. Zwischen die
beiden Hörner dringt das Meer in einer Breite von
ungefähr elf Meilen, erfüllt die ungeheure Weite,
die von allen Seiten von Land umgeben und so, vor
Winden geschützt, wie ein riesiger See mehr still
als stürmisch ist, und macht fast die ganze Bucht zu
einem Hafen, der die Schiffe zum großen Vorteil
der Einwohner nach allen Richtungen ein- und
ausfahren läßt. Die Einfahrt ist auf der einen Seite
infolge von Untiefen, auf der anderen durch Klippen gefährlich. Ungefähr in der Mitte ragt ein
einzelner Felsblock empor, der aber ungefährlich
ist; auf ihm ist ein Wachtturm errichtet. Die übrigen Riffe sind verborgen und heimtückisch. Die
Fahrrinnen sind allein ihnen selbst bekannt; und so
kommt es nicht leicht vor, daß ein Fremder ohne
einen Lotsen der Utopier in diese Bucht eindringt,
zumal sie selbst kaum ohne Gefahr einlaufen könnten, wenn ihnen nicht bestimmte Zeichen vom
Strande her die Richtung anzeigten. Durch Verset-

392

Die Insel Utopia. Titelillustration von Ambrosius Holbein, der 1518 bei Johann Froben in Basel erschienenen Ausgabe. – Nach diesem «Nirgendland» des Staatsromans und des politisch-sozialen Wunschbildes, das in der Antike auf Platos Atlantis gesichtet worden war, brachen zahlreiche Autoren auf, welche die mannigfaltigsten Ideale – Anarchie, Kommunismus, Theokratie, Sozialismus – auf ihre Fahnen schrieben.

Raphael Hythlodaeus, der angebliche Begleiter des Amerigo Vespucci, erzählt Morus und Petrus Ägidius, Stadtschreiber von Antwerpen, in dessen Garten von der Insel Utopia. Holzschnitt aus der Basler Ausgabe von 1518.

zung dieser könnten sie leicht eine noch so große feindliche Flotte ins Verderben locken.

Auf der anderen Seite gibt es vielbesuchte Häfen. Aber überall ist die Zufahrt zum Lande so von Natur oder Menschenhand befestigt, daß sogar gewaltige Truppenmassen von wenigen Verteidigern abgewiesen werden können.

Übrigens war dieses Land, wie berichtet wird und wie der Augenschein zeigt, in alten Zeiten nicht vom Meere umgeben. Aber Utopos, dessen Namen die Insel trägt, während sie vorher Abraxa hieß, und der das rohe und wilde Volk zu der Gesittung und Bildung heranzog, durch die es jetzt fast alle Menschen übertrifft, ließ sofort nach seiner Landung und seinem Sieg die Erde dort, wo sie mit dem Festland zusammenhing, auf fünfzehn Meilen ausheben und umgab das Land so ringsum mit

Wasser. Da er zu dieser Arbeit nicht nur die Einwohner zwang, sondern außerdem alle seine Krieger heranzog, um die Arbeit nicht als Schmach ansehen zu lassen, und weil jene so auf eine große Menge Menschen verteilt wurde, ist das Werk mit unglaublicher Geschwindigkeit beendet worden. Und die Nachbarn, die anfangs über die Aussichtslosigkeit des Unterfangens gelacht hatten, packte angesichts des Erfolges Bestürzung und Bewunderung.

GUIDO GOZZANO

La più bella

I

Ma bella più di tutte l'Isola Non-Trovata:
quella che il Re di Spagna s'ebbe da suo cugino,
il Re di Portogallo, con firma suggellata
e bulla del Pontefice in gotico latino.

L'Infante fece vela pel regno favoloso,
vide le Fortunate: Iunonia, Gorgo, Hera,
il mare di Sargasso e il Mare Tenebroso
quell'isola cercando... Ma l'isola non c'era.

Invano le galee panciute a vele tonde,
le caravelle invano armarono la prora:
con pace del Pontefice l'isola si nasconde,
e Portogallo e Spagna la cercano tuttora.

II

L'isola esiste. Appare talora di lontano
tra Teneriffe e Palma, soffusa di mistero,
«l'Isola Non-Trovata». Il buon Canarïano
dal Picco alto di Teyde l'addita al forestiero.

La segnano le carte antiche dei corsari.
...Hisola da-trovarsi?... Hisola pellegrina?...
È l'isola fatata che scivola sui mari;
talora i naviganti la vedono vicina...

GUIDO GOZZANO

Die schönste . . .

I

Die schönste Insel aber ist die Nie-Entdeckte,
die Spaniens König einst von seinem Ohm empfing,
dem König Portugals, gesiegelt und verbrieft
in kirchlichem Latein vom Heiligen Vater.

Der Sohn ging unter Segel nach dem Sagenreiche;
er sah Kanarienland: Junonia, Gorgo, Hera
und die Sargassosee, das Meer der Finsternisse, –
die Insel suchend . . . Doch sie fand sich nicht.

Vergeblich kreuzten seine bauchigen Galeeren,
die Karavellen flogen vor dem Wind umsonst:
vom Papst gesegnet, hält die Insel sich noch heute
vor Portugal und Spanien verborgen.

II

Und doch, bisweilen taucht geheimnisvoll verhüllt
im Meere weit vor Teneriffa, weit vor Palma
die «Nie-Entdeckte Insel» auf. Der biedre Führer
weist sie dem Gast vom höchsten Kulm des Teide.

Die alten Karten der Korsaren zeigen sie:
. . . Ein Eiland unentdeckt? . . . Ein namenloses
                                        Eiland? . . .
Die Zauberinsel ist's, die auf den Meeren gleitet;
bisweilen sehn die Schiffer sie ganz nah . . .

Radono con le prore quella beata riva:
tra fiori mai veduti svettano palme somme,
odora la divina foresta spessa e viva,
lacrima il cardamomo, trasudano le gomme...

S'annuncia col profumo, come una cortigiana.
l'Isola Non-Trovata... Ma, se il piloto avanza,
rapida si dilegua come parvenza vana,
si tinge dell'azzurro color di lontananza...

Sie streifen mit dem Bug das selige Gestade,
wo Palmen zwischen nie geschauten Blumen ragen,
wo göttlich Lebenshauch aus dichtem Walde steigt,
wo Kardamom verströmt und Gummi tropft...

Sie ruft mit ihrem Duft wie eine Kurtisane,
die Nie-Entdeckte Insel... Doch dem Steuermann
entschwindet sie schon wieder wie ein Truggebilde
und nimmt die Farbe blauer Ferne an...

Der Pik von Teneriffa. Anonymer Stich, 1670.

Nachwort

«. . . und waren glücklich.»

Zu der im Titel enthaltenen Feststellung wird der Leser erst nach vielen Irrfahrten gelangen. Er soll sich, wenn er in diesem Band vor- oder rückwärts blättert, nur auf Schiffbrüche, Überraschungen aller Art, namentlich aber auf etliche Seiten voller Einsamkeit gefaßt machen, bevor er sein Ithaka sichtet. Inseln sind extreme Orte, und extreme Dinge sind dem Menschen darauf beschieden. Verbannung, gefallene Größe, Ächtung der Gesellschaft, des Schöpfers, letzte Verlassenheit; die «Inseln der Verzweiflung» unzähliger Robinsone, Grab der Giganten, der Macht, Sankt Helena oder Cayenne, Chamissos Salas y Gomez, das Lemurenreich von Melvilles «Verfluchten Inseln», diesem sichtbar gewordenen Nichts: «so mag die ganze Welt aussehen nach einem Flammen-Strafgericht». Aber zugleich idyllische Zufluchtsstätte, Erhöhung ins Göttliche, paradiesisches Glück: «wie die Leut», so lebt Simplicius auf Grimmelshausens Kreuzinsel, «in der ersten güldenen Zeit»; das sind die «Inseln der Seligen» in allen Epochen und Breitengraden, von den Phäaken bis zu Schützens «Land der Zufriedenheit» oder dem Land Orplid, «das ferne leuchtet» vor Mörikes Augen.

Wo die Gegensätze sich so berühren, kann sich ein jäher Umschlag vollziehen: Magie der Verwandlung wohnt auf den Inseln. Kirke mit den Säuen, Ariosts Alcina mit ihren verzauberten Jünglingen, die Sirenen und Caliban, die Venus-Insel, symbolhaftes Urbild, das immer wieder aus den Jahrhunderten auftaucht, Kythera, Zypern, von der Leonardo da Vinci («L'Isola di Cipro») sagt: «Quivi la bellezza del dolce colle invita i vagabondi naviganti ... Oh! quante navi quivi già son sommerse! ... Quivi i venti d'aquilone, resonando, fan vari e paurosi suoni.» Und Baudelaire (S. 387) findet in der Steinwüste nur noch einen Galgen.

Unsereiner liegt indessen ausgestreckt auf seiner Sessel- oder Sofa-Insel, oder auf einer Sommerwiese im hohen Gras und im Kerbel versunken, und treibt wie der Schiffbrüchige mitten im Ozean: ich schließe die Augen und bin ganz allein. Was liegt mir nun näher als ich? Jedermann kann jeden Augenblick auf dieser Insel landen: «Er selbst sein Nachbar, ach!», wie der Chor in Sophokles' «Philoktet» ruft – «und entbehrte des Schritts, und fand im Lande keinen Gefährten des Leids, in dessen Herzen die Klage widergetönt ...» Wenn nicht das Wunder der Antwort, des Gesprächs mit einem wirklichen Nachbarn den Einsamen aus dem Kerker seiner selbst erlöst, muß er im Wahnsinn verstummen, der ihn überall widerspiegelt, oder er muß dieses Gegenüber, weil es keines ist, durch Selbstmord zu vernichten suchen.

> O Einsamkeit, wo ist der Zauberschein,
> Den Weise in deinem Antlitz entdecken?
> Lieber inmitten von Nöten sein
> Als herrschen an diesem Ort der Schrecken.

Diese Verse von William Cowper, dem Homer-Übersetzer, stellt Hermann Ullrich an den Anfang seines Buches über Defoes Robinson Crusoe. Dem Gestrandeten kann aber auf seiner Insel auch eine Antwort zuteil werden: plötzlich enthüllt sich ihm, nicht mehr durch Zauberei, sondern im Geiste, im Licht der Gnade, göttlicher Liebe, wie man es immer genannt haben mag, etwas über, neben, unter seinem eigenen Wesen, es ist ihm fremd und doch vertraut, heißt dann Gott, die Welt, wird «Freitag» getauft; ist einfach, endlich: du. Das Übel, von dem Novalis sagt, daß es «isoliert und isolierend» sei, «das Prinzip der Trennung», ist nun von der Insel gewichen. Auf einmal ist sie vielmehr die Mitte, von der aus sich alle Verbindungen, alle Beziehungen spannen. Die Abgeschiedenheit verleiht die Kraft, das Universum zu ergründen. Hayy ibn Yaqzān, Ibn Tufails arabischer Robinson und Mystiker, gelangt von diesem äußersten Punkt aus bis in die unmittelbare Nähe Gottes. Aber auch unter den scheinbar diesseitigen, aufklärerischen Tendenzen, die man in manchen von Tatenlust und argloser Betriebsamkeit erfüllten Robinsonaden des 18. Jahrhunderts zu sehen gewohnt ist, wirkt noch verborgen, in tieferen Schichten, der uralte Wunschgedanke, demiurgengleich alles von vorn zu beginnen und eine neue Welt zu erschaffen. Es ist eine geistige Neugeburt, die sich immer wieder ereignet. In Stifters Erzählung «Der Hagestolz» ist die Insel der Ort, an dem der Abschluß gegen die Welt und die Erstarrung der enttäuschten Seele gebrochen werden durch die belebende Kraft der Liebe: und der junge Held, Viktor, zieht von der Insel – siegreich – in die weite Welt hinaus.

«Hat man sich nicht ringsum vom Meere umge-

ben gesehen», schreibt Goethe am 3. April 1787
nach seiner Landung in Palermo, «so hat man keinen Begriff von Welt und von seinem Verhältnis
zur Welt.» Was er von dieser Fahrt nach Sizilien
erwartete, der «Königin der Inseln», zeigt die Er-
wähnung des für sein Leben wie für seine Dichtung
wahrhaft prophetischen Traums der Fasanen-Insel,
von dem er bereits am 19. Oktober 1786 in Bolo-
gna berichtet hatte, nochmals am 29. März, bevor
er in Neapel in See sticht.

«... so muß ich meine Freunde an einen Traum
erinnern, der mir, es wird eben ein Jahr sein, bedeu-
tend genug schien. Es träumte mir nämlich: ich
landete mit einem ziemlich großen Kahn an einer
fruchtbaren, reich bewachsenen Insel, von der mir
bewußt war, daß daselbst die schönsten Fasanen zu
haben seien. Auch handelte ich sogleich mit den
Einwohnern um solches Gefieder, welches sie auch
sogleich häufig, getötet, herbeibrachten. Es waren
wohl Fasanen, wie aber der Traum alles umzubil-
den pflegt, so erblickte man lange, farbig beaugte
Schweife, wie von Pfauen oder seltenen Paradies-
vögeln. Diese brachte man mir schockweise ins
Schiff, legte sie mit den Köpfen nach innen, so
zierlich gehäuft, daß die langen bunten Feder-
schweife, nach außen hängend, im Sonnenglanz
den herrlichsten Schober bildeten, den man sich
denken kann, und zwar so reich, daß für den
Steuernden und die Rudernden kaum hinten und
vorn geringe Räume verblieben. So durchschnit-
ten wir die ruhige Flut, und ich nannte mir indessen
schon die Freunde, denen ich von diesen bunten
Schätzen mitteilen wollte. Zuletzt in einem großen

406

Hafen landend, verlor ich mich zwischen ungeheuer bemasteten Schiffen, wo ich von Verdeck
auf Verdeck stieg, um meinem kleinen Kahn einen
sichern Landungsplatz zu suchen.

An solchen Wahnbildern ergötzen wir uns, die,
weil sie aus uns selbst entspringen, wohl Analogie
mit unserem übrigen Leben und Schicksalen haben
müssen.»

Das Inselerlebnis sollte diese Entsprechung und
diese Erfüllung dem Dichter gewähren, der auf
Sizilien die «Odyssee» wieder aufschlägt und den
Plan zu einer Nausikaa-Tragödie faßt. Nicht nur
im Helena-Akt des «Faust», auch weit bis in andere
Werke, die auf den ersten Blick hier wohl entlege-
ner anmuten, wirkt die Entdeckung nach. Diese
ganze Welt ist unvergänglich in den fragmentari-
schen Versen verdichtet, die nach Jacob Burck-
hardt «zum Wunderbarsten und Lieblichsten gehören, was Goethe gesagt hat»:

Ein weißer Glanz ruht über Land und Meer,
Und duftend schwebt der Äther ohne Wolken.

Im gleichen Jahre, da Goethe auf Sizilien weilte,
1787, erschien in Deutschland ein Buch, dessen
Handlung am Schluß zwar an klassischen Stätten
der Antike auf Inseln spielt, Paros und Naxos aber,
sowie manchen andern leuchtenden Schauplatz aus
der mediterranen Welt, eher als literarischen Vor-
wand benützt, um ein kraftgenialisches Völkchen
sich möglichst frei und kühn in sonniger Meeres-
luft gebärden zu lassen. Es ist der Roman «Ardin-
ghello und die glückseeligen Inseln» von Wilhelm

Heinse, und die Verquickung von rokokohafter, wielandscher Frivolität und von Sturm und Drang, von ursprünglicher Sinnlichkeit und Poesie und zugleich von trockener Lehrhaftigkeit, die das Werk auf weite Strecken kennzeichnet, erinnert an einen Inselroman jüngeren Datums, «Die Insel der Großen Mutter oder Das Wunder von Ile des Dames, eine Geschichte aus dem utopischen Archipelagus» von Gerhart Hauptmann. Das seltsame Allerlei, mag es im einzelnen noch so verschieden sein von Heinses Buch, mutet am Ende doch fast ähnlich an in seiner künstlerischen Fragwürdigkeit. Echtes und Gelungenes steht auch hier ganz dicht bei dem bloß Gewollten und Angelesenen. In kulturhistorischer Hinsicht ist aber die Schilderung des modernen Insellebens überaus aufschlußreich: die Jahrzehnte dauernde Inflation der «Weltanschauungen» hat ihr papierenes Denkmal gefunden, und diese neuen Hohepriesterinnen von «Notre-Dame des Dames» (eines ihrer Heiligtümer) teilen dem Leser unter anderem mit «... wie und auf welche drastische Weise die Unsumme der subtilsten Probleme, die uns schlaflose Nächte gemacht haben, mit einemmal gelöst worden sind. Sie sind ganz einfach nicht mehr vorhanden. Oder gibt es für sie z. B. noch ernstlich die Frage: was ist besser, Republik oder Monarchie, Freihandel oder Zollschranken, Frauenemanzipation, aktives und passives Wahlrecht oder Knechtung der Frau? Ob man die Jesuiten nach Deutschland hereinlassen, ob der Militarismus eine fluch- oder segenbringende Sache ist? Ob Marées ein Maler und Böcklin keiner ist, oder Böcklin einer und Marées keiner? Und

dahinter der ganze Schwanz von Kunstfragen.»
Dafür erwachsen den Damen, darunter sogar einer
nüchternen Schweizerin namens Amanda Egli,
Dr. med., womöglich noch schlimmere Sorgen:
denn da sie nicht umhin können, neue Mysterien
und Religionen zu gründen, wissen sie in ihrem
vom täglichen Kampf nicht ums Brot, sondern um
den Mythos beherrschten Matriarchat bald nicht
mehr aus und ein zwischen Indien und Griechen-
land und all den ausgiebigen Emanationen der
Gottheit, deren Prophet – doch nicht einmal das
steht fest – vorerst der einzige Knabe und Mann auf
der Insel ist.

In diese Jahre (das Buch kam 1924 heraus) fällt
übrigens die Entdeckung Bachofens durch breitere
intellektuelle Kreise. Aber auch ohne so tief zu
schürfen, finden wir, wenn nicht mutterrechtliche,
so doch «weibliche» Inseln genug, und in den
verschiedensten Stilarten: da ist zum Beispiel
die reizende anakreontische «Mädcheninsel» von
Ramlers Freund, dem Pfarrer Johann Nikolas
Götz, an dessen Versspielerei Friedrich der Große
soviel Gefallen fand, daß er dieses «elegische Gedicht» als einziges in seiner Schrift «De la littéra-
ture allemande» wegen der «klangvollen Laute»
und der «Verse voll Geist» lobt. Von Anfang an ist
hier Aphrodite am Werk:

Welche Gottheit belebt die Felsen der einsamen
                                    Insel,
  Wo mein neidisches Los mich Gescheiterten
                                    hält? –
Die du Paphos regierst, und noch in Idalions
                                    Hainen

Süßen Opfergeruch jeden Morgen empfängst,
Mutter der Wollust und Ruh, laß diesen Felsen
entspringen
Mädchen von seltenem Reiz, deinen Grazien
gleich;
So voll Anmut, wie deine Gefährtin, die
blühende Hebe,
Und der geistige Scherz, der dir den Busen
bewacht!
Ich, mit Amaranten bekränzt, ihr Priester und
König,
Geh' durch die selige Flur unter ihnen einher,
Und beherrsche sie sanft, statt eines silbernen
Zepters,
Mit dem duftenden Zweig, welchen die Myrte
gebar.

Zeus sieht neidisch sein Glück, «schüttelt die Lok-
ken und schwört: Dieser ist sel'ger als ich!». Jeder
Sterbliche wird ihm da beipflichten; und welchen
schöneren Tod könnte sich einer wünschen:

Bis ich endlich, so alt als Tithon, dem Leben
entfalle,
Sanft wie der Pfirsich dem Zweig, der ihn
geboren, entfällt.

Dann aber schreibt «Bruder Amor, betrübt, daß
ihm sein Lehrer gestorben», durch das «Cyprische
Reich eilend» ein Trauerfest aus; und Athamas, der
hundertjährige Jüngling, «dessen Reden und Tun
immer voll Grazie war», wird mit zwei Tafeln
«voll Liebesgesetz» in den Händen aufgebahrt; und
dem Leichenzug folgen die sittsame Zucht, der Jo-

kus, die Freundschaft, die Musen und die Grazien,
und aus den Tränen, die sie aus Liebe vergießen,

Wächst ein wimmelndes Heer junger Amorn
hervor,
Schlank gebildet, die Schwingen mit Purpur und
Golde verbrämet,
Eines freudigen Tuns, voll von Feuer und
Geist.
Diese vermählet vor meinem Altar mit meinen
Gespielen
Hymnen in goldenem Schmuck, mit der
Fackel bewehrt. –
Mädcheninsel, so wirst du bevölkert; so schwingt
sich mein Name
Zu den Vätern der Welt, zu den Lykurgen
hinauf.

Sollten diese Mädchen, was kaum wahrscheinlich
ist, ein gewichtigeres Regiment auf ihrer Insel
führen wollen, so würden sie allenfalls nicht mehr
Ideologie bemühen, als in einer Modeschau davon
vorhanden ist, wie sie Johann Gottfried Schnabel in
seiner Utopie «Die Insel Felsenburg» sogar mit
seinen militärisch gedrillten und uniformierten
Damen aufzuziehen wußte. Er nennt es zwar selbst
eine Komödie, die auf der fernen Insel «unsere
europäischen Herren Landsleute» angestiftet hätten, versichert aber, daß es doch «eine unvergleich-
liche Lust» gewesen sei, wenn das wohlansehnliche
Regiment zu Fuß Parade stand: «denn unter den
schwarzen Hauben oder sogenannten Grenadier-
mützen guckten gemeiniglich ein Paar schöne Au-

Grundriß der Insel Felsenburg. Erstausgabe von 1731.

gen hervor, die dem Anschein nach recht feurige Pfeile führten, um ihren Feind damit zu verletzen».

Das ist eine kleine Szene aus einem berühmten und im übrigen sehr ernst gemeinten «irdischen Paradies» des 18. Jahrhunderts. Schnabels Werk, ein Bestseller seiner Zeit, erschien 1731, der letzte Band 1743; es gehörte zur Jugendlektüre Goethes, und viele Dichter, von K. Ph. Moritz bis tief in die Heidelberger Romantik, bis zu Ludwig Tieck, der fast ein Jahrhundert nach der Erstausgabe, 1828, eine Neubearbeitung veröffentlichte, berichten von dem tiefen Eindruck, den diese Utopie in ihren Herzen hinterlassen hat. Der Titel des Originals (Tiecks Bearbeitung gab dem Werk seinen heute gebräuchlichen Namen, «Die Insel Felsenburg») lautete: «Wunderliche Fata einiger See-Fahrer, absonderlich Alberti Julii eines gebohrnen Sachsen.« Dieser Alberti Julius wird zum Stammvater eines ganzen Volkes, das auf der Insel eine neue Gemeinschaftsform und eine neue Kultur errichtet. Robinsonade und Utopie sind gattungsmäßig oft kaum zu unterscheiden; in Schnabels Werk treten die mannigfaltigsten Motive auf: der asylhafte Charakter des Eilandes, der Abschluß gegen die von Kabale erfüllte Welt Europas, die Gefühlsseligkeit (1722 gründete Graf Zinzendorf die Herrnhuter Brüdergemeine), also typische Motive des 18. Jahrhunderts, daneben aber solche der Utopie schlechthin, der messianischen Hoffnung oder der Erinnerung an ein Goldenes Zeitalter; Zukunft oder Vergangenheit, die nun zur Gegenwart wird. Diese Sehnsucht ist immer lebendig und bringt die erhabensten wie die trivialsten Bilder hervor. Das neuplatonische Paradies auf Ceylon oder Heines Bimini heißen heute Bali oder Honolulu; und wer nicht ins Kino geht, dem wirft die moderne Flaschenpost, die Tageszeitung, deren Nachrichtensprache oft ebenso sagenhaft klingt, als käme sie von einer fernen Insel, dann und wann eine Meldung wie diese ins Haus:

Eine glückliche Insel!

Sidney, 6. Dezember. Ag. (Reuter.) Die Mannschaft eines kleinen Dampfers, der am Montag in Sidney eintraf, behauptete, im Pazifischen Ozean die Insel «Utopia» entdeckt zu haben, deren 900 Bewohner nicht einmal wissen, daß ein Krieg stattgefunden hat. Die Bevölkerung kennt keine Politik, keine Inflation, keine Steuern und keine weltpolitischen Ideologien. Die Frauen tragen ihr Haar kurz, während die Männer lange, gebleichte Haare besitzen. Dieses Paradies auf Erden heißt Tikoteia-Insel, ist fünf Kilometer lang und zwei Kilometer breit und liegt 450 Seemeilen ost-südöstlich der Salomonen.

Das las man spät in den vierziger Jahren, als der Zweite Weltkrieg auch im Fernen Osten schon seit einiger Zeit zu Ende gegangen war. Bald darauf begannen die Reiseagenturen ihr Geschäft mit erneutem Elan zu betreiben, und fast sprichwörtlich wurde die Geschichte des in Tränen aufgelösten Kindes, das nach der verstorbenen Großmutter fragt. «Ja, wo sie jetzt ist? Nun, jetzt ist sie dort, wo wir alle mal hinkommen.» – «Aha – also Mallorca!»

In der Tat, nicht gerade alle, aber doch sehr viele suchen heute Inseln auf, und wem die Balearen zu billig sind, der leistet sich leicht die Bermudas oder die Seychellen. Zu entdecken gibt es wohl nichts mehr; aber kaufen, heißt es, können sich die Allerreichsten immer noch etwas Apartes irgendwo, mit Wogen drum herum und komfortabel.

Dennoch gibt es ein Jahrhundert, das vor allen andern als der wahre Frühling der Inseln und der Robinsone bezeichnet werden muß. Es ist das Jahrhundert Defoes und Rousseaus, des «Robinson Crusoe», des «Emile» und der «Träumereien eines einsamen Spaziergängers». Von der St.-Peters-Insel, im fünften Spaziergang, reicht der Blick vom Bielersee bis an die Mündung des Orinoko, und vor uns steht plötzlich ein bärtiger Mann.

«Kuck dir mal den Herrn da an, der dich so freundlich ansieht. Das is Robinson.»

«Haha.»

414

«Ja, Junge, warum lachst du? Glaubst du's nich, wenn ich dir sage, das is Robinson?»

«I bewahre, Vater. Robinson, *den* kenn ich. Robinson hat nen Sonnenschirm und ein Lama. Un der is auch schon lange dod.»

So heißt's in Fontanes «Der Stechlin»; wie der Knabe, der diese Worte spricht, kennen auch wir unsern Robinson. Das Buch, das seine Geschichte erzählt, soll neben der Bibel immer noch das weitaus am meisten verbreitete auf der Welt sein. Am 23. April 1719 wurde in die Register von Stationers Hall, der Buchhändlergilde zu London, auf den Namen des Verlegers William Taylor ein Werk eingetragen, dessen ausführlicher Titel lautete: «The Life and Strange Surprizing Adventures of Robinson Crusoe, of York, Mariner: Who lived Eight and Twenty Years, all Alone in an un-inhabited Island on the Coast of America, near the Mouth of the Great River of Oroonoque; Having been cast on Shore by Shipwreck, wherein all the Men perished but himself. With an Account how he was at last as strangely deliver'd by Pyrates. Written by Himself.»

Am 25. April 1719 kam das Werk in den Buchhandel; am 12. Mai erschien die zweite, am 6. Juni die dritte und am 8. August die vierte Auflage. 1720 wurde es bereits ins Französische, Deutsche, Holländische übersetzt; weitere Übersetzungen in die verschiedensten Sprachen, bis ins Kanaresische (1854), Maltesische (1857), Sundanesische (1879) folgten, und die Nachahmungen, alle die nationalen Robinsone, der «Americanische Robinson», der «Teutsche Robinson», der «Holländische Robinson», der «Schweizerische Robinson», der Sächsische und der Jüdische und der Medizinische, «Le Robinson des Demoiselles», von Woillez, und sogar der Schaffhauserische Robinson (von Auer, 1840 wurde das Büchlein veröffentlicht) sind Legion. Drei Jahre nach dem Erscheinen des Originals, 1722, heißt es bereits im «Avertissement des Sächsischen Robinson»: «Das Wort Robinson hat seit einiger Zeit bey Uns Teutschen eben die Bedeutung angenommen, die sonsten das Frantzösische Wort Avanturier hat, welches einen Menschen anzeiget, der in der Welt allerhand außerordentlichen Glücks- und Unglücksfällen unterworffen gewesen.»

An dieser Gestalt, die schon ungezählte Kommentare und Deutungen hervorgerufen hat, deren Reiz aber so unmittelbar-natürlich die Phantasie bezaubert, daß ihre unabsehbare Wirkung auf alle Generationen sich eigentlich von selbst versteht, läßt sich eine bemerkenswerte geistesgeschichtliche Entwicklung ablesen: Robinson, der auf seiner Insel ein kleines zivilisiertes Europa errichtet, bevor er nach Hause, zum Original seiner Möbel, Gerätschaften und Maschinen zurückkehren darf, dieser Robinson wird sich nur wenige Jahrzehnte später nachdenklich zu fragen beginnen, ob er nicht lieber auf seiner Insel geblieben wäre. So läßt ihn Adam Oehlenschläger in dem Lustspiel «Robinson in England» ausrufen:

Ach! warum blieben
Wir nicht auf unsrer Insel? Warum liefen
Wir aus dem Dickicht, als wir Menschen sahn?
Um aus dem Paradies gejagt zu werden?

416

Was sucht' ich hier? Das liebe Vaterland?
Was ist das eigentliche Vaterland?
Die Eltern, Brüder, Schwestern, eine Hütte,
Ein Dutzend Freunde und die Jugendgegend.
Wo ist das jetzt? Tot oder ganz verändert.
Ein halb Jahrhundert hat die ganze Welt
Verwandelt, selbst die Sprache. Besser kannt' ich
Die Rind' in meiner Insel alten Bäumen,
Als diese kalten, grämlichen Gesichter,
Die steinern auf den Straßen mir begegnen;
Denn freundlich nickte doch der Wipfel oft.
Ich war ein König dort in meinem Reiche,
Wie Adam einst im Paradies; nie fand
Ich meine Eva; aber auch kein Kain
Hat tückisch grausam mir das Herz betrübt...

Noch ist der «gute» Wilde des 18. Jahrhunderts bei
ihm, der versöhnlich spricht: «Auch unter Kannibalen gibt es Menschen, wie's unter Menschen
Kannibalen gibt.» Wäre jedoch der schwarze Will
nicht in eine schöne Engländerin verliebt (ihr «Lächeln und der Blick schmilzt wunderbar / Mein
Herz und flößt ihm eine Sehnsucht ein, / Die
nimmer ich als Karaib gefühlt, / Nur dort die
starken Riesenweiber kennend / Mit frechem Wol-
lustblick und Blutkorallen / Tief um die nackte
Brust»), wäre er also nicht um der blonden Betty
willen an England gebunden, so empfände vielleicht gar auch dieser melodramatische Freitag ein
wenig Sehnsucht nach seinem Eiland, wo die «Andern bey dem grausen Mahle sich gräßlich freuten», während er still entfernt auf einem Felsen saß:
«Die Ellenbogen an das Knie gestemmt / Die Hand

die Wange fassend; weinend saß ich / Und starrte so ins falbe Abendroth».

Es dauert jedoch nicht mehr lange, bis die Robinsone sich nicht einmal erst zurückbegeben wollen nach dem zivilisierten Europa; sondern nun fliehen sie, fliehen auf immer und sterben wie Gauguin auf irgendeinem Tahiti. Am anmutigsten hat ein französisches Mädchen, Jean Giraudoux' Suzanne, den Vorwurf ausgesprochen, den die Nachwelt gegen den guten Robinson mit seiner ganzen europäischen Betriebsamkeit erhebt, die die Leser des 18. Jahrhunderts so entzückte. Wie Oehlenschläger, der in seinem Lustspiel Defoe nahezu des Plagiats bezichtigt und Selkirk persönlich auftreten läßt, obwohl, wie heute feststeht, der Dichter aus Selkirks Abenteuern nur die Idee für sein Werk gewann, keinerlei Dokumente oder Unterlagen, hebt übrigens auch Giraudoux an der dichterischen Robinson-Gestalt den «realen» Namen hervor, den ihr Defoe in seiner Geschichte verleiht: Kreutzer, daraus dann, anglisiert, Crusoe; der zwar in York geboren ist, aber aus einer aus Bremen eingewanderten Familie stammt. Die Identitätsfrage, bei der verwickelten Polemik um die Robinson-Gestalt Defoes, tut hier nichts zur Sache. Lesen wir lieber die Stelle in «Suzanne et le Pacifique» nach; Suzanne hat auf ihrer Insel das berühmte Buch gefunden, das der Sturm von einem untergegangenen Schiff ans Ufer spülte, und schreibt nun in einem imaginären Brief nach Europa ihre Gedanken nieder: «... dieser vernunftbessene Puritaner, der von der Gewißheit durchdrungen war, der einzige Spielball der Vorsehung zu sein, vertraute sich ihr keinen Augenblick an. Unablässig, während achtzehn Jahren, als wäre er immer noch auf seinem Floß, knüpfte er Schnüre, sägte er Pfähle, nagelte er Bretter zusammen. Dieser beherzte Mann zitterte ständig vor Furcht und wagte es erst nach dreizehn Jahren, seine gesamte Insel zu erkunden. Dieser Matrose, der von seinem Vorgebirge mit bloßem Aug' den Dunst eines Kontinents erkennen konnte, verfiel kein einziges Mal, während ich schon nach wenigen Monaten in der ganzen Inselgruppe herumgeschwommen war, auf den Gedanken, dorthin aufzubrechen. Er war so ungeschickt, daß er sich Boote mitten im Innern der Insel aushöhlte und immer mit seinen Schirmen bewehrt auf dem Äquator wie auf einem gespannten Draht herumlief. Er war so pedantisch, daß er die Bezeichnungen aller unnützesten Gegenstände auswendig wußte, die es in Europa gab, und hatte keine Ruhe, bis er alle Berufe und Handwerke erlernte. Er benötigte einen Tisch zum Essen, einen Stuhl zum Schreiben, Schubkarren, zehn verschiedene Sorten von Körben (und war ganz untröstlich darüber, daß ihm eine elfte Sorte nicht geraten wollte), er mußte eine größere Anzahl von Netzen für seine Vorräte besitzen, als sich eine Hausfrau an Markttagen wünscht, dreierlei Sicheln und Sensen, dazu ein Sieb und Schleifsteine und eine Egge und einen Mörser; und erst noch ein anderes Sieb. Und Krüge, viereckige, ovale und runde, und Schüsseln, und einen Rasierspiegel und alle möglichen Pfannen. So stopfte er schon seine arme Insel, wie seine Nation später die halbe Welt, mit billigem Geschirr und mit Blech voll...

Nie steckte er in einer Anwandlung von begeisterter Gottesliebe seine Festung in Brand, dachte nie an eine Frau, hatte kein tieferes Ahnungsvermögen, keinen Instinkt. So war es denn ich, die jeden Augenblick das Wort ergriff, um ihm Ratschläge zu erteilen und ihm zu sagen: ‹Nun geh doch links, nun geh doch rechts hinüber! Nun setz dich, leg dein Gewehr, leg Schirm und Stock ab. Du bist auf einem Vorgebirge, Papageien umflattern dich; so schreib doch ein paar Verse... Was tut es schon, wenn du an deinem Regenschirm und an dem kleinen und dem großen Sonnenschirm die Sprungfeder nicht vervollkommnen kannst, die sie geschlossen hält; laß sie am Rand der Wälder stehen, in denen du damit nicht weiterkommst. Denk lieber an mich: ich hätte, um dir einen Streich zu spielen, nicht den Fuß, sondern meine Hand in den Sand gedrückt und wäre verschwunden. Was hättest du wohl beim Anblick dieser Frauenhand gesagt...›

So las ich die ganze Nacht, bis zum Augenblick, da Freitag, über und über schwarz, zusammen mit dem Morgenlicht erschien...

Alles, was Freitag dachte, dünkte mich selbstverständlich, was er tat, seinem Zweck entsprechend; er brauchte keine Ratschläge. Die Vorliebe für Menschenfleisch, die er noch ein paar Monate behielt, konnte ich ihm nachfühlen. Von jedem leisesten Schritt, den er nicht auf Robinsons gewohnten Wegen tat, wußte ich gleich, daß er zu einer Quelle oder einem Schatz geführt hätte; und alles, zu dessen Vollendung dieser besessene Kreutzer Jahre benötigt hatte, war durch seine bloße

Gegenwart nun gerechtfertigt. In der Tat, wie süß mußte das sein, Freitag die schöne steinerne Einfriedung zu zeigen, ihm beizubringen, wie man Bohnen schält in der Schüssel Nummer vier, wie der Regenschirm auf- und zugeht, wie man das Fleisch durch eine Vorrichtung von sechs Bratspießen und zwei Schnüren überm Feuer wendet. Und Gott, wie wendet Er sich zu und ab? Und die Dreifaltigkeit, wie ist sie Drei und Eins zugleich? Freitag die Unsterblichkeit zu lehren, Aug' in Aug', sie ihm einzuhauchen in seinen Mund wie das Leben einem Ertrunkenen; sich mitzufreuen über seinen ersten Sieg über die sterblichen Tiere und Bäume, ihm zuzusehen, wie er von Mitleid ergriffen einen Baobab mit der Hand streichelt, der in tausend Jahren absterben wird ...

So kommt es, Simon, denn es liegt mir daran, meinen Brief mit einem sinnigen Gedanken zu schließen, wie man es uns im Pensionat lehrte, daß mein traurigster Tag auf der Insel der Tag war, als Robinson zu mir stieß.»

Robinson mit dem Schirm! Auch daran hatte das 18. Jahrhundert seine helle Freude. Vielleicht weil es dieses nützliche, heutzutage offenbar etwas lächerlich wirkende Instrument zusammen mit den Chinoiserien gleichsam wiederentdeckt hatte; jedenfalls gibt es wenige Robinsonaden der Blütezeit, in denen gerade der selbstverfertigte Schirm in Wort und Bild nicht besonders hervorgehoben wäre. Hier darf in unserer Sammlung die Insel der Regenschirme nicht fehlen: der Seefahrer, der sie als erster beschrieben hat, ist der italienische Autor

Vignette aus der ersten, 1720 datierten, französischen Übertragung von «Robinson Crusoe».

Achille Campanile (in seinem Roman «Chiara-
stella», 1934): «Zum fünften Mal erlitt ich Schiffbruch und wurde auf die Insel der Regenschirme
verschlagen. Ich wußte nicht, daß es dieses Land
gibt. Es ist eine unbekannte Insel im Pazifischen
Ozean. Die seltsame Tatsache war mir zwar oft
schon aufgefallen, daß jedermann irgendwann einmal seinen Regenschirm verloren hat und daß es
keinen Menschen gibt, der den Verlust mindestens
eines solchen nicht beklagte. Niemand aber hat je
einen Regenschirm gefunden. Wo geraten bloß die
tausend und aber tausend Regenschirme hin, die
auf der ganzen Welt verlorengehen? Diese Frage
hatte mich oft nachdenklich gestimmt, und es war
mir nie gelungen, eine Antwort darauf zu finden.
Das Rätsel klärte sich auf, als ich an jenen Strand
geworfen wurde: die verlorengegangenen Regenschirme kommen schließlich allesamt dorthin und
leben in völliger Freiheit auf der Insel. Sie sind
deren einzige Bewohner. Es regnet dort ununter-
brochen, im Sommer wie im Winter, im Frühling
wie im Herbst, und die Tage reihen sich grau in
grau, einförmig aneinander in ewig gleicher Trost-
losigkeit. Unaufhörlicher Regen fällt auf die Insel,
überschüttet das breite exotische Laub, trommelt
darauf herum, füllt die blassen Glockenkelche der
seltsamen Blumen bis an den Rand, bis der Wind
sie kippen läßt... Alles tropft und trieft von Nässe.
Von Zeit zu Zeit grollt ein mächtiger Donner über
die Insel hin. Dann vernimmt man nur noch das
feine, unendliche Rauschen des Regens weit durch
das völlig verödete Land...

Auf diese menschenleere Insel kommen die ver-

lorengegangenen Regenschirme und finden sich
hier in ihrem wahren Element. Sie öffnen sich, wie
schwarze Blüten, wenn der Morgen graut. Überall
sieht man sie rüstig voranschreiten; sie sind dunkel
und glänzen, und wenn sie einander begegnen,
bleiben sie stehen und bilden kleine Gruppen, dann
spazieren sie, offen und triefend, über die Felder,
stapfen ins Gebirge, lustwandeln in den lichten
Hainen, den Flüssen entlang oder am Strande hin
und her.

Auf den Wiesen halten sie Versammlungen ab.
Manchmal sieht man einen Herrenschirm (häufig
ist es dann eine ausgesprochen dubiose Erscheinung), der einem Damenschirm nachsteigt und
anzubändeln sucht. Oft sieht man auch einen Her-
ren- und einen Damenschirm zusammen spazieren, die von einem ganzen Gewimmel von winzigen Regenschirmchen umgeben sind. In den abgelegenen Straßen wandeln indessen langsam unter
den Bäumen Paare von Regenschirmen.

Das beliebteste Vergnügen auf dieser Insel besteht für die Regenschirme darin, bei Trauerfeiern
den Leichenzügen zu folgen. Da sie die einzigen
Bewohner der Insel sind, finden niemals Begräb-
nisse statt. Die Regenschirme machen einander
aber selber vor, daß es solche gäbe, und sie haben
den größten Spaß, daran teilzunehmen. Sie ver-
sammeln sich in dichten Gruppen und brechen
dann langsam und schwankend auf; einer versucht,
sich unauffällig bis in die vordersten Reihen vorzu-
schieben, andere tun sich paarweise zusammen und
folgen ein wenig abseits dem Zuge. Dann bleiben
sie irgendwo stehen, ein Regenschirm wirft sich in

Vignette aus «Le Petit Hermite ou le Nouveau Robinson» du Chanoine Schmid. Die Werke des Jugendschriftstellers Christoph v. Schmid (1768–1854), Domkapitular zu Augsburg, waren auch in Frankreich so beliebt, daß 1833 eine 22 Bändchen umfassende Übersetzung davon erschien. Schmid nennt seinen Robinson «Gottfried» («Gottfried, der junge Einsiedler»).

Positur, als hielte er eine Trauerrede, und die anderen verharren still im strömenden Regen wie eine dichte schwarze Menge und hören ihm zu. Dann grüßen sie sich alle gegenseitig, und jedermann geht seinen eigenen Weg.»

Tun wir dasselbe. Die Reise endet bald. «Das Fleisch ist trostlos, ach! und ich hab' alle Bücher gelesen», sagt Mallarmé in seinem Gedicht «Seebrise», in dem auch von Schiffbrüchigen die Rede ist, die *keine* Inseln finden. Nein, wir haben nicht alle Bücher gelesen, nicht alle erwähnt; es gibt noch so viele, Sagen, Romane, Gedichte, Utopien und Robinsonaden, Idyllen, Satiren, Allegorien, die Inseln des literarischen Exotismus und des surrealistischen «dépaysement»; von Swift, Fénelon, Foigny bis France und Verne oder Conrad, Hugo und Sand und Loti, und Verga und Vittorini und William Golding, mit seinem Meisterwerk «Lord of the Flies» – halt, statt noch so mancher berühmterer Namen nur noch den einen: R. M. Lockley; er hat in seinem Büchlein «Islands round Britain» den unvergeßlichen Satz geschrieben: «There is something about a small island that satisfies the heart of man.» So viele weiße Flecken auf unserer Karte! Die schönste Insel werden wir doch nicht finden; und sie ist darum die schönste, sagt Guido Gozzano, weil wir sie nicht finden: «Ma bella più di tutte l'Isola Non-Trovata...» (S. 396)

Sie liegt wohl am nächsten vor uns, auch mitten im Festland, an einem See wie in Zürich, wo Rudolf Jakob Humm in seinem Kindheitsroman «Die Inseln» zwar nicht die Meeresgezeiten schla-

gen spürt, aber etwas Ähnliches wie die rauschen-
den «intermittences du cœur» von Prousts verlo-
rener und wiedergefundener Zeit; oder dort, im
Café, wo Albin Zollinger seine «Zimmetinseln»
entdeckte (S. 102).

So kehre ein jeder an diesen seinen Strand zurück,
mag er an einem Meer, einem See oder auch nur
einem Bach liegen. Bei uns, in der Schweiz, in
Aarau, ist es einfach «dr Bach», aber für die Kinder,
die ihn mit Zweigen und brennenden Lichtern an
seinem Festtag vor dem Städtchen, wohin es uns
verschlagen hat, abholen und singend im Umzug
ein Stück weit begleiten, ist «dr Bach» noch immer
ein Strom und ein Ozean. Und vielleicht nicht weit
von hier hat Robert Walser («Die Insel») sein Paar
aus Berlin, das zum Abschied dem Leser freundlich
als Vorbild empfohlen sei, schon halb im Märchen-
land angesiedelt: «Ein Hochzeitspaar aus Berlin
ging auf die Reise. Die Fahrt war lang ...» Und die
beiden kommen in eine Stadt, in ein Schloß, in ein
Schneegestöber, sie kommen bis nach Venedig
hinunter; aber es findet sich nirgends ein ruhiges
Plätzchen für die armen jungen Leute. Endlich aber
erblicken sie «aus der Ferne, mitten in einen anmutigen See gelegt, eine liebliche, hellgrün schimmernde Insel, auf diese steuerten sie zu, und dort
fanden sie es so schön, daß sie nicht mehr fort
konnten. Sie blieben auf der Insel wohnen ... Dort
logierten sie und waren glücklich.»

Federico Hindermann

QUELLENNACHWEIS

Alvaro, Corrado (1895–1956)
Das sagenumwobene Inselreich. Aus: Corrado, «Itinerario italiano». © Verlag V. Bompiani, Mailand 1941.

Bacon, Francis (1561–1626)
[Neu-Atlantis.] Aus: «Der utopische Staat», hrsg. von Klaus J. Heinisch. © Rowohlt Verlag, Reinbek 1960.

Baudelaire, Charles (1821–1867)
Eine Reise nach Cythera (Die Blumen des Bösen, CXVI). Aus: Baudelaire, «Sämtliche Werke/Briefe», Band 3. © Carl Hanser Verlag, München und Wien 1975.

Benn, Gottfried (1886–1956)
Osterinsel; Palau. Aus: Benn, «Sämtliche Werke», Stuttgarter Ausgabe, Band 1. © Klett-Cotta, Stuttgart 1986.

Čapek, Karel (1890–1938) und Josef (1887–1945)
Die Insel. Aus: Čapek, «Zářivé hlubiny a jiné prozy» («Leuchtende Tiefen und andere Prosa»), Prag 1916. © Dilia, Agentur für Theater und Literatur, Prag.

Chamisso, Adelbert von (1781–1838)
[Die Insel Salas y Gomez.] (Aus: «Reise um die Welt», II. Teil); *Salas y Gomez.* Aus: Chamisso, «Sämtliche Werke in zwei Bänden», Band 1 und 2, München und Wien 1982.

Cowper, William (1731–1800)
Ein Gedicht, das Alexander Selkirk während seines einsamen Aufenthalts auf der Insel Juan Fernandez verfaßt haben könnte. Aus: Cowper, «The Poems of William Cowper», Band 1, Oxford 1980.

429

Eichendorff, Josef von (1788–1857)
Die Brautfahrt. Aus: Eichendorff, «Eichendorff Werke», Stuttgart 1953.

Fukazawa, Shichirō (1914–1987)
Nanking-Bübchen. Aus: Fukazawa, «Mittsu no echūdo» («Drei Etüden»). Erstmals in der Zeitschrift «Chisei», 1957. © Erbengemeinschaft Shichirō Fukazawa und «Japan Foreign-Rights Centre», Tokio.

George, Stefan (1868–1933)
Der Herr der Insel. Aus: George: «Werke», Band 2. © Klett-Cotta, Stuttgart 1984.

Gozzano, Guido (1883–1916)
Die schönste . . . Aus: Gozzano, «I colloqui e altre poesie», Mailand 1936.

Grenier, Jean (1898–1971)
Die Borromäischen Inseln; Die Osterinsel. Aus: Grenier, «Die Inseln». © Suhrkamp Verlag, Frankfurt a. M. 1985.

Hölderlin, Friedrich (1770–1843)
Der Archipelagus. Aus: Hölderlin, «Sämtliche Werke», Band 2, Stuttgart 1951.

Larbaud, Valery (1881–1956)
Die große Zeit. Aus: Larbaud, «Kinderseelen», Wiesbaden 1963. © Limes Verlag im Ullstein Verlag, Berlin.

Lawrence, David Herbert (1885–1930)
Der Mann, der Inseln liebte. Aus: Lawrence, «Meisternovellen», Manesse Verlag, Zürich 1953.

Loerke, Oskar (1884–1941)
Die Erschaffung der Insel. Aus: Loerke, «Gedichte und Prosa», Band 1. © Suhrkamp Verlag, Frankfurt a. M. 1958.

Mallarmé, Stéphane (1842–1898)
Seebrise. Aus: Mallarmé, «Œuvres complètes», Paris 1945.

Marvell, Andrew (1621–1678)
Bermudas. Aus: Marvell, «The Poems and Letters of Andrew Marvell», Oxford 1951.

Melville, Herman (1819–1891)
Die Hood-Insel und der Eremit Oberlus. (Aus: «Die Encantadas». Neunte Skizze) Aus: Melville, «Redburn, Israel Potter und sämtliche Erzählungen». © Winkler Verlag, München 1967.
Die seligen Inseln. Aus: Melville, «The Complete Works of Herman Melville», Band 14, Chicago 1947.

Morus, Thomas (1478–1535)
[Die Lage der Insel Utopia.] Aus: «Der utopische Staat», hrsg. von Klaus J. Heinisch. © Rowohlt Verlag, Reinbek 1960.

Neruda, Jan (1834–1891)
Der Vampir. Aus: Neruda, «Arabesky» («Arabesken»), Prag 1888.

Poe, Edgar Allan (1809–1849)
Die Feeninsel. Aus: Poe, «Gesammelte Werke», Band 1, München 1922.

Polo, Marco (1254–1324)
Die Insel Klein-Java; Die Männer-Insel und die Frauen-Insel; Die Insel Scotra. Aus: Polo, «Il Milione. Die Wunder der Welt», Manesse Verlag, Zürich 1983.

Prischwin, Michail (1873–1956)
Die rettende Insel. Aus: Prischwin, «Geheimnisse des Waldes». © Alfred Holz Verlag, Berlin 1952.

Rousseau, Jean-Jacques (1712–1778)
Fünfter Spaziergang. (Aus: «Die Träumereien eines einsamen Spaziergängers») Aus: Rousseau, «Selbstbildnis. Auswahl aus den autobiographischen Schriften», Manesse Verlag, Zürich 1960.

Sienkiewicz, Henryk (1846–1916)
Der Leuchtturmwärter. Aus: Sienkiewicz, «Meistererzäh-lungen», Manesse Verlag, Zürich 1986.

Stevenson, Robert Louis (1850–1894)
Die Insel der Stimmen. Aus: Stevenson, «The Complete Short Stories of Robert Louis Stevenson», New York 1969.

Supervielle, Jules (1884–1960)
Das Kind vom hohen Meer. Aus: Supervielle, «Das Kind vom hohen Meer und andere Erzählungen», Manesse Verlag, Zürich 1980. © Gallimard, Paris 1930.

Tennyson, Alfred (1809–1892)
Maeldunes Seefahrt. Aus: Tennyson, «The Poems of Tennyson», London 1969.

Walser, Robert (1878–1956)
Die Insel. Aus: Walser, «Das Gesamtwerk», Band 2. © Suhrkamp Verlag, Zürich und Frankfurt a. M. 1978, mit der Genehmigung der Inhaberin der Rechte, der Carl-Seelig-Stiftung, Zürich.

Wells, Herbert George (1866–1946)
Die Äpyornis-Insel. Aus: Wells, «Das Kristall-Ei. Er-zählungen». © Paul Zsolnay Verlag, Wien/Hamburg 1979, und die Erbengemeinschaft H. G. Wells.

Yeats, William Butler (1865–1939)
Die See-Insel von Innisfree. Aus: Yeats, «William Butler Yeats Werke», Band 1. © Luchterhand Verlag Darm-stadt, 1970.

Zollinger, Albin (1895–1941)
Die Zimmetinseln. Aus: Zollinger, «Werke», Band 4. © Artemis Verlag, Zürich und München 1983.

BILDNACHWEIS

Bibliothèque des Arts Décoratifs, Paris: Seite 334
British Library, London: Seite 355, 359
National Maritime Museum, London: Seite 399
Öffentliche Kunstsammlung Basel, Kupferstichkabinett:
    Seite 248, 393, 394
Zentralbibliothek Zürich, Graphische Sammlung:
    Seite 11, 60, 71, 366, 375

INHALT

STÉPHANE MALLARMÉ:

Brise marine 8

Seebrise 9

Übersetzung aus dem Französischen von Federico Hindermann

JEAN GRENIER:

Die Borromäischen Inseln 10

Übersetzung aus dem Französischen von Olaf Ohlenburg

DAVID HERBERT LAWRENCE:

Der Mann, der Inseln liebte 14

Übersetzung aus dem Englischen von Ursula Müller

JEAN-JACQUES ROUSSEAU:

Fünfter Spaziergang 59

Übersetzung aus dem Französischen von Bertie Böckli

ROBERT WALSER:

Die Insel 76

JOSEF VON EICHENDORFF:

Die Brautfahrt 78

EDGAR ALLAN POE:

Die Feeninsel 83

Übersetzung aus dem Amerikanischen von Franz Blei

JULES SUPERVIELLE:

Das Kind vom hohen Meer 90
Übersetzung aus dem Französischen von Friedhelm Kemp

ALBIN ZOLLINGER:

Die Zimmetinseln 102

VALERY LARBAUD:

Die große Zeit 103
Übersetzung aus dem Französischen von Georg Goyert

JEAN GRENIER:

Die Osterinsel 152
Übersetzung aus dem Französischen von Olaf Ohlenburg

GOTTFRIED BENN:

Osterinsel 164

WILLIAM COWPER:

Verses, supposed to be Written by Alexander Selkirk, During his Solitary Abode in the Island of Juan Fernandez 166
Ein Gedicht, das Alexander Selkirk während seines einsamen Aufenthalts auf der Insel Juan Fernandez verfaßt haben könnte 167
Übersetzung aus dem Englischen von Ilse Leisi

KAREL UND JOSEF ČAPEK:

Die Insel 173
Übersetzung aus dem Tschechischen von Peter Sacher

ADELBERT VON CHAMISSO:

[Die Insel Salas y Gomez] 186
Salas y Gomez . . . . . . , ... 188

HERMAN MELVILLE:

Die Hood-Insel und der Eremit Oberlus 199
Übersetzung aus dem Amerikanischen von
Richard Mummendey

The Enviable Isles 216
Die seligen Inseln 217
Übersetzung aus dem Amerikanischen von Ilse
Leisi

HENRYK SIENKIEWICZ:

Der Leuchtturmwärter 218
Übersetzung aus dem Polnischen von Veronika
Körner

ANDREW MARVELL:

Bermudas 244
Bermudas 245
Übersetzung aus dem Englischen von Ilse Leisi

ROBERT LOUIS STEVENSON:

Die Insel der Stimmen 249
Übersetzung aus dem Englischen von Irma Wehrli

MARCO POLO:

Die Insel Klein-Java 280
Die Männer-Insel und die Frauen-Insel 284
Die Insel Scotra 286
Übersetzung aus altfranzösischen und lateinischen
Quellen von Elise Guignard

GOTTFRIED BENN:

Palau 291

SHICHIRŌ FUKAZAWA:

Nanking-Bübchen 293
Übersetzung aus dem Japanischen von Eduard
Klopfenstein

FRANCIS BACON:

[Reise und Landung. Eine Insel im Stillen Ozean] 301
Übersetzung aus dem Lateinischen von Klaus
J. Heinisch

STEFAN GEORGE:

Der Herr der Insel 304

HERBERT GEORGE WELLS:

Die Äpyornis-Insel 305
Übersetzung aus dem Englischen von Gertrud
J. Klett

WILLIAM BUTLER YEATS:

The Lake Isle of Innisfree 326
Die See-Insel von Innisfree 327
Übersetzung aus dem Englischen von Gerschon
Jarecki

ALFRED LORD TENNYSON:

The Voyage of Maeldune 328
Maeldunes Seefahrt 329
Übersetzung aus dem Englischen von Ilse Leisi

MICHAIL PRISCHWIN:

Die rettende Insel 348
Übersetzung aus dem Russischen von Johann
Dembrowski

OSKAR LOERKE:

Die Erschaffung der Insel 352

CORRADO ALVARO:

Das sagenumwobene Inselreich 354
Übersetzung aus dem Italienischen von Sabine
Schneider

FRIEDRICH HÖLDERLIN:

Der Archipelagus 362

JAN NERUDA:

Der Vampir 381
Übersetzung aus dem Tschechischen von Peter
Sacher

CHARLES BAUDELAIRE:

Un voyage à Cythère 386
Eine Reise nach Cythera 387
Übersetzung aus dem Französischen von Fried-
helm Kemp

THOMAS MORUS:

[Die Lage der Insel Utopia] 392
Übersetzung aus dem Lateinischen von Klaus
J. Heinisch

GUIDO GOZZANO:

La più bella 396
Die schönste 397
Übersetzung aus dem Italienischen von Hanno
Helbling

Nachwort 401
Quellennachweis 429
Bildnachweis 433